8막 23장

나남
nanam

8막 23장

구름처럼 자유롭게
불꽃처럼 치열하게

2014년 3월 5일 발행
2019년 3월 20일 2쇄

지은이   허운나
발행자   趙相浩
발행처   (주)나남
주소   10881 경기도 파주시 회동길 193
전화   031-955-4601
팩스   031-955-4555
등록   제1-71호(1979.5.12)
홈페이지   www.nanam.net
전자우편   post@nanam.net

ISBN   978-89-300-8743-8
          978-89-300-8655-4(세트)

허운나 자서전

8막 23장

구름처럼 자유롭게
불꽃처럼 치열하게

나남
nanam

내가 인생 8막 23장을

정신없이 채워나가는 동안,

따뜻한 엄마 손길이 넉넉히 미치지 못해

외로운 어린 시절을 보내야 했던

내 사랑하는 딸 소정이와

엄마가 가는 길을

묵묵히 지켜봐 주고 격려해준

든든한 아들 성호에게

이 책을 바친다.

추천의 글

송영길

인천광역시 시장

8막 23장! 대단한 인생의 스토리이다. 2, 3막도 안 되어서 끝나버린 인생 무대들도 많으니 8막 23장의 인생을 드라마틱하게 만들어온 사람은 드물 것이다. 그런데 더 놀라운 것은 이 연극이 아직 막을 내리지 않았다는 사실이다. 허운나 박사는 여전히 새로운 무대를 준비 중이다. 적란운처럼 엄청난 에너지를 품고 세계를 운행하는 구름. 허운나 박사의 일생을 잘 표현하는 말이라고 생각한다.

국회의원 시절 허운나 박사를 동료의원으로 처음 만났다. 경기여중, 경기여고, 서울대, 미국박사, 비운동권 출신이 우리 민주당에 합류한 것은 이례적인 일이었다. 허운나 박사가 주도하는 정보통신의원연맹에 참여하면서 많은 것을 배웠다. 노무현 정권의 탄생에 큰 기여를 한 허운나 박사는 당시 민주당에서 가장 영어를 잘하고 국제적인 감각으로 정보통신의 새로운 영역을 개척해가는 분이었다. 이후 분당이라는 어려운 지역에서 당내 각 파벌들과 갈등을 겪으면서 낯선 정치를 경험하면서도 의지와 열정을 잃지 않던 모습이 인상적이었다. 이후 정보통신대학 총장으로 열정을 가지고 일하던 모습, 김영선 의원의 집요한 정보통신대학 폐지 주장을 방어하기 위하여 동분서주하던 모습도 떠오른다.

허운나 박사가 국회를 떠난 후 간헐적으로 소식을 듣다가 3선의원 시절에는 거의 연락이 되지 않았다. 그러다 내가 인천시장에 당선되고 나서 허운나 박사가 채드윅 송도국제학교 한국 책임자로 일하고 있다는 것을 알게 되었다. 신기한 인연이다.

채드윅 송도국제학교는 개교를 앞두고 여러 문제로 진척이 더디었는데, 허운나 박사의 열정적인 노력 덕분에 학교의 문을 열 수 있게 되었다. 시장취임 이후 개교식 날 허운나 박사 초청으로 채드윅 송도국제학교를 방문해 축사할 때 느낀 감개무량을 잊지 못한다.

《8막 23장》의 스토리 중 몇몇 순간을 함께하였다는 것을 매우 기쁘게 생각한다. 이제 인천에서 시작될 허운나 박사의 새 막에도 함께할 수 있게 되니 즐겁고 고마운 일이 아닐 수 없다.

소녀 같은 순수함과 열정, 세상에 대한 연민과 따뜻함, 권위와 형식에 대한 과감한 반대, 새로운 것에 대한 호기심과 지적 열정…. 허운나 박사가 일생을 실천해온 이 미덕과 이를 통해 이룬 결실은 오늘날 많은 여성리더들에게 큰 자극과 동력이 될 것이라고 생각한다.

대한민국의 심장, 경제수도 인천은 허운나 박사의 국제적인 리더십과 열정에 어울리는 도시라고 생각한다. 채드윅 송도국제학교와 글로벌캠퍼스의 이사로서, 인천시 투자자문위원으로서, 인천을 무대로 펼쳐질 허운나 박사의 새로운 스토리가 궁금하고 기대되어 견딜 수 없다!

김종량
한양대학교 이사장

———

세상에서 가장 행복한 삶은 저마다의 무대 위에서 자신이 하고 싶은 연기를 하면서 살아가는 삶이라고 생각한다. 내가 생각하는 허운나 박사는 스스로 삶의 원대한 시나리오를 써서 한 편의 영화를 제작해온 감독이자 주연배우가 아닐까 생각한다. 허운나 박사의 자서전《8막 23장》은 때로는 계획했던 일이고 또 한편으로는 계획에 없었던 일이 생기면서 지금까지의 삶을 드라마처럼 펼쳐 보이는 인생독본이 아닐 수 없다.

인생은 무엇을 성취했느냐보다 살아가는 동안 얼마나 많은 의미와 가치를 느끼고 만들어냈느냐에 따라 그 성패가 결정된다고 생각한다. 1985년 허운나 박사와 함께 한양대 교육공학과를 이끌어오면서 불모지나 다름없었던 한국 교육공학계를 오늘의 명문학과로 발전시키는 데 허운나 박사의 교육공학에 대한 노력과 사랑은 열정적이고 지독했다. 이런 노력 덕분에 지금은 대기업은 물론 공공기관 단체에서까지도 한양대 교육공학과 학생들이 저마다의 리더십을 발휘하면서 교육공학과의 위상을 자랑할 수 있게 되었다. 지난 2013년에는 교육공학과 재학생과 졸업생, 그리고 교육공학과 교수진들이 함께 모여서 교육공학과 개설 30주년을 자축하면서 지난 날 함께 고생했던 아름다운 추억을 되살리고 앞으로 100년의 교육공학을 위해 함께해야 할 일이 무엇인지를 생각해보는 시간을 가졌다.

로버트 프로스트의 시, 〈가지 않은 길〉처럼 그 누구도 걸어가지 않은 전인미답(前人未踏)의 길을 걸으면서 전대미문의 창조적 성취를 이뤄내고 있는 허운나 박사의《8막 23장》출간을 다시 한 번 진심으로 축하해주고 싶다. 허운나 박사야말로 갈까 말까 두려울 때 과감하게 가슴 뛰는 길을 걸어왔고, 할까 말까 망설일 때 과감하게 행동했던 실천적 지식인의 전형이다. 특히 황무지 같은 한국 교육공학계를 개척하면서 씨앗을 뿌리고 온 힘을 다해 교육공학의 열매가 열릴 수 있도록 헌신했던 허운나 박사의 교육공학에 대한 사랑은 한국 교육공학계뿐만 아니라 세계 교육공학사에도 길이 남을 기념비적 성취가 아닐 수 없다. 허운나 박사의 교육공학에 대한 애정과 열정은 단순히 교육을 통한 인간의 변화를 넘어서 교육이 기업은 물론 삶을 어떻게 변화시킬 수 있는지를 발로 뛰면서 보여준 위대한 족적이라고 생각한다.

허운나 박사의 《8막 23장》은 단순한 삶의 기록이 아니라 치열하게 살면서 보고 듣고 생각하고 느끼고 깨달은 바가 오롯이 적힌 역사적 발자취라 할 수 있다. 미래를 꿈꾸는 모든 사람들이 읽으면서 인생의 고비마다 곁에 두고 언제나 참고할 만한 필독서라고 생각한다.

모쪼록 이 책의 출간과 더불어 허운나 박사의 남은 인생에 지금보다 더 아름답고 멋진 일이 이어지기를 빌어본다. 새로 열릴 인생의 다음 막에서도 삶의 주연배우로서의 행복한 삶이 언제나 함께하기를 기원한다.

한승헌

변호사 (前 감사원장)

이 자서전은 그 제호부터 특이하다. 《8막 23장》이란 표현만으로도 저자인 '허운나 총장 주연'의 다양하고 화려한 드라마를 실감할 수 있다. 책의 목록을 일별하노라면 부러움을 동반하는 현기증도 감수해야 한다. 그렇다고 그가 처한 환경이나 여건에 대한 부러움에 멈추는 것은 독자의 도리가 아니다. 그보다는 주어진 상황 속에서 최선을 다한 그의 남다른 성실성과 노력에 대하여 더욱 큰 부러움을 느껴야 마땅하다.

저자는 우선 학력과 경력에서 매우 다복하다. 그러나 그는 그와 같은 풍성한 성취의 열매를 개인의 영역에서 사유화하지 않고 세상을 위해서 공유하고 헌신하는 본을 보여왔다. 나라 안팎의 급변하는 세계를 무대로 한 시대를 앞서가는 그의 안목과 역량에 경의를 표한다.

최연매

김정문알로에 회장

사람들이 영위하는 행복 중 하나는 삶의 일부를 공유하거나 삶을 이끌어
주거나 혹은 일깨워줄 사람이 주변에 있는 것이다. 친구가 되기도, 동료
가 되기도, 선생님이 되기도, 멘토가 되기도 하는 그런 사람을 일컬음이다.
《8막 23장》의 원고를 읽으며 내가 그녀를 알게 된 것이 축복이고 행복이
구나 하는 것을 새삼 느꼈다.

> 노랗게 물든 숲 속에 두 갈래 길이 있었습니다.
> 난 나그네 몸으로 두 길을 다 가볼 수 없어
> 아쉬운 마음으로 그곳에 서서
> 한쪽 길이 덤불 속으로 감돌아간 끝까지
> 한참을 그렇게 바라보았습니다.
> 그리고는 다른 쪽 길을 택했습니다.
> ― 로버트 프로스트, 〈가지 않은 길〉

누구나가 생각하는 것 중 하나는 내가 지금 영위하는 이 삶의 경로를 택
하지 않았다면 과연 어떤 삶을 살고 있을까 하는 우문(愚問)이다. 우문에
우답(愚答)처럼, 선택하지 않았던 미답(未踏)의 나의 인생항로를 상상하
며, 부러움과 동경을 담아 나의 가지 않은 길인듯 그녀의 삶을 반추(反芻)
하곤 한다.

우리에게는 감동의 순간들이 있다. 얼마 전 덕수궁 국립현대미술관에서
전시되고 있는 "한국근대회화 100선"을 관람할 기회가 있었다. 이중섭의
〈황소〉, 박수근의 〈빨래터〉와 같은 명작들을 접할 때가 그런 감동의 순간

이리라. 정경화의 바이올린 연주, 백건우의 피아노 연주, 강수지의 발레 공연을 접할 때 또한 그런 감동이 있다. 그것은 예술이 갖는 힘이고 예술이 제공하는 힘일 것이다. 훌륭한 예술작품과 그들이 주는 감동은 화려한 테크닉에서 오는 것이 아님은 분명하다. 예술인의 영혼이 타인의 삶에 전해지는 까닭이리라.

지금 소치에서는 동계올림픽이 한창이다. 대한민국 국민 모두가 김연아의 승전보를 고대하고 있다. 김연아의 피겨 연기를 볼 때, 양학선이 도마에서 비상할 때, 국가대표 축구선수가 극적인 골을 넣었을 때, 우리는 이구동성으로 말한다. "야! 예술이다!"

내가 그녀의 원고를 다 읽고 할 수 있던 말은 "아! 예술이구나", 그 말밖엔 떠오르는 단어가 없었다. 물론 학교생활에서 최고의 엘리트코스를 섭렵하였고 사회에서는 선도적인 프로젝트들을 진취적으로 완수하며 성공적인 경력을 쌓아온 그녀의 인생이 화려한 백조와 같다고 하여 이의를 제기할 사람은 없을 것이다. 그러나 학력과 경력과 성공신화의 화려함이 우리들에게 감동을 주는 것은 아니다. 그녀가 가진 자유로운 영혼 때문일 것이다. 그녀가 자신이 가진 바를 통하여 세상에 베풀고 나누고자 하는 정신이 예술인의 혼으로 전달되기 때문에 감동하는 것이다. 정보통신분야에서 그녀가 보여준 도전과 열정의 정신가치가 빛나는 것은, 그리고 블루오션 개척의 업적이 빛나는 것은, 그녀의 전문지식과 경험 때문만은 아닐 것이다. 그녀가 소유한 소중한 가치를 베풀고 나누고 환원하는 삶을 살기 때문이다.

그녀를 알게 된 것은 내게 큰 행복이요, 《8막 23장》에 대한 추천사를 쓰게 된 것은 큰 영광이지만, 원고를 읽고 나서 고민을 많이 한 것은 사실이다. 그녀가 소유한 자유로운 영혼을 감상(感想)하여 감정(鑑定)한다는 것이 불가능하다고 느껴졌기 때문이다. 내가 동원할 수 있는 말이라고는

"아! 예술이구나"밖에는.

> 예술은 경험에 패턴을 만드는 것이며, 미적 즐거움은 이 패턴을 알아보
> 는 데서 생겨난다.
> ― 알프레드 노스 화이트헤드

예술을 접할 때에 구구절절한 설명이 구차함은 누구나 경험하는 사실이
다. 그녀의 삶에 대하여,《8막 23장》에 대하여, 한두 절구로 표현한다면 그
녀의 삶에 대한 잘못된 감정(鑑定)일 것이다. 무엇보다도 그녀의 삶은 아
직도 진행형이기 때문이다. "아! 예술이구나"하는 나의 느낌 또한, 독자들
에게《8막 23장》이 보여주는 삶의 경험적 패턴에 대한 심미적 감정(鑑定)
을 당부하는 것으로 돌리는 것이, 예술의 품격에 대한 예의일 것이다.

그녀의 이름처럼 소속과 지역과 한계에 얽매이지 않는 자유로운 영혼을
소유한 세계인으로서 그녀 삶의 남은 여정을 기대해본다.

유홍준

전 문화재청장·《나의 문화유산답사기》 저자

끝까지 자아를 실천해온 아름다운 열정

나는 요즘 일본답사기를 쓰기 위해 교토에 자주 머무는데 얼마 전 허운나 박사로부터 문자 메시지가 왔다.

"유 교수, 나 자서전 썼는데 한번 읽어봐 줄래?"

"옙, 낼모레 귀국하면."

나와 허운나 박사는 서울 문리대 67학번 동기이다. 과는 달랐어도 문리대의 자유로운 분위기 속에서 우리는 자주 어울렸다. 교양과목을 같이 듣고 연극반에서 만나 무대장치, 소품, 의상 등 궂은일을 같이하면서 아주 친하게 지냈다. 그때 얘기 좀 해야겠다. '허운나 박사'가 아니라 '허운나' 시절이다.

우리는 성격이 비슷했다. 둘 다 성격이 쾌활하고 낙천적인 데다 특히 지적 호기심이라 할 지식욕이 남달리 컸다. 우린 약속한 일 없어도 수업이 끝나면 학림다방에서 음악을 들으며 커피를 마시곤 했다. 그러다 보면 자연히 다른 선후배들과 합석해 이런저런 담소를 나눌 기회가 잦았다.

그런데 그놈의 '지식욕'과 '남에게 지기 싫어하는 성격' 때문에 우리는 많이 다투었다. 당시 문화계를 지배했던 계간지 〈창작과 비평〉, 〈문학과 지성〉에 실린 소설을 읽고 잘 썼느니 못 썼느니 하고 서로의 감상을 말하다가 언성이 높아지기도 했고, 영화 얘기를 하다가도 서로 좋다는 것이 달라 공방을 하기도 부지기수였다. 지금도 생각나는 것은 허운나는 〈남과 여〉가 잘 만든 영화라고 했는데, 나는 〈로드 짐〉이 훨씬 낫다고 하면 서로 자기주장을 하다 급기야 허운나가 나에게 "야! 너 영화 다시 보고 와서 말해!"라고 단호히 말하면서 논쟁을 끝낸 적도 있다. 그래서 곁에 앉아 있던 선배들이 "쟤들은 만나기만 하면 저렇게 싸운다"며 믿지 않은 핀잔을 주곤 했다. 지금 생각하면 나는 예술에서 리얼리즘을 주장하고, 허운나는 낭만주의와 순수예술성에 더 많은 점수를 주었던 것 같다. 예술관의 차이였겠지만 당시 서로의 패기를 생각하면 멋쩍은 웃음만 난다.

그리고 대학 졸업 후, 대부분의 동창들이 그렇듯이 우리는 서로 다른 길을 걷게 되었고 서로의 소식도 끊어졌다. 그런 허운나의 소식을 다시 접한 것은 미국에 유학하여 전공을 영문학에서 교육공학으로 바꾸어 한양대학교 교수로 부임했다는 신문기사를 통해서였다. 조금은 놀라웠다. 그러나 세상을 편하고 쉽게만은 살지 않을 것 같은 그의 열정이 전공을 바꾸게 했겠구나 생각했다. 그리고 그의 사회적 실천이 어떤 식으로든 이루어질 것으로 기대했다.

그런데 허운나 박사가 국회의원, 그것도 민주당 국회의원으로 다시 세상에 모습을 나타낸 것을 보고 나는 또 놀랐다. 그리고 국회의원 허운나의 의정활동은 교육학보다 IT를 강조하고 있었다. 내가 알던 허운나와는 너무 거리가 멀어 그의 깊이를 알 수 없게 되었다.

허운나 박사가 한국정보통신대학 총장으로 부임했을 때 나는 문화재청장으로 있었다. 그때 그에게서 전화가 왔다.

"유 청장, 나 대전에 있어. 한국정보통신대학 총장으로."

이것이 대학 졸업 후 처음 생생히 듣는 허운나 박사의 목소리였다. 그전에 공적인 자리에서 아주 사무적으로 두어 번 만났지만 대학시절 친구의 목소리를 다시 들은 것은 이때가 처음이었다. 그의 요청으로 한 차례 강연을 마친 뒤, 비로소 허운나 박사의 살아온 이야기를 길게 들을 수 있었다. 그때 육성으로 들은 그의 인생 역정이 지금 《8막 23장》에 그대로 실려 있다.

이 책을 미리 읽으면서 나는 그의 옛 친구로서 그가 자서전이기 때문에

16

하지 못했을 이야기 하나를 세상 사람들에게 증언하고 싶어서 추천사를 쓰기로 마음먹었다. 그것은 허운나 박사 인생의 성공과 실패를 말하기 전에, 가치 있는 인생이란 자기의 목표를 끊임없이 실현해가는 과정, 즉 자아실현(self-realization)이며, 허운나 박사의 삶이 바로 그 모범적인 예라는 점이다.

무엇이 허운나 박사로 하여금 그렇게 지치지 않고 자신을 채찍질하며 내몰아갈 수 있게 했을까. 남들은 어떻게 생각하든 나는 그 원동력이 허운나 박사가 학창시절에 보여 준 순수한 열정, 절대로 물러서지 않는 자기확신, 세상을 바라보는 밝은 마음씨, 그리고 결코 포기하지 않는 자아실현의 의지에 있다고 생각한다.

허운나 박사의 그런 의지가 언제까지 또 어떤 모습으로 세상에 나타날는지 나는 모른다. 그러나 그가 가는 길은 아마도 자기가 처한 현재에서 최선의 길일 것이라고 옛 친구로서의 믿음만은 변함없다. 세월이 지나면 허운나 박사는 내게 문자 메시지를 한 번 더 보낼 것 같다. 그 내용이 무엇일지는 몰라도 분명 좋은 일일 것이다. 기쁜 일이 아니면 절대로 남에게 말하지 않는 것이 예나 지금이나 변하지 않은 밝은 성격의 허운나이기 때문에.

이상철

LG유플러스 부회장

새봄에 오랜 친구 허운나 박사가 셰익스피어 연극처럼 자기 인생을 한 막 (幕)씩 되돌아본 저서 《8막 23장》을 낸다기에 "그 책이 서점에 깔리기 전 내가 먼저 읽게 해 주게"라고 부탁하여 원고를 얻어 단숨에 통독하였다. 교육공학자이기에 앞서 영문학도(서울대 영문과)였던 허운나 박사의 문학적 감성이 곳곳에 스민 자서전을 읽고 책을 덮으면서 '멋지다'는 느낌과 거의 동시에 '나도 이렇게 한번…'이라는 강한 유혹을 느낀다.

학연, 지연, 혈연을 요즘 사람들은 대부분 부정적인 의미로 알고 있지만 꼭 그런 것만도 아니다. 허운나 박사와 나는 떼려야 뗄 수 없는 학연으로 겹겹이 묶여 있다. 무엇보다 그와 나는 초등학교(서울대학교 사범대학 부속 국민학교, 줄여서 '서울사대부국'이라고 한다) 동기동창이다. 중학교와 고등학교는 남녀가 유별한지라 각자 다른 울타리 속에서 학교를 다녔지만 학교 이름 앞에 붙는 고유명사는 같았다. 그러다 대학에 진학해서는 다시 만나 같은 캠퍼스에서 공부했다. 거기에 더해 허 박사의 부군 전종우 서울대 명예 교수와는 중·고·대학 동기동창이다. 이쯤되면 운명적 학연이 아닌가 한다.

허운나 박사가 16대 국회 과학기술정보통신위원회에서 정보통신(IT) 전문가로서 맹활약을 펼치고 있을 때 나는 KT 사장이었다. 당시 허 의원은 KT가 더 발전할 수 있도록 나를 여러모로 도와주었다. 하루는 두 사람이 이런저런 대화를 나누던 중 허운나 박사가 내게 "KT 같은 대기업에 여성 임원이 한 사람도 없다는 것은 정상이 아니다"라며 "여성 지위 향상을 위해 산업체 고위직에 여성을 진출시키는 것이 좋겠다"는 의견을 냈다. 나는 그 자리에서 공감을 표시했고 이어 얼마 뒤 KT 최초의 여성 상무를 탄생시킨 일화가 있다.

내 친구 허운나 박사는 예순을 넘긴 오늘날에도 여전히 '에너지' 그 자체라고 불러도 좋을 만큼 활달하고 열정적이며 젊을 때의 미모를 유지하고 있다. 불가사의한 일이다. 나와 허운나 박사는 기본적으로 친구 사이지만 동지적 연대감도 서로 강하다. 허운나 박사는 대학교수에서 국회의원을 거쳐 대학총장으로 일했는데 활동무대가 바뀌는 것과는 상관없이 어디서든 최고의 IT 인력 양성하기, IT 강국 한국을 국제무대에서 세일즈하기, 그리고 'IT 코리아'를 발판으로 글로벌 외교 펼치기를 주된 업무 과제로 삼아왔다. 이런 국제 지향성이 아예 DNA로 굳어버린 것인지, 그는 지금 인천 송도국제도시에서 후학들을 양성하면서 송도를 세계에 세일즈하는 데 힘을 보태고 있다.

초록은 동색이라더니, 오래 함께 'IT 밥'을 먹어온 처지이다 보니 《8막 23장》이 구구절절 가슴에 와 닿는다. 그뿐만 아니라 미비한 여건에도 불구하고 우리나라 IT 발전을 위해 고군분투하던 허운나 박사의 지난날이 마치 내 일이었던 듯 생생히 다가오기도 한다. 하지만 《8막 23장》을 IT 영역에만 묶어두는 것은 이 책의 본질을 간과하는 것이다. 출국 자체가 어려웠던 시절 여성의 몸으로 혼자 미국에 건너가 학위를 받고, 귀국한 이래 언제 어디서든 국가와 사회의 발전을 위해 흔쾌히 자신의 능력과 열정을 바쳐온 '교육공학 대모(代母)'의 피와 땀과 눈물이 한 편의 멋진 연극으로 정리되어 있는 것이 바로 이 책이다. 이 땅의 수많은 여성, 특히 일을 통해 자아를 곧추세워 나가려는 커리어 여성들이라면 놓치지 말아야 할 책이다.

진대제

스카이레이크 회장 (前 정통부 장관)

허운나 총장께서 (나는 사석에서는 허운나 누님이라고 부른다) 자서전을 쓰신다는 말씀을 듣고 '아, 읽어볼 만한 좋은 책이 나오는 구나'라는 생각을 했다. 그런데 추천의 글을 써달라는 말씀을 하셔서 즐거운 마음으로 이 글을 쓴다. 허운나 총장의 끝없는 열정, 그리고 남을 배려하는 마음은 배울 것도 많고 따라할 것도 많을 것이라고 확신하기 때문이다.

허운나 총장을 처음 뵌 것은 국회의 이름도 긴 과학기술정보통신 상임위원회였는데 무지막지하게 장관을 호통치고 질책하는 보통의 국회의원들과는 달리 차분하게 정책질의를 하고 대안을 제시하는 모습에 감명을 받았다. 다음으로는 정통부 산하의 한국정보통신대학교 총장으로서 IT 발전과 인재양성, 또 개도국의 학생들을 불러다가 교육시키는 일 등을 위해 동분서주하던 그 열정에 감동을 받았다. 그 외에도 여러 TV 대담프로에 같이 출연하는 등 만남의 기회는 많이 있었으나 어디까지나 공적인 만남이었다. 허운나 총장의 고뇌와 선택, 도전과 신념, 삶의 면면이 담겨 있는 이 책을 통해 그가 이룬 성취를 더 깊이 이해할 수 있었고, 많은 깨달음도 얻었다. 오늘을 의미 있게 살아 보려는 모든 분들에게 힘과 용기를 주는 책이라고 믿는다.

유영만

한양대학교 교수

허운나 스승님의 삶은 절치부심하다 극적 반전을 일으키는 한 편의 드라마를 넘어 희로애락(喜怒哀樂)이 병풍처럼 펼쳐지는 파노라마라고 생각합니다. 존경하는 스승님의 《8막 23장》을 읽으면서 만약 제가 스승님을 만나지 못했다면 제 인생이 어떻게 되었을까를 잠시 생각해보았습니다. 교육공학과를 우여곡절 끝에 들어와 어렵게 공부하던 학부시절 먼저 손 내밀어 주시고 따뜻하게 아픔을 어루만져 주셨던 인생의 대선배이셨고, 대학원 시절 더 넓은 학문의 바다로 인도해 주셨던 길 위의 안내자이셨으며, 모교로 돌아와 교수가 될 수 있도록 다리를 놓아 주셨던 은인이셨습니다. 저에게 허운나 교수님은 한 사람의 스승이 제자를 사랑하는 마음이 얼마나 갸륵하고 애틋한지를 몸소 보여 주셨던 영원한 멘토입니다.

제자들에게 말로 다하지 않으시고 삶의 전환점마다 결단과 결행을 감행하시면서 《8막 23장》의 드라마를 만들어 오신 역사적 발자취가 한 권의 책으로 탄생했습니다. 이 책을 읽으면서 숙연해지기도 하고 한편으로는 깊은 성찰을 할 수 있는 계기가 되었습니다. 살아가면서 필요한 덕목이 참으로 많겠지만 스승님은 사람과 삶에 대한 애정과 열정이 남다르셨습니다. 자신이 만들어가는 삶과 그 삶의 무대에 관여되는 사람에 대한 지극한 애정과 지독한 열정 없이는 아무것도 이루어지지 않습니다. 사람과 삶에 대한 애정과 열정이 스승님의 남다른 《8막 23장》의 드라마를 탄생시킨 주역이 아닐까요? 자신의 길을 걸어가고픈 모든 사람들에게 이 책은 나침반이 되어 방향을 알려 줄 수도 있고, 밤하늘의 북극성처럼 어둠을 비추는 희망의 등불이 될 수도 있다고 생각합니다.

최윤선
Steel & Resources 부회장

IT분야 여성리더 선구자 허운나의 인생 스토리, 《8막 23장》

2년 전 여름, 미국에서 대학원을 다니는 둘째 아들이 한국에 와서 허운나 박사를 단 한 번 만난 뒤 스스로 멘티가 됐다. 고집과 개성으로 무장한 MIT 대학원생이 단번에 제자가 되기로 무릎을 꿇은 것이다. 목표를 이루기 전에는 고국에 돌아가지 않겠다며 미국에서 중·고등학교와 학부를 마치고 MIT 대학원에 진학할 때까지 10년간 서울 땅을 밟지 않았던 아이의 변화를 일으킨 허운나 박사를 나는 놀랍게 바라볼 뿐이었다.

허운나 박사의 말들은 대단한 것이 아니었다. '삶에서 내게 다가오는 도전은 반갑게 대처하라'는 자세에 대한 것이었다. 엄마처럼 선배처럼 자신이 살아온 길을 재미있게 들려줬고, 미국에 돌아간 둘째 아들은 현재 허운나 박사와의 대화에서 영감을 받아 '한국과 미국을 네트워크하는 최적화 프로그램'을 연구하고 있다.

허운나 박사는 자신의 삶의 이야기를 통해 잔잔한 감동을 선사하는 사람이다. 그녀의 책《8막 23장》에는 그러한 이야기들이 가득 차 있다. 늘 익숙한 길보다는 새로운 길을 걸은 어린 시절부터 과감하게 미국 유학을 떠나는 과정, 공부에 몰입하면서 사랑하는 사람을 만나 결혼하고 아이를 갖고 박사학위 논문을 쓰는 과정 자체가 두말없이 도전에 대처하는 그녀의 삶의 자세 그 자체인 것이다. 물론 고국에 돌아와 대학교수가 되고, IT 분야 전문가로 명성을 날리며 국회의원으로 변신하고 노무현 대통령의 당선에 결정적으로 기여하는 전개는 극적인 재미까지 곁들여진 소설 같은 얘기들이다.

허운나 박사의 삶을 한 어구로 요약한 것이 'Change Agent'(변혁자)이다. 계속되는 일상 속에서도 항상 혁신과 변화를 찾아 나서는 그녀의 삶이 배어 있는 이야기들이 탄탄한 플롯 속에 교육적 가르침을 담아내고 있다. 그런 태도가 국회에 진출한 여러 명의 IT 전문가 중 유일하게 사이버유권자 운동, 당내경선 전자투표 도입 같은 개척자적 업적을 낳게 한 것이다.

《8막 23장》은 글로벌 인재로 성공한 여성학자의 자전적 이야기로 현재와 같은 바쁜 사회에서 꿈을 이루려는 젊은이들이 핸드폰이나 태블릿pc에 넣고 가볍게 읽을 수 있는 글이다. 그녀가 학자로서, 교육자로서, 개척자로서 이루어온 삶의 과정을 따라가다 보면, 꿈을 마음속에 담고 펼치지 못하고 있는 젊은이들이 지금 당장 무엇을 해야 하는지를 깨닫게 될 것이다.

우리나라 교육공학 이론이 체계를 갖추고, 국내 교육공학의 개척자 역할과 학자로서, 교육자로서, 정치가로서 꿈을 이뤄가면서 불모지와 다름없던 우리나라에 교육공학이라는 새로운 분야의 길을 개척해 온 인물 허운나 박사.

허운나 박사는 자신의 삶을 연극의 8막 23장으로 시계열적으로 서술하고 있지만 결코 경험의 나열이 아니다. 그 과정은 우리나라 교육공학의 역사적 줄기를 잡아나가는 것이고, 한국 교육의 현재와 미래가 담겨 있다고 감히 말할 수 있다. 동시에 끊임없는 도전과 변혁의 삶을 점차 봉사로 마무리 지으려는 그녀의 고귀한 열정을 마주하는 순간 독자는 감동할 것이다.

옛 미국 직장동료들은 허운나 박사를 "shaker, mover, pioneer"(흔들고 움직이고 개척하는 사람)이라 불렀다. 이것이야말로 꿈을 현실로 만들어가는 젊은이들이 머리와 가슴에 담아야 할 덕목이라 할 것이다. 허운나 박사를 멘토로 삼아 도전하기를 우리 젊은이들에게 기대해본다.

김성진
카이스트 자회사 아이카이스트 대표이사

책 속에 표현된 허운나 박사의 인생 8막 23장 중 6막과 8막은 청년 기업가들이 반드시 보고 배워야 한다. 6막의 내용처럼 한국정보통신대 총장직을 내려놓기 직전까지도 외부의 압력에 포기하지 않고 학교를 필히 지켜내겠다는 의지는 인디언들의 근성을 떠오르게 한다.

인디언들은 비가 오지 않으면 항상 기우제를 지냈다고 한다. 기우제만 지내면 반드시 비가 내렸기 때문이다. 현대 과학자들이 기우제와 비의 상관관계를 역추적해본 결과, 인디언들은 비가 올 때까지 기우제를 지내 비가 왔다는 사실을 알아냈다. 이 이야기처럼 끝까지 포기하지 않는다면 우리는 소망한 것을 얻을 수 있다. 허운나 박사의 포기하지 않는 6막의 과정이 있었기에 8막이 가능했다고 확신한다.

포기를 모르는 근성이 허운나 박사로 하여금 8막 내용처럼 교육공학 전도사로 다시 봉사할 수 있게 하였고 최근에는 창업의 꽃인 스타트업들을 지켜주는 강한 어머니가 되게 하였다. 그가 포기하지 않고 끊임없이 갈망한 정신은 다시 강조하지만 반드시 청년 기업가들이 계승해야 할 대목이다. 어떻게 하면 허운나 박사처럼 포기하지 않고 갈망할 것인가에 대한 비법을 묻는다면 단언컨대 열린 마음과 포용이다.

허운나 박사는 6막 내용처럼 한국정보통신대 총장직에서 사임하였다. 그리고 한국정보통신대는 카이스트와 통합되었다. 공교롭게도 추천의 글을 쓰는 나는 카이스트 출신이며 심지어는 문지캠퍼스에 위치한 카이스트 자회사의 대표이사까지 맡고 있다. 나는 허운나 박사가 카이스트에 대해 매우 악감정을 가졌을 것으로 예상했다. 하지만 그를 만난 이후 이러한 생각은 모두 깨지게 되었다. 그는 끝까지 포기하지 않았지만 결과 자체는 포

24

용할 줄 알았고 또 청년 기업가인 본인의 도전정신에 격려까지 해주었다. 허운나 박사의 인생관을 보여주는 일화이다. 나의 추천의 글이 책에 기재된 것만으로도 이것을 증명한다.

《8막 23장》은 이처럼 열린 마음과 포용의 정신으로 살아온 대한민국 한 여성의 인생을 서술한 것이다. 자신이 목표를 쉽게 포기한다고 생각하는 이들이라면 반드시 읽어야 할 필독서이다.

프롤로그

"네 이름에 들어 있는 구름 운(雲)자 때문에 너는 운명처럼 방랑자로 살게 될 거야. 게다가 너는 구름 중에서도 하늘로 치솟는 적란운을 닮았거든. 적란운은 보통 땐 굉장히 부드럽고 평화롭고 아름다운데 한류와 난류가 만나면 비행기 조종사들이 가장 무서워하는 수십만 볼트의 에너지를 뿜어내지. 너는 굉장한 에너지와 굉장한 평화로움을 함께 지닌 사람이야."

동양 사상과 문화에 관심이 많은 독일인 친구가 나를 찾아왔을 때, 그의 미래를 점쳐 주던 유명한 역술인이 일찍이 내 이름을 이렇게 풀이해 주었다. 그래서 그런가? 그가 풀어준 내 이름처럼 세계 곳곳을 누비면서 참 바쁘게도 살았다. 내 이름의 또 다른 글자 '나'는 한자로 '어찌 나(那)'인데 내 부모님은 '지나(支那) 나'라고 했다. 지나는 중국의 다른 이름인데 옛 어른들은 중국을 가장 큰 대륙으로 생각했나 보다. 그러니까 대륙의 구름처럼 맘대로 오가며 살라고 이런 이름을 지어주었으리라.

부모님은 지방으로 사업하러 떠나고 서울에 남은 나는 유치원 때부터 엄격하고 도덕적이고 이상이 높은 외할머니 손에서 컸다. 어린 나는 대쪽 같은 할머니 성격 덕분에 외롭고도 외로운 어린 시절을 보냈다. 할머니의 꿈은 내가 서울대 영문과를 나와 교수가 되는 것이었는데, 어느 순간 그게 내 꿈으로 변했다. 그런데 정작 미국으로 유학가서는 문헌정보학으로 석사를 하고, 교육공학으로 박사를 했다. 미국으로 건너가기 전 원로 교수님과 상담을 했는데 "남의 나라 문학을 아무리 잘해봐야 소용없다. 이제는 새로운 시대가 오니까 기술이 중요하다"고 하신 말씀에 크게 느낀 바가 있었기 때문이다. 지금 생각하면 그때 그 노교수의 미래에 대한 예리한 판단은 나의 일생에 큰 전환점이 되었다.

미국에서 석·박사 공부를 하면서 결혼을 하고 아이를 낳았다. 박사학위를 따고 모교인 플로리다 주립대학 교수로 일하다 남편 직장을 따라 워싱턴 D.C.로 옮겨 교육공학 컨설턴트로 미국 정부, 기업, 군대를 대상으로 컨설팅을 했다. 그러다 남편이 서울대 교수로 직장을 옮기는 바람에 또 다시 남편을 따라 귀국했다. 교육개발원에서 잠시 일했고 한양대학교 교수가 되어 대한민국 최초로 교육공학과를 창설하고 이후 숱한 제자를 길러내는 한편 정부, 기업, 군대를 대상으로 많은 프로젝트를 하며 교육공학이란 새로운 분야의 길을 개척하여 '교육공학의 대모(代母)'라는 애칭도 얻었다.

김대중 정부에서 민주당 국회의원이 되어 정치권에 정보기술(IT)의 중요성을 일깨웠고, 2002년 민주당 대통령 후보경선에 세계 최초로 전자투표제를 도입하여 '전자 민주주의'의 가능성을 입증해 보였으며, 이어 16대 대통령 선거전에서 인터넷과 모바일 등 IT를 전방위적으로 활용해 '사이버 유권자 운동'을 이끎으로써 버락 오바마 미국 대통령보다 먼저 한국에서 노무현이라는 '인터넷 대통령'이 탄생하는 데 기여했다.

국회의원 임기를 마치고 한국정보통신대학교 총장을 맡아 4년간이 학교의 전문화와 국제화에 주력했다. 정치적 이유로 정부가 대학을 현재의 카이스트와 통합하는 결정을 내리자 스스로 총장직을 사퇴하고 '화려한 백수'로 정치권이든, 대학이든 그 어느 곳에도 기웃거리지 않고 '완벽한 자유인'으로 2년을 보냈다. 그러다 2010년 여름 오랜 미국인 친구와의 인연으로 채드윅 송도국제학교의 상임고문으로 취임해 학교 발전에 남은 열정을 쏟으면서 송도국제도시와 인천시의 발전에 벽돌 한 장 놓는 심정으로 힘을 보태고 있다.

나는 말도 빠르고 걸음도 빠르고 행동도 빠른 사람이다. 그런데 잠시 걸음을 멈추고 운명처럼 바쁘게 살아온 지난날을 한번 돌이켜보니 셰익스피어의 "인생은 연극이다"란 말이 떠올랐다. 그래서 내 지난 삶을 연극으로 정리해보니 '8막 23장'이나 되었다. 돌이켜보면 내 인생은 늘 새로운 일의 시도와 도전의 연속이었다. 그런데도 두려움 없이 미지의 세계에 성큼 한 발을 들여놓곤 했다. 오랫동안 글로벌 기업에서 CEO로 일했던 내 친구 딕 워밍턴이 내게 이런 말을 했다. "당신이 평생 살아온 일생을 보면 운나는 shaker, mover, pioneer입니다"라고. 사회를 흔들고, 움직이고, 개척하는 사람…. 그런지도 모른다. 그래도 그 과정에서 나는 많은 고마운 사람들을 만나 힘을 받고, 앞으로 나갈 수 있었으니 인덕이 있는 것인지 운이 좋은 것인지 모르겠다.

각 막마다, 각 장마다 고비고비 내게 영향을 준 그 사람들과 사건들이 내 인생이란 연극을 그 다음 장으로 이끌어갔다. 막다른 골목처럼 느껴질 만큼 어려움도 많았지만 늘 다시 일어나 더 새로운 미래를 향해 달려왔다. 마치 로버트 프로스트가 "숲 속에 두 갈래 길이 있었다. 나는 사람들이 덜 다닌 길을 택했다. 그리고 그것이 모든 것을 바꾸어 놓았다"고 읊은 것처럼, 나는 늘 남들이 가지 않은 길을 달려왔다.

Two roads diverged in a wood, and
I took the one less traveled by,
And that has made all the difference.

다른 이들과 기존의 파이를 나눠 먹기보다는 스스로 새 파이를 만들어 다른 이들과 함께 먹었다. 소위 블루오션을 만드는 게 내게는 더 편했다. 그것은 나에게 자유를 주었다. 자유, 그것은 여자로, 아내로, 엄마로, 직장인으로의 나에 앞서 한 인간으로서 내게는 산소처럼 제일 기본적으로 필요한 가치였다. 스스로 선택하고 스스로 헤쳐 나올 나만의 길은 많은 대가를 치르기도 했지만, 진정한 자유인으로 나를 성장시켰다. 남들이 가지 않은 길에서 만났던 모든 어려움들은 어쩌면 진정한 인생의 맛을 알게 하고 전혀 새로운 미래를 여는 마법 같은 새로운 길의 안내자였던 것 같다.

새로운 길, 가지 않은 길을 외롭게 걸어갈 때에 늘 등대처럼 나를 안내한 것은 어릴 때 대쪽 같은 외할머니의 가르침인, "올바름"과 스스로 최선을 다하고 남의 것을 탐하지 않는 "무욕"(無欲)이었다. 더불어 대학 때 나를 사로잡은 영국 낭만파 시인 존 키츠(John Keats)의

시 한 구절 "아름다운 것은 진실한 것이요, 진실함이 곧 아름답다"는 평생의 지침이 되었다.

"Beauty is truth, truth beauty" - that is all
Ye know on earth, and all ye need to know.

어떤 환경에서도 무던히 최선을 다하고 열정적으로 일했지만 한 번도 분에 넘치는 욕심은 부리지 않았다. 내 것이 아니라고 생각하면 즉시 미련을 버리고, 내가 잘할 수 있는 것을 다시 시도하였다. 추하게 욕심을 부리지 않는 아름다운 사람, 겸손하고 배려하는 사람으로 살고자 노력했다.

이 글이 비록 개인적인 기록이지만, 인생의 후배들에게 작은 영감을 줄 수 있다면 더 이상 바랄 게 없겠다.

2014년 3월
허운나

8막 23장

차례

4막
아름다운 인연,
한양대학교   107

5막
국회의원으로 일하라는
소명을 받고   181

1막

구름처럼 하늘 높이
날고 싶어

부모가 사업하느라 지방에 거주하셨던 까닭에 나는 유치원 시절부터 대학을 졸

업할 때까지 외할머니 슬하에서 단둘이 외롭게 자랐다. 대학생이 되어 자유를

얻기 전까지 할머니는 내게 '엄격한 멘토'였다. 공부도 1등, 행실도 1등이 되지

않으면 할머니는 만족하지 않으셨다.

온 세상은 무대이고, 모든 여자와 남자는 배우일 뿐이다.

그들은 등장했다가 퇴장한다.

어떤 이는 일생 7막에 걸쳐 여러 연기를 한다.

— 윌리엄 셰익스피어, 《뜻대로 하세요》에서

어려서부터 엄격한 가정교육 아래

유치원 때부터 외할머니 슬하에서

ㄲᄁ

내 인생의 출발점을 외할머니로 잡는 것은 자연스런 일이다. 왜냐하면 나는 어린 시절부터 대학을 마칠 때까지 할머니의 보살핌과 가르침 속에 자랐기 때문이다. 외할머니는 내가 행실이 반듯하고 공부 잘하는 아이, 학교에서 1등을 놓치지 않는 손녀로 커주기를 원하셨고 나는 외할머니의 그런 바람을 이뤄드리려고 노력했다. 세상에서 당신 손녀가 제일 잘났다고 생각하신 할머니는 내가 조금이라도 흐트러진 모습을 보이는 것을 용납하지 못하셨다. 그 덕분에 나는 유달리 조신하게 성장할 수 있었다. 그렇다고 해서 구중궁궐 속 공주처럼 갇혀 살았던 것은 아니다. 외할머니는 내가 학교에서 원하는 성적을 내는 한 무용을 하든 다른 취미를 갖든 개의치 않으셨다. 오히려 내 취미활동을 지원하기까지 하셨다.

미국유학 출발 전 공항에서 외할머니와 함께.

외할머니의 일생은 구한말 통속소설에 나오는 비련의 여자 주인공의 일생, 딱 그것이었다. 외할머니 집안은 황해도 해주의 뼈대 있는 사또 가문이었는데, 외할머니는 집안에서 골라준 돈 많은 명문가 출신의 청년과 결혼하셨다. 당시의 풍습이 대부분 그랬듯이, 외할머니는 자신보다 어린 외할아버지를 거의 업어 키우다시피 하며 결혼 생활을 유지하셨다. 그런데 외할아버지께서 딸 둘을 낳고는 훌쩍 동경유학을 떠났다. 그러고는 동경에서 신여성을 만나 새로 살림을 차렸다. 행인지 불행인지 그 신여성과의 사이에 아이는 없었다고 한다.

세월이 흘러 외할아버지는 신여성과 함께 한국으로 돌아왔다. 할머니는 딸들의 교육을 위해 딸들을 데리고 홀로 남하해서 서울 계동에 하숙집을 했다. 딸들의 미래를 염두에 둔 할머니는 대한민국 최고의 경성제국대학(서울대 전신) 학생들을 하숙생으로 받아 그들과 교양을 넓히며 가히 최첨단적으로 교양 있는 생활을 했다(당연히 할머니는 사위를 경성제국대학을 나온 사람으로 얻었다. 할머니의 딸인 내 어머니는 이화여대의 전신인 이화여전 영문과를 나왔는데 그래서 할머니는 손녀인 나도 크면 으레 영문과에 가는 것으로 알고 계셨다. 할머니는 요즘 서울 강남의 학부모들 못지않게 교육열이 대단한 분이셨다). 당시 그 집에는 서울에서도 보기 드문 전축이며 전화기가 있었고, 경성제국대학 학생들과 클래식 음악을 듣고, 그들과의 토론에 흠뻑 젖었다고 한다. 신여성과 함께 살던 외할아버지는 재산을 탕진한 채 세상을 뜨고 외할머니 혼자 남게 되었다.

우리나라에서 '외할머니'라는 단어는 '자애로움'의 동의어이다. 방학이 끝나고 등교한 아이들 가운데 십중팔구는 '외갓집에서 외할머니가 해 주시는 맛있는 음식을 먹고 매일 재미있게 놀았다' 식의 추억담을 털어놓게 마련이다. 하지만 내게 이런 자애로운 외할머니상은 언감생심이었다. 외할머니는 내게 '규율'의 동의어였다.

외할머니라는 울타리가 있었지만 어린 내게는 외할머니는 어디까지나 외할머니였을 뿐 부모는 아니었다. 그래서 부모와 떨어져 살았던 내 어린 시절은 무척 외로웠다. 돌이켜보면 어린아이가 감히 그런 생각을 품었다는 것 자체가 놀라울 뿐이지만, 그때 나는 전 생애에 걸쳐 유일하게 자살을 생각했었다. '이 외로운 시절이 긴 악몽이었으면 좋겠다'라는 소망을 품었고, 아침에 눈을 뜨면 거짓말처럼 악몽에서 깨어나 더 이상 외롭지 않기를 빌었다.

"95점이 아니라 100점을 맞아야지!"

๑ฬ๑

"운나야, 95점이 뭐냐? 이게 점수냐? 창피하지도 않니?"

100점 만점에 95점이면 우수한 성적이건만 외할머니에게는 100점이 아니면 점수가 아니었다. 할머니는 내게 초등학교 때부터 '슈퍼우먼'이 되기를 강요했다. "돈은 있다가도 없고, 없다가도 있지만 네 머릿속에 든 지식은 아무도 못 가져간다"는 것이 외할머니의 지론이었다. 지식의 중요성을 강조하는 이 말 말고도 외할머니로부터 귀에 못이 박이도록 들은 이야기로는 "세상에 공짜는 없다", "네 실력이 바로 네 백(back)이다" 등이 있다.

공부에 대한 강조 외에 외할머니가 내게 끊임없이 요구하고 상기시킨 것은 매사를 '똑바로' 하라는 것이었다. 책을 읽을 때나 길을 걸을 때에도 바른 자세로, 심지어 잠잘 때도 자세를 반듯하게 해서 '모범생답게' 자야 한다는 것이 할머니의 훈육 방침이었다. 내 긴 머리를 예쁘게 땋아주시던 외할머니는 내가 살짝 머리를 움직여도 참빗으로 단박에 머리를 내려치셨다. 한마디로 여자 기숙사 사감 같은 분이셨다. 또한 외할머니는, "검불 하나라도 남의 것에 손대서는 절대 안 된다"며 엄격한 도덕성을 강조하셨다. 어려서부터 이런 훈육을 받고 자란 덕분에, 나는 학문적으로나 도덕적으로나 늘 스스로에게 높은 잣대를 대는 프로로 성장하게 되었다.

이런 외할머니 등쌀에 나는 초등학교 6년, 중학교 3년, 고등학교 3년을 합쳐 내리 12년간 반장자리를 놓쳐서는 안 되었다. 지금 생각하면 숨 막힐 듯 답답한 유소년 시절이었다. 하지만 뒤집어 생각하면 외할머니가 계셨기에 오늘의 내가 있는지 모른다. 노는 것이라고는 아예 꿈도 안 꾸고 오직 공부만을 하는 아이가 과연 몇 퍼센트나 되겠는가. 할머니가 나를 그토록 엄격하게 다루신 데에는 '딸이 내게 제 자식을 맡길 때에는 이 어미에게 기대하는 바가 있었을 것이다'라는 외할머니 나름의 책임감 때문이리라. 지금에 와서 돌아가시고 안 계신 외할머니께 서정주 시인의 시 한 구절을 빌려 "나를 키운 것은 팔할이 외할머니셨다"라며 뒤늦게나마 진정으로 감사드릴 일이다. 할머니가 내게 수시로 일러준 '盡人事待天命'(진인사대천명, 노력을 다한 후에 천명을 기다림)이라는 가르침도 이후 내 삶을 관통하는 교훈이 되었다.

무용을 좋아했던 시절

내 별명은 '후르시초프 반장'

외할머니 덕분에(?) 사관생도처럼 규율을 중시하는 생활을 몸에 익
히다 보니 자연스레 나는 '군기가 잘 잡힌'데다 목표의식이 뚜렷하고
독립적이며 자기주도적인 성품을 갖추게 되었다. 내가 다니던 서울
대 사범대학 부속 초등학교는 5학년까지 남녀 한반이었는데 남자아
이들은 여자반장인 나를 '후르시초프'라는 별칭으로 불렀다. 후르시
초프는 구소련 국가원수를 지낸 정치인으로 당시 우리나라 학생들
에게는 '무서운 사람'으로 인상지어져 있었다. 나도 모르게 할머니가
내게 강요한 훈육방식을 같은 반 학우들에게 강요해 그런 것은 아닐
는지….

할머니는 흥이 오르면 라틴음악 〈라 쿰파르시타〉를 즐겨 흥얼거리
는 멋쟁이셨다. 가회동에서 경성제국대학 하숙생들과 함께하던 시

절 즐겨 듣던 곡이라고 했다. 그런 할머니였던 만큼 '학업에 지장이 없는 한' 손녀의 건전한 취미활동을 얼마든지 보장해 주셨다. 내가 무용을 배우게 된 것 또한 할머니의 권유에 따른 것이었다. 할머니는 당시 창극을 좋아하셔서 김진진, 김경수 창극단이 오면 꼭 공연을 보셨고 그들의 춤에 반해 내게도 권하셨다. 할머니는 늘 내가 본 적도 없는 월북 무용가 최승희에 대해 이야기해 주셨다. 그녀의 표정, 관객을 향한 그녀의 뇌쇄적인 미소에 대해. 그리고는 나를 김진걸 무용 연구소에 넣어 주었다. 나는 서울 시공관에서 주인공으로 무용 발표회를 가질 정도로 무용에 소질이 있었다. 할머니는 최승희 공연에서의 몸짓들을 설명하며 나를 코치했다. 하지만 무용은 어디까지나 취미일 뿐 내 본업은 엄연히 공부였다. 할머니의 압제(?) 아래 외롭고 수줍음 많은 초등학생 시절을 보낸 나는 어느덧 경기여중에 진학하였다. 물론 전국에서 가장 어렵다는 입시를 거쳐 들어간 학교였다.

경기여중에 입학해 반 편성이 끝나자 담임 선생님(지금도 중1 담임 선생님의 성함은 잊지 못한다. 특이하게도 '한국소'라는 이름이었기 때문이다)께서 "반장을 뽑아야겠다"면서 "초등학교 때 반장 해본 사람 손들어!"라고 말씀하셨다. 그러자 모두의 손이 올라갔다. 경기여중생 가운데 초등학생 시절 반장 한 번 안 해본 사람은 아무도 없었던 것이다.

"안 되겠다. 전부 반장을 해보았다니 방법을 바꿔야겠다. 반장을 1년만 해본 사람 손들어! 아 참 아까 다들 손들었지. 그럼 내리고."

이어 선생님은 '2년 해본 사람', '3년 해본 사람'식으로 마치 국회의원들을 상대로 각자의 선수(選數)를 파악하듯 반장 역임의 연수(年數)를 높여나갔다. 그러자 연수가 적은 아이들이 속속 탈락했다. 마침내 나를 비롯해 '초등학교 6년 내내 반장을 한' 아이 둘만 남게 되었다. 선생님은 우리 두 사람 가운데 반장을 지명할 작정인 것 같았다.

나와 함께 손을 든 급우에게 선생님이 물었다.

"너 어느 학교 나왔니?"

"덕수 나왔는데요."

덕수초등학교 출신이라고 했다. 당시 덕수초등학교는 경기여중 건너편에 있었는데 아주 유명한 초등학교였다.

선생님이 이번에는 내게 물었다.

"너는?"

"사대부국이요."

나는 서울대 사범대학 부속 초등학교를 나왔다고 대답했다.

그러자 선생님이 잠시 생각하더니 나를 가리키며 "네가 반장 해!" 라고 했다. 이렇게 해서 중학교에 진학해서도 나는 반장을 맡게 되었다(미안하게도 내게 반장을 양보해야 했던 내 급우는 김하주이다).

댄스경연대회 학급 지휘자

중학생, 고등학생이 되어서도 춤을 향한 나의 열정은 식지 않았다. 경기여고에서는 전통적으로 '오월의 날'(당시 'May Day'라 불렸다)에 각 반 대항 댄스경연대회가 열렸다. 그러면 반장인 나는 우리 학급의 무용을 총지휘하곤 했다. 그렇다고 해서 학업을 소홀히 한 것도 아니었다. 전교 1등자리를 뺏기지 않으려 무진 노력했다. 할머니가 뒤에서 지켜보고 계신다고 생각하니 어느 것 하나 게을리 할 수 없었다.

"너는 그저 서울대에 가서 영문학을 전공해서 교수가 되는 것이 최고"라는 할머니의 일관된 주문을 뿌리칠 용기도 자의식도 충분히 자라 있지 않았던 어린 나는 할머니가 그어 놓은 동그라미 안에서 바짝 긴장한 상태로 지냈다. 나중에 알았지만 할머니가 하숙을 치실 때 서울대 영문과, 법과 학생들이 주로 함께 지냈는데 시간이 흘러 그들은 모두 서울대 교수가 됐고, 그중에서 내가 제일 좋아했던 사람이 영문과 출신이었기에 나는 경기여고를 졸업하고 '당연히' 서울대 영문과로 진학했다.

익숙한 길과 새로운 길

대학생이 되어 자유를 얻고

෨෧෬

"자, 이제 너는 어른이다. 그러니 이제부터는 네 인생에 관한 모든 것을 네 스스로 결정하고 그 결정에 대한 책임도 네가 져야 한다."

대학생이 되자 나를 대하는 할머니의 태도는 180도 달라졌다. '품 안의 손녀'를 놔주기로 결심하신 것이다. 역시 할머니는 생각이 깊고 넓은 여장부였다.

대학생활은 '고삐 풀린 망아지'처럼 자유분방하게 흘러갔다. 고3 때까지 억압된 상태로 살았던 것을 보상받기라도 하겠다는 듯 사진·영화·클래식음악 클럽 등은 기본이고 연극반 클럽에도 가입해 대학생활을 한껏 즐겼다. 모든 것에 목말라 있었다. 세상에 대해 몰랐던 많은 것들을 느끼고 싶었다. 남편도 서울대 'Photo Art Club'을 통해 만났다.

나는 어릴 적부터 막연히 대학을 마치면 해외유학을 가야 한다고 생각했다. 해외유학, 특히 미국유학은 할머니가 바라시던 바이기도 했기 때문이다. 자, 그렇다면 미국 어느 대학에서 어떤 학문을 전공할 것인가? 대학에서 영문학을 전공했으니 미국 대학에 가서도 영문학을 전공하는 것이 당연한 것 같았지만 그게 내 마음대로 되는 것이 아니었다.

대학 시절, 문학을 공부하는 문학도로서 문학소녀 같은 감상에 젖어 글을 써보고 싶었다. 학부생 시절 부지런히 글을 써서 〈대학신문〉 (서울대 학보)에 투고했다. 하지만 〈대학신문〉측에서는 내가 투고한 글을 단 한 번도 실어주지 않았다. 한번은 오기가 나 영자신문에 투고해보기도 했지만 역시 채택해주지 않았다. 숱한 투고 끝에 번번이 실망하고서야 내게는 작가가 될 수 있는 역량이 없다는 것을 인정할 수밖에 없었다. 영문학도라고 다 작가가 되는 것은 아니지만 내게는 문재(文才)가 없었던 것이다. 작가가 되기는 글렀으므로 오로지 내가 잘하던 공부, 그 특성을 살려 이제는 학자의 길을 갈 수밖에 없었다.

'그래 학자가 되자. 그것도 나쁘지 않다.'

이렇게 스스로를 위안하며 미국유학을 차근차근 준비했다.

미국유학을 준비하다

당시만 하더라도 여대생이 외국유학을 가는 것은 매우 드문 일이었다. 그리고 요즘처럼 해외유학 상담소나 전문학원도 거의 없었다. 나는 주변에 유학준비를 도와줄 사람이 없었기 때문에 유학할 학교를 알아보는 일부터 그에 필요한 각종 절차를 진행하는 일까지 전부 스스로 해야 했다.

4학년이 저물어가던 어느 날 영문과 교수실에 들러 교수님과 유학에 관해 이것저것 이야기를 나누고 있을 때였다. 마침 그때 그 교수실에 교수님의 친구이고 이미 영문과 교수를 은퇴한 장왕록 교수님이 들렀다. 장 교수님은 내가 다른 교수님과 나누는 이야기를 유심히 듣더니 이렇게 말씀하시는 게 아닌가?

"남의 나라 문학을 아무리 깊이 공부한들 어디까지나 남의 문학 아니냐? 자네가 미국에서 영문학 석사, 박사를 딴다 한들 미국 사람들만큼 영문학에 대해 깊이 알 수 있겠느냐? 이제 시대가 변했으니 문학은 잊어버리고 기술을 공부해야 한다. 그런데 내가 요즘에 듣기로는 문헌정보학이 유망하다."

장 교수님이 내 진로에 대해 조언하는 것을 듣고 처음에는 '아니, 당신은 정작 우리나라 영문학의 태두이시면서 내가 당신의 제자가 아니라고 영문학도인 내게 영문학은 소용없으니 기술 쪽을 공부하라는 건 또 뭐야?'라는 반발심이 들었다. 하지만 다시 생각하니 장 교수님이 이렇게 권하는 것은 앞날을 내다보는 통찰력을 바탕으로 제자의 장래를 진정으로 걱정하기 때문인 것 같았다. 그래서 나는 장 교수님의 권유를 진지하게 생각하기 시작했다.

한국의 대표적인 영문학자이자 번역가로 알려진 장왕록 박사가 돌아가신 지 20년이 지났다. 지난 2004년 장왕록 박사의 10주기 추모 기념 수필집《그러나 사랑은 남는 것》을 장왕록 박사의 딸이자 당시 서강대 교수이던 고(故) 장영희 박사가 엮었다. 이 책을 읽고 나는 특히 다음 구절에 깊은 감동을 받았다.

"이데올로기나 원칙을 앞세우는 사람은 괴물이다. 사람은 모름지기 자연감정에 따라 자유롭게 자기 멋대로 살아야 한다. 책과 예술을 좋아하고 개성을 잘 살리는 보통사람이 최고다."

마치 내게 자유롭게 자기 멋대로 살라고 권고하는 듯한 이 구절을 훗날 읽으면서 오래 전 내게 조언해주셨던 장왕록 교수님을 새삼 추모하였다. 내 삶을 되돌아보면 나도 많은 부분, '자유롭게 자기 멋대로' 살아온 사람이기에.

플로리다 주립대학에서 유학생활을 시작

ⓐⓧⓐ

'그래 장 교수님 말씀이 옳다. 미래를 전망하고 전공과목을 정하는 게 옳다.'

이렇게 작정한 나는 이모저모 따져가며 꼼꼼히 검토한 끝에 최종적으로 당시 용어로 '도서관 및 정보과학', 즉 요즘말로 문헌정보공학을 전공으로 택했다.

전공이 정해지자 무척 바빠졌다. 내가 유학가기로 했다고 내 마음대로 유학을 떠날 수 있는 것이 아니었다. 무엇보다 유학에 필요한 TOEFL, GRE 등 자격시험에 합격해야 했고, 합격한 다음에는 나를 받아줄 미국 대학을 찾아야 했다. 공학계열로 전공을 바꿨기 때문에 컴퓨터 공부도 해야 했고 어학을 하나라도 더 하고 싶은 마음에 일본어 공부도 하는 등 매우 분주했다. 그리고 유학비용으로 쓰려고 대학 4년 내내 아르바이트해서 모아둔 돈도 달러로 바꾸었다. 또한 미국에 가면 치과 치료가 무척 비싸다는 말을 듣고 일찌감치 치과에 가 이를 싹 손질했다. 가능하면 집에 기대지 않고 전적으로 내 힘으로 유학을 가고자 했다. 집에서는 미국행 비행기 삯만 지원받았다.

유학시험을 통과한 나는 문헌정보공학과가 있는 버클리 대학에 입학을 타진했지만 '입학은 가능하지만 장학금 지급은 불가하다'는 회신을 받았다. 장학금 없이 미국유학을 한다는 것은 적어도 내게는 불가능한 일이었다. 버클리 대학을 포기하고 부지런히 다른 대학을 물색했다. 이 대학 저 대학을 상대로 '장학금을 줄 수 있는가'를 타진 했다. 마침내 플로리다 주립대학(FSU)에서 나의 GRE 성적이 충분 히 좋다며 '장학금을 줄 테니 오라'는 답변이 왔다. 이렇게 해서 유학 할 학교가 미국 최남단 플로리다 주의 수도 탤러해시에 위치한 FSU 로 정해졌다. 영문학도에서 교육공학자로 변신하기 위한 첫 단추를 FSU에서 꿰게 된 것이다.

1   서울대 졸업식에서 부모님과 외할머니와 함께.
2   서울대 졸업식에서 경기여고 동창생들과 함께.

2막

미국에서
프로수업을 받다

미국 전역에서 모여든 우락부락한 군인들을 앞에 두고 만삭의 몸으로 강단에 서

신무기 조작법을 컴퓨터를 이용해 가르쳤다. 조지아 주 포트베닝에서 내게 교육

을 받은 군인들은 소속 부대로 돌아가 동료 군인들에게 내가 만든 컴퓨터 기반

교수법을 전파했다.

슬픈 곡조로 이야기하지 말라,
인생은 한낱 헛된 꿈에 불과하다고.
잠자는 영혼은 죽은 것이거늘
만물은 겉모습 그대로가 아니다!

우리 모두 일어나 일하자.
어떤 운명이든 이겨낼 용기를 지니고,
끊임없이 성취하고 추구하면서
일하고 기다리기를 애써 배우자.

— 헨리 워즈워스 롱펠로, 《인생 찬미》

공부하느라 세월 가는 줄 모르고

태평양 건너가서 받은 문화충격

ⓐⓧⓐ

1971년 FSU 대학원에 입학해 문헌정보공학을 본격적으로 공부하기에 앞서 대학 도서관부터 들러 이곳저곳을 둘러본 나는 그때까지 내가 얼마나 작은 우물 안 개구리로 살아왔는지를 깨닫지 않으면 안 되었다. 내 딴에는 한국에서 제일 좋다는 서울대에서 공부했다는 자부심을 가졌는데, 드넓은 FSU 도서관 서가를 가득 메운 방대한 양의 책에 그만 질려버린 것이다. 그것은 서울대와는 비교도 할 수 없는 엄청난 분량이었다. 책뿐만 아니라 비디오 자료와 컴퓨터 서비스 또한 매우 다양했다.

미국으로 가기 전 졸업논문을 쓰면서 겪은 일이다. 당시 나는 미국 작가 윌리엄 포크너의 장편소설《음향과 분노》(*Sound and Fury*)를 주제로 잡고 논문을 쓰기 위해 모교 도서관을 찾았다. 포크너 관련 영문원서를 검색해 보니 달랑 7권이 전부였다. 그런데 그것도 전부 대출 중이었다. 사서에게 "포크너 관련 참고도서가 필요하다"고 하자 사서는 "기다렸다가 책이 회수되면 빌려가라"고 했다. 한 달을 꼬박 기다리자 문고본 비슷한 얇은 책 한 권이 내 손에 들어왔고, 조금 더 기다리자 한 권이 더 들어왔다. 이 빈약한 참고도서 두 권을 샅샅이 뒤져 그야말로 허술한 논문 한 편을 겨우 완성할 수 있었다. 당시 서울대 도서관 사정이 그랬다.

미국 대학에서 공부하는 방식도 한국 대학의 그것과는 천양지차였다. 당시 서울대 영문과에서는 셰익스피어 수업인 경우《햄릿》,《오셀로》,《리어왕》,《로미오와 줄리엣》같은 희곡 하나를 정해 한 학기 내내 그것을 통독하는 것이 사실상 전부였다. 그런데 미국 학생들은《햄릿》한 편을 공부하더라도 그와 관련된 참고도서를 수십 권 읽을 뿐 아니라 출연 배우들이 서로 다른 두세 편의 비디오를 보며 당시 영국의 의상, 건축, 고어(Old English) 등을 공부하는 것이다. 또한 배우들의 연기를 분석하는 토론도 활발하다. 공부의 질은 차치하고 양에서부터 우선 비교가 되지 않았다. 이와 같이 미국 학생들이 공부하는 다이내믹한 모습을 직접 지켜보면서 나는 엄청난 충격을 받았다.

밤잠 줄여가며 공부에 매달려

대학원 과정을 시작하기는 했는데 무엇보다 언어가 문제였다. '중고등학교에 미국인 손님이 찾아오면 영어 선생이 가장 먼저 도망간다'

라는 우리나라 우스갯소리도 있지만, 서울대 영문과를 나온 나도 미국 교수들이나 학생들의 빠른 영어를 제대로 알아듣지 못하기는 마찬가지였다. 특히 미디어 수업시간에는 시사를 다루는 뉴스나 TV 코미디 프로그램 등을 다루었기 때문에 영어를 떠나 미국 사회나 문화에 무지한 나로서는 수업 중 교수와 학생이 다 같이 까르르 하고 웃는데도 무엇 때문에 웃는지 영문을 몰라 나 혼자 가만히 있기 일쑤였다. 나중에 들으니 당시 한창 유행 중이던 TV 코미디 프로의 한 대목을 들먹이며 자기들끼리 웃었던 것이다. 물론 시간이 지나면서 영어 콤플렉스는 자연히 극복할 수 있었지만 초창기에는 여간 고역이 아니었다. 거기에다 수업을 따라가기 위해 읽어야 할 책도 엄청나게 많아서 시간이 모자라 쩔쩔맬 수밖에 없었다. 장학금을 받는 조건으로 도서관에서 하루 몇 시간씩 일하도록 되어 있었기 때문에 공부할 시간이 절대적으로 모자라 잠을 줄여가며 수업진도를 따라잡았다.

그 과정에서 학우들의 도움을 많이 받았다. 기숙사에서 같은 방을 쓰는 영국인 룸메이트는 물론이고 다양한 국적의 학우들에게 노트를 빌려, 모르는 것을 물어보는 등 온갖 방법을 동원해 공부했다. 그곳의 학우들은 정말 친절하고도 성의 있게 나를 도와주었는데, 이때의 경험을 계기로 '세상에 혼자 잘난 사람은 없다'라는 진리를 뼛속 깊이 새기게 되었다.

학교생활에 어느 정도 적응하게 되면서 다소 여유가 생겼다. 그래서 각종 교내 축제에도 참여하고 탤러해시에서 열리는 한인회 행사에도 얼굴을 내밀었다. 한번은 교내에서 '국제학생축제'(International Student Fair)가 열렸는데 '이때다' 싶어 할머니가 미국에서 입으라고 준비해주셨던 한복을 차려입고 참여해 부채춤을 추면서 한국 고전무용 실력을 한껏 뽐냈다. 내 춤사위가 인상적이었던지 현

Un Na Huh of Korea Will Model Native Dress at Food Fair
... *International Club to host week of festivities at FSU*

현지 일간지 〈탤러해시 데모크랫〉에 "International Student Fair에서 한국 대표로
부채춤을 추는 유학생 허운나"란 기사와 함께 실린 사진.

지 일간지 〈텔러해시 데모크랫〉에서 춤을 추고 있는 내 모습을 담은 사진과 함께 기사를 1면에 크게 실어주었다. 지금 생각하니 민간 외교관 역할을 톡톡히 해낸 셈이다.

우물 안 개구리가 우물 밖으로 뛰쳐나와 각종 어려움을 겪었지만 그것을 자신의 노력과 주변의 도움으로 극복하고 공부에 매진한 끝에 마침내 1년 만에 석사과정을 마칠 수 있었다. 그 무렵 이영덕 박사가 플로리다에 방문했고, 이분으로 인해 내 향후 궤도가 또 한 차례 수정되었다.

교육공학으로 궤도를 수정하다

벤처창업자·교육개혁자 모건 박사

೧ೱ೧

교육학자인 이영덕 박사(1926~2010)는 서울대 사범대학 교육학과를 졸업하고 미국 오하이오 주립대학에서 철학박사 학위를 받은 후 교육계에서 활동하였다. 서울대학교 교수, 한국교육개발원(KEDI) 원장 등을 지냈다. 이 박사가 KEDI 원장으로 재임한 기간은 1972년 ~1980년까지로, 그가 탤러해시의 FSU를 방문한 것은 KEDI 초대 원장 자격으로였다.

이영덕 박사가 FSU에 방문하게 된 사연을 말하려면 내 운명적 스승인 로버트 M. 모건 박사(1930~2009) 이야기를 먼저 해야 한다.

한국전쟁 참전용사인 모건 박사는 오하이오 주립대학에서 교육학 박사학위를 받았다. 이후 뉴멕시코 대학교수로 재직하며 '제너럴 프로그램 교수법 회사'를 공동 창업해 사장직을 맡았다. 이후 대규모

방위산업체인 '리튼 인더스트리'의 교육사업본부장을 역임했으며 미국 교육부 내 연방조사국에서 근무했다. 그러다 1968년 FSU 교수로 부임해 교육학과의 학과장이 됐다. FSU에서 그는 학습체계연구소(LSI)를 창설하는 데 결정적인 역할을 맡았다. 모건 박사는 당시 벤처 창업자이면서 교육 개혁자였다. 대외원조를 담당하기 위해 설립된 미국 국제개발처(USAID)로부터 방대한 연구비를 지원받은 그는 마침 한국정부가 경제개발5개년계획의 일환으로 실시하는 교육부문분석(Sector Analysis) 사업의 책임을 맡아 한국정부의 초청으로 내한하여 교육전문기관의 설립을 권고했고 그 결과 KEDI가 설립되었다. 이후 KEDI는 한국의 교육제도를 재설계하여 오늘날 한국이 세계적인 교육 강국으로 성장하는 초석을 놓았다. 모건 박사가 미국 정부 지원금으로 KEDI를 설립하면서 초대 원장으로 앉힌 사람이 바로 이영덕 박사였다.

운명적 만남: 내 인생의 멘토 모건 박사

KEDI를 출범시킨 이영덕 원장은 석·박사 학위 과정을 밟도록 KEDI 소속 연구원들을 대거 FSU로 유학시켰다. KEDI 인력이 속속 FSU로 건너오고 있던 바로 그때 이영덕 원장이 부하 직원들의 유학과 관련된 협의를 하기 위해 모건 박사를 찾아 FSU에 방문한 것이다. 이 원장은 FSU에 온 김에 이 학교의 한국인 유학생들을 만나고 싶어 했다. 그래서 우리 유학생들이 작은 모임을 마련하고 이 원장을 초청해 대화를 나누게 되었다. 그 자리에서 유학생들은 한 사람씩 돌아가며 이 원장에게 자신의 공부 경험담 및 포부 같은 것을 털어놓았다. 내 차례가 왔기에 나는 이렇게 말했다.

"문헌정보학을 공부하는 과정에서 정말이지 미국의 선진적인 도서관 체계에 감탄하지 않을 수 없었습니다. 미국에서는 이미 OCLC를 사용하고 있습니다. OCLC는 'Online Computer Library Catalog'의 약어인데, 도서관 사서들이 특정한 책이 어디에 있는지 알아낼 때 가장 많이 사용하는 데이터베이스입니다. OCLC는 도서관끼리 책을 주고받을 때 필수적인 정보인, 누가 어떤 자료를 갖고 있는지를 사서에게 알려줍니다. 예를 들어 어떤 학생이 특정 분야의 아주 세부적인 내용을 전공하고 싶어서 도서관 사서에게 자료를 요청하면, 이 요청을 받은 사서는 OCLC를 검색해 순식간에 그 학생이 필요로 하는 자료가 어느 대학, 어느 도서관에 있는지 알려주는 것입니다. 그리고 OCLC망을 활용해 해당 자료를 멀리서도 받아볼 수 있습니다. 이처럼 선진적인 도서관 체계를 우리나라도 꼭 갖춰야 할 것입니다. 저는 박사과정에서 이 분야를 집중적으로 공부하려 합니다. 그리고 학위를 따면 고국으로 돌아가 미국과 같은 선진적인 도서관 체계를 꼭 수립하고 싶습니다."

장황한 내 포부를 듣더니 이 원장이 말했다.

"미스 허, 우리나라는 아직 된장을 먹는 나라인데 성급하게 된장에 버터를 섞어먹으면 되겠소? 우리 실정에는 아직 무리인 것 같은데."

이 원장의 언급은 의외였다. 순간적으로 오기가 생기고 도전의식이 솟았다. 그러면서 불쑥 이런 생각이 드는 게 아닌가.

'교육개발원장이 도서관 개혁에 대해 저런 생각을 갖고 계신 걸 보니 우리나라의 도서관 선진화 작업을 도서관 전공자로서 접근해서는 별 효과가 없겠다. 도서관을 변화시키려면 도서관의 상부 체제인 교육 전반의 책임을 맡은 정책 결정권자가 되어야 한다. 따라서 아예 전공을 바꿔 교육학을 공부한 다음 한국 교육이라는 큰 틀에서 접근해 도서관 체계를 바꾸는 것이 더 효과적일지도 모르겠다.'

이런 다소 엉뚱한 생각을 하고는 며칠 뒤 처음으로 모건 박사를 만나 이영덕 박사와의 만남에서 있었던 대화, 그리고 그 대화 끝에 내가 갖게 된 생각에 대해 이야기했다. 그랬더니 마치 기다렸다는 듯이 모건 박사가 "그래, 잘 생각했어. 내 밑으로 들어와 교육공학 박사과정을 밟게"라고 권유하는 것이 아닌가. 나는 그 권유를 받아들였고 이렇게 해서 모건 박사와의 기나긴 인연이 시작되었다. 비유하자면 문헌정보학이라는 역을 향해 가려던 열차를 이영덕 박사가 궤도를 수정해 모건 박사에게 가도록 했고 모건 박사는 그 열차를 교육공학이라는 역으로 밀어 넣은 셈이었다. 따지고 보면 교육공학과 나 사이의 인연은 이영덕 박사가 그 단초를 제공했다고 말할 수 있다.

한국 교육 발전의 은인

✦✧✦

교육공학이라는 학문을 지탱하는 세 기둥은 교육심리학, 커뮤니케이션학, 그리고 경영학이다. 이 중에 경영학은 시스템적인 접근, 즉 큰 그림을 파악한 상태에서 교육과정을 설계하는 것을 강조한다. 가령 어떤 나라의 교육체계를 설계해달라는 요청을 받으면 '이 나라가 지향하는 바는 무엇이며 현재 어떤 상태에 놓여 있는지 그리고 국민들이 갖고 있는 비전은 무엇이며 그 비전을 달성하기 위해 필요한 역량은 무엇인지'에 대해 우선적으로 살핀 후 그 토대 위에서 필요한 역량을 키워줄 교육 목표를 세우는 것이 필요하다. 그래야만 그 나라의 발전단계와 지향점에 맞춘 최적의 교육체계를 설계할 수 있는 것이다. 이런 체제접근적 일을 하는 것이 교육공학의 주요 핵심이다.

한국 교육체계 설계에 지대한 공헌을 한 모건 박사의 업적은 한국 교육사에 굵은 활자로 기록되어 마땅하다. 내 스승이어서 이렇게 말하는 것이 아니라 실제 그가 한국 교육발전에 기여한 바가 매우 뚜렷하기 때문이다. 그는 한국교육개발원을 통해, 우리나라 교육현상을 분석하고 완전학습 모델을 들여왔을 뿐만 아니라, 초중등학교 교육과정을 개발했고, 교육용 TV 등 새로운 교육방법 도입을 주도했다.

모건 박사는 '사람은 교육에 의해서만 사람이 될 수 있으며 사람에게서 교육의 결과를 빼고 나면 남는 것은 아무것도 없다'라는 플라톤의 교육관을 온몸으로 실천하는 교육가였다. 숱한 개발도상국의 교육체계를 설계하는 프로젝트를 진행하면서 그가 늘 부르짖었던 것은 인간다운 삶을 살기 위해서는 빵도 필요하지만 무엇보다 '무지로부터의 해방'이 전제되어야 한다는 것이었다. 가난과 질병도 근본적으로는 무지에서 생긴다는 것이 모건 박사의 믿음이었다. 그래서 그는 가난한 나라의 교육개발을 돕는 일에 누구보다 헌신했다. 모건 박사에게서 나는 교육자의 참된 자세를 배울 수 있었다.

국제프로젝트 경험 쌓기

모건 박사를 모시고 시작한 내 박사과정은 그의 다양한 연구 프로젝트를 보좌하는 일이 주된 과업이었다. 박사과정 학생이 장학금을 받으려면 반드시 그래야 하듯이, 나 또한 모건 박사의 프로젝트에 연구조교로 참여했다. 이렇게 해서 나는 인도, 인도네시아, 콜롬비아, 그리고 아프리카의 수많은 개발도상국들을 대상으로 하는 교육개발 프로젝트에 깊숙이 발을 담그게 되었다. 이 경험은 내게 글로벌 마인드를 심어주었고 훗날 수많은 글로벌 프로젝트를 이끄는 데 밑거름이 되었다.

개발도상국 사람들을 대상으로 하는 교육개발 프로그램은 철저히 현지 실정에 맞게 설계된다. 문맹률이 높은 남아메리카의 경우 사람들에게 지식의 중요성을 일깨우기 위해 우선 마을 단위의 신문을 만들게 한다. 물론 이 작업은 마을 주민 가운데 학식 있는 사람들이 주도한다. 그런 다음 그 신문을 아낙네들이 모이는 우물가에서 큰 소리로 읽게 한다. 이 과정을 통해 주민들의 의식을 깨우는 것이다. 마을 단위 라디오 방송도 주민들을 계몽하는 데 효과적인 수단으로 쓰인다. 예를 들어 농사일을 마치고 집에 돌아온 농부가 트랜지스터 라디오로 마을 소식도 듣고, 평생교육의 일환으로 정교하게 설계된 초보적 수준의 강의도 듣는다. 곳곳에 도서관을 설립하는 것도 주요한 사업이다. 글을 모르는 사람이 도서관에 가봐야 헛수고이기 때문에 우물가나 마을센터에 세운 도서관에는 문맹자들의 지식에 대한 궁금증을 해소해 줄 유능한 사서를 배치한다. 그러면 그 사서가 문맹자의 요청으로 해당 지식을 찾아 이야기를 들려주는 식이다.

모건 박사를 도와 박사학위 과정을 밟으면서 학위 논문을 준비하던 시절 대학 동기동창인 남편이 군복무를 마치자마자 FSU에 합류해 석사과정에 들어갔다. 이렇게 해서 내가 박사과정을 거의 끝낼 무렵, 남편은 석사과정을 시작하게 되었다.

포트베닝 기지의 미군과 배부른 동양여자

∞Ⅰ∞

한창 박사논문을 준비하고 있는데 미국 국방부로부터 (당시로서는) 어마어마한 규모의 연구비 500만 달러를 지원받게 되었다. 미국 국방성은 첨단 과학기술의 연구개발에 많은 지원을 한다. 당시 인공지능(AI: Artificial Intelligence) 같은 첨단 컴퓨터를 비롯한 모든 첨단 공학 기술개발이 군에서 가장 먼저 시작된다는 것은 잘 알려진 사실이다. 미군은 이러한 연구에 거액을 투자한다. 군인들을 대학에 유학시켜 연구를 하기도 하고 대학에 돈을 주어 연구를 시키기도 한다. 이번에 온 연구비 500만 달러에는 '첨단 정보통신 공학을 교육에 적용해 미국 군인의 교육훈련의 질을 높이고, 교육의 문제를 해결해 달라'는 꼬리표가 붙어 있었다. 쉽게 말해 미국 군인들이 컴퓨터를 가지고 훈련할 수 있도록 프로그램을 개발해 달라는 것이었다. 나중에 FSU에서 이것이 개발되었는데, 이 개발모델의 틀은 IPISD(Inter-Procedure Instructional Systems Design) 모델이었고, 컴퓨터 이용 훈련방식은 구체적인 전문용어로 컴퓨터기반훈련(Computer Based Training: CBT)이라고 부르게 되었다. 그리고 이 프로젝트에서 함께 연구 개발하던 나는, 미군 훈련에 이 모델을 활용하는 것을 박사논문으로 택해 최초로 적용하였다.

조지아 주 콜럼버스 외곽 드넓은 부지에 자리 잡은 포트베닝(Fort Benning) 기지는 미국 육군의 고향으로 불린다. 이곳에는 신병 훈련소를 비롯해, 육군 전술학교, 화기학교, 보병학교 등 각종 군 교육기관이 입주해 있으며 유격부대를 비롯해 전투부대도 상당수 주둔하고 있다. 전체 주둔 병력이 12만 명이나 되는 대규모 군 시설이다. 우리나라로 치면 육군 논산훈련소와 육군 교육사령부를 합친 데 더해 다수 전투부대도 함께 주둔하고 있는 셈이다. 포트베닝 기지는 미군이 나오는 할리우드 영화의 배경으로도 곧잘 등장한다.

국방성의 지원으로 포트베닝 기지의 군인들을 상대로 당시 새로 도입한 신무기 'M203 Grenade Launcher(M203 유탄발사기) 작동법' 프로그램을 개발하고 가르쳤다. M203은 미군의 M16 소총, M4 카빈에 부착하여 사용하는 유탄발사기이다.

박사논문 실험을 위해 포트베닝으로 향할 때, 당시 나는 임신 7개월의 몸이었다. 1975년 12월 어느 날 배부른 상태로 플로리다에서 조지아 주까지 4시간 반을 운전해갔다. 포트베닝 기지에 도착해 몇 주 동안 머물면서 내가 개발한 무기 시스템 프로그램을 영상과 시뮬레이션을 통해 군인들을 가르쳤다. M203을 분해, 청소, 결합하는 방법부터 그것을 사용하고 다른 무기와 조화시키는 방법까지 책이 아닌 컴퓨터 프로그램으로 가르친 것이다. 이 프로그램은 그동안 우리가 개발한 교육시스템설계(Instructional Systems Design : ISD) 모델에 기초한 최초의 훈련 프로그램이었다. 그리고 그 효과에 대한 최초의 실험이기도 했다. 미국 군인들은 우리나라 군인들과는 달리, 소위 군기가 빠져 있었다. 행동이 제멋대로인 미군들 앞에서 배가 남산만큼 나온 동양여자가 신무기 작동법에 대해 가르치는 것은 상상만 해도 코미디 아닌가? 그래도 그들은 열심히 실험에 참가하며 열심히 배웠다.

군대교육은 일반사회교육과는 근본적으로 다르다. 사회교육에서는 가령 특정과목에서 100점 만점에 80점을 받아도 합격권일 수 있다(성적분포가 최상위 10%는 A, 최하위 10%는 F, 나머지 80%는 대충 B, C, D 등에 분포한다. 즉 반드시 모두 만점을 맞을 필요는 없다). 하지만 군대교육에서는 (특히 무기관련 교육만큼은) 수강생 전원이 만점을 받지 않으면 전투에 나가 목숨을 잃을 수 있다. 그래서 전원 모두가 반드시 만점을 받아야 한다. 내게 새로운 교육방법으로 M203 교육을 받은 군인들은 전원 만점이었다.

포트베닝 기지에서 내 실험의 효과는 대단했다. 무엇보다 과거 교재를 통해 교육하던 것보다 컴퓨터를 통해 교육하니 교육시간 3분의 1이 줄었다며 군 당국에서 대환영이었다. 교육시간은 곧 돈이기 때문이다. 교육병 한 명당 드는 '교육비×교육시간= $'가 3분의 1이 줄었다. 게다가 과거 교재를 통해 교육하던 시절에는 부피가 큰 교재를 쌓아둘 공간이 엄청나게 많이 필요했는데, 교재 자체를 컴퓨터 소프트웨어로 바꾸니 교육자재를 보관할 공간도 3분의 1로 줄어 이 또한 경비절감에 크게 보탬이 되었다. 새로운 교육 프로그램 하나가 미국 육군의 교육 방식에 탁월한 교육효과와 더불어 교육시간, 교육비용, 교육공간의 절약이라는 혁명적인 변화를 불러일으킨 것이었다. 이렇게 해서 내 박사학위 논문은 미국 육군의 교육시스템을 한 단계 업그레이드시키면서 마무리되었고 1976년 1월 나는 내 인생의 첫 번째 목표인 박사학위를 받으면서 당시 한국인 유학생들 중 최연소 미국박사가 되었다. 모건 박사 밑에서 국제 프로젝트에 대해 배우고 연구소에서 프로젝트 매니지먼트 기술을 습득하며 군교육 혁신까지 경험하면서 나는 어느새 고국에 돌아가 대학교수가 되어 나의 멘토 모건 박사처럼 연구소를 세우고, 글로벌 프로젝트를 실행하는 교육자가 되는 꿈을 키워나갔다.

이국땅에서 결혼하고 자식 낳고

대학원생, 미국에서 결혼하다

어려서는 할머니와 단둘이 살면서 공부만 했고 유학 와서는 혼자서 바쁘게 살아온 나는 남편이 첫 학기를 마치자마자 결혼의 의미도 제대로 알지 못한 상태에서 결혼식을 올렸다. FSU의 겨울방학은 3주밖에 되지 않았기 때문에 방학기간을 이용해 결혼식을 치르려면 서두를 수밖에 없었다. 본국의 부모님께는 "미국에서 결혼식을 하겠다"라고 통보만 하고 남편과 나 두 사람이 결혼식장을 물색해 텔러해시의 어느 장로교 교회에서 식을 올렸다. 남편은 천주교 신자였기에 비록 미국에서 하더라도 결혼식을 천주교 식으로 하기를 원했다. 그래서 자기가 예전에 다녔던 한국의 성당에 문의하니 천주교 식 결혼을 준비하는 데 3주가 걸린다는 대답이 돌아왔다. 그래서 하는 수 없이 개신교 교회에서 결혼식을 올리기로 하고 우리끼리 식을 진행했다.

1

2

1   유학시절 결혼식에서 아버지 대신 신부입장시키는 지도교수 모건 박사.
2   탤러해시 교회에서 결혼식을 올리고.

우리 부모님은 사위가 될 사람의 존재를 이전부터 알고 있었다. 내가 미국으로 건너올 때 군대에서 복무하던 남편이 공항에 배웅을 나왔기 때문에 우리 식구들과는 공항에서 서로 인사를 나눈 사이였다. 내가 미국에서 결혼하겠다고 하자 양가 부모님은 한국에서 나름대로 조촐한 혼례의식을 치르겠다고 했다. 미국에서 올린 결혼식에서는 모건 박사가 나의 아버지 역할을 해 신부인 나의 손을 잡고 입장했다.

박사학위 받고 아이 낳고

기혼자가 된 후 2층짜리 아파트 단지로 거처를 옮겼다. 호숫가와 잔디로 뒤덮인 아름다운 아파트 단지에서 아들을 낳아 길렀다.

　뱃속에 아들을 품은 상태에서 박사논문을 집필했다. 고치고 또 고치느라고 논문을 10번이나 새로 썼는데, 그 과정에서 타자기를 얼마나 두드렸던지 뱃속의 아이도 시끄러웠을 것이다. 이 일을 빗대 박사학위 마지막 관문인 구두시험이 끝나고 나자 모건 박사는 "허 박사님, 축하해요" 하더니 나의 불룩한 배를 보고는 "오늘 두 명의 박사가 탄생했네요"라고 했다. 뱃속의 아들이 엄마 타자기 소리를 견뎠다는 것을 이런 식으로 표현한 것이다.

　탤러해시 메모리얼 병원에서 아이를 출산했는데 이 사실이 현지 신문에 보도되었다. 신문을 보고 알았다며 현지 한인 사업가와 교수님 사모님들이 미역국을 끓여 만두와 함께 병원으로 가지고 왔다. 이곳에서는 아기를 낳자마자 하루 만에 산모를 목욕시키고 식이요법을 시키는 바람에 늘 배가 고팠다. 한국과는 영 반대다. 그래서 간호사들 몰래 숨겨놓고 먹었다. 결혼의 의미도 모른 채 결혼한 나는, 엄마가 된다는 것의 의미는 더욱 알지 못한 채 엄마가 되었다. 엄마가 된 나는 달리 육아를 가르쳐 줄 어른이 옆에 없었기에 세계적으로 유명한 육아 지침서인 《스포크 박사의 육아일기》를 열심히 읽으면서 아기를 키웠다. 아기가 대변을 보고 나면 즉각 세면장으로 아기를 안고 가 수돗물로 엉덩이를 씻어주고 수건으로 닦아 말린 다음 파우더를 뿌려주는 등 책에 나와 있는 대로 했다. 아기를 2층에 재워놓고 1층에 내려와 일을 하다가 아기가 깨면 부리나케 2층으로 뛰어올라가 아기를 보살폈는데 그러느라 1층과 2층 사이를 하루에도 수십 번 오르내렸다. 그 바람에 자동적으로 운동이 되었던지 당시 내 몸매가 역대 최고로 날씬했다.

《스포크 박사의 육아일기》에서 강조하는 것 중의 하나가 모유 먹이기이다. 그래서 나는 모유 먹이기를 철저히 실행했다. 집에 있을 때에는 직접 젖을 먹였고, 출산 3개월 만에 일을 시작한 이후에 젖을 짜서 병에 담아 냉장고에 보관해 놓고 베이비시터로 하여금 먹이게 했다.

교수에서 컨설턴트로 변신

모건 박사의 평생의 충고: Don't worry, be happy

ⓐⓘⓐ

정식으로 박사가 된 나는 박사과정 학생에서 연구교수로 신분이 바뀌었다. 이것은 모건 박사의 제자에서 그의 동료로 신분이 변했음을 뜻하기도 했다. 물론 모건 박사의 까마득한 후배이기는 했지만 어쨌든 제자에서 동료가 된 것이다.

교수가 되자 모건 박사는 내게 연구실 한 곳을 지정해 주었다. 당시 FSU에는 가녜 박사라는 세계적인 교육학자가 있었는데 초빙교수인 그는 외국여행이 잦아 학교를 비우는 날이 많았다. 그래서 학과장인 모건 박사는 가녜 박사가 쓰는 넓은 연구실을 고맙게도 내게 내주었다. 그래서 연구교수 주제에 LSI에서 가장 좋은 원로교수의 연구실을 쓰게 됐다.

이제는 교수가 되었으니 내가 대학원생들을 조교로 활용해 프로젝

Dr. Unna Huh

1989
DISTINGUISHED ALUMNA
AWARD

FOR OUTSTANDING CONTRIBUTIONS
TO THE FIELD

Presented by the
INSTRUCTIONAL SYSTEMS AND EDUCATIONAL PSYCHOLOGY FACULTY
DEPARTMENT OF EDUCATIONAL RESEARCH
FLORIDA STATE UNIVERSITY
APRIL, 1989

플로리다 주립대학에서 '최고동문상' 수상.

트를 진행해야 할 입장이었다. 나는 학생들을 독려해 내가 맡은 프로젝트를 차질 없이 실행했다. 내가 일을 할 때 가장 중시하는 원칙들 가운데 하나가 '마감준수'다. 나는 대학원생들에게 마감시한만큼은 반드시 지켜야 한다고 누누이 강조했다.

그러던 어느 날 아프리카 가나 출신의 대학원생 쿤리가 프로젝트와 관련된 논의를 위해 내 연구실로 찾아왔다. 쿤리는 평소 행동이 굼떠 내게 잔소리를 듣는 학생이었다. 한마디로 매사에 만만디(천천히)였다. 나와는 정반대의 성품을 가진 사람이었다. 그래서 지나치게 여유만만한 그의 자세를 속으로 못마땅하게 생각했던 터였다. 내가 결국은 자기가 해야 할 것을 전혀 하지 않고도 여전히 태평한 그를 다그친 적이 있었다. 그러자 쿤리가 갑자기 정색을 하고 "You are a slave driver!"라며 내게 악담을 퍼붓는 것이 아닌가. 우리말로 옮기면 "당신은 노예 부리는 사람이야!"가 된다. 내가 노예 부리는 사람처럼 자기를 닦달해 왔다는 것이다. 하도 기가 막혀 뭐라고 반박할 수조차 없었다. 시쳇말로 '멘붕'이 오면서 나를 되돌아보게 되었다.

모건 박사는 내가 대학원생일 때 프로젝트에 대해 이리저리 걱정을 하면 "Don't worry, Unna. Just be yourself. Take it easy. And be happy(운나 걱정마. 그냥 하던 대로 해. 여유 있게, 즐겁게 일하라구)"라고 말해주곤 했다. 그 말을 들을 때마다 나는 속으로 '아니 할 일이 이토록 많은데 어떻게 걱정을 안 해? 어떻게 그냥 여유로울 수 있단 말이야?'라며 이해하지 못했다. 그러나 세월이 지난 지금 모건 박사가 내게 해주었던 말, 즉 '인생을 느긋하게 살라'는 충고를 후배들에게 똑같이 들려주고 있는 나를 발견한다.

쿤리를 돌려보낸 뒤 나는 모건 박사를 찾아갔다.

"박사님, 쿤리가 저더러 '노예 부리는 사람'이라고 하니 어쩌면 좋아요?"

그러자 모건 박사는 빙그레 웃으며 말했다.

"운나, 자신에게 대는 잣대를 남들에게도 똑같이 대서는 곤란해요. 운나는 잣대가 너무 높아요. 그 잣대에 맞출 수 있는 사람은 아무도 없어요."

모건 박사의 이 말을 나는 지금까지의 대인관계, 특히 아랫사람을 대하는 데 철칙으로 삼고 있다. 훗날 한양대학교 교수가 되어 프로젝트를 진행할 때 여자 조교가 한 사람 있었는데 그토록 여성스럽고 나긋나긋할 수 없었다. 누가 봐도 사랑스러운 여학생이었다. 그런데 문제는 그녀의 행동이 너무 느려 내 속을 자주 뒤집어 놓는다는 것이었다. 그녀 때문에 프로젝트에 차질이 생길 정도였다. 그녀를 꾸지람하고 싶었던 적이 한두 번이 아니었다. 하지만 그럴 때마다 모건 박사의 충고를 떠올리며 입술을 지그시 깨물었다. 이러한 일이 내 인생에서 여전히 반복되고 있지만, 때로는 열을 내다가도 결국은 모건 박사의 조언대로 나의 잣대보다는 그들의 눈높이에서 보고자 노력한다.

플로리다 주립대학 '최고동문상' 수상

FSU에서 2년간 교수생활을 한 뒤 나는 남편을 따라 워싱턴 D.C.로 근거지를 옮겼다. FSU에서는 고맙게도 캠퍼스 내 다드홀(Dodd Hall) 건물 1층 로비에 교육학의 세계적인 석학인 가녜 박사와 함께 찍은 내 사진을 걸어주었다. FSU 사람들은 한국에서 유학생이 오면 반드시 그 사람을 붙잡고 "운나 박사를 아느냐?"라고 묻더라고 뒷날 그곳에 다녀온 사람들이 내게 이야기해 주었다. 나는 1989년 FSU에서 '최고동문상'을 받았다. 그동안 여러가지 상을 받아보았지만 모교 졸업 후 업적을 인정해준 특별히 의미 있는 상이다.

상아탑을 벗어나 치열한 전쟁터로

내가 박사학위를 받고 모교에서 교수생활을 하는 동안 남편은 FSU에서 통계학 박사학위를 취득했다. 학위를 받자마자 워싱턴 D.C.에서 가까운 메릴랜드 대학에 교수 자리가 났다고 했다. 이 소식을 듣자 남편은 마음이 급해 보였다. 나더러 워싱턴 D.C.로 건너가자고 했다. 그래서 나는 이러한 사정을 모건 박사에게 알리고 내 진로에 관해 조언을 구했다. 그러자 모건 박사는 고맙게도 이렇게 말했다.

"운나, 워싱턴 D.C.에 연방정부 공무원들을 주요 고객으로 하는 컨설팅 회사가 많다는 사실은 잘 알지요? 그런데 그 컨설팅 회사들 가운데는 운나 같은 교육공학자를 컨설턴트로 필요로 하는 곳이 많아요. 내가 잘 아는 회사가 있는데 거기를 한번 찾아가보세요. 그 회사 사장 앞으로 내가 추천서를 써 드리리다."

모건 박사가 소개한 곳은 아테나(Athena)라는 컨설팅 회사였다. 이 회사명에는 그리스 신화 속 '지혜의 신'이라는 의미와 "A에서 A°를(A then A°) 창조한다"는 의미가 중첩되어 있다고 했다. 워싱턴 D.C.로 이사하자마자 아테나로 가서 그 회사의 책임자 주디 스프링거를 만났다. 나는 그녀에게 모건 박사가 써준 추천서를 건넸다.

"아, 모건 박사!"

스프링거는 추천서를 쓱 읽더니 입사 인터뷰를 하는 둥 마는 둥 일사천리로 끝내더니 대뜸 "내일부터 출근하세요"라고 말했다. 그 자리에서 바로 합격된 것이다. 모건 박사의 추천서가 얼마나 영향력이 큰지 실감할 수 있었다. 이때의 경험으로 미국사회에서는 공신력 있는 사람의 추천서가 얼마나 큰 역할을 하는지 깨달았다. 나는 후에 나의 사랑하는 제자들에게 추천서를 아낌없이 써주었다. 특히 지금은 한양대 교수로 재직 중인 유영만 교수가 당시 공고를 졸업하고 한국전력공사에서 일하다 한양대를 찾아왔을 때 나는 다른 학생들과 다른 가정환경을 가진 그에게서 내 어린 시절의 외로움을 보는 듯해 특히 마음이 쓰였다. 그는 성실하고 생각이 깊은 학생이었다. 나는 내 유학시절 아버지이며 멘토였던 모건 박사에게 내 아들 같은 그를 부탁했다. 그의 힘든 환경을 설명하고 나를 보듯 그를 대해 달라고, 그래서 그가 박사과정을 힘들지 않게 밟을 수 있도록 장학금 일체 등을 부탁했고 모건 박사는 두말없이 내 부탁을 들어주었다. 덕분에 유 박사는 큰 경제적 어려움 없이 FSU에서 박사학위를 취득할 수 있었다. 훗날 유 박사가 학위를 받고 귀국했을 때도, 내가 한양대에서 프로젝트를 하던 삼성인력개발원에 그를 소개해 그가 입사하게 된 것도 비슷한 사례이다. 치사랑은 없어도 내리사랑은 있다고 했던가. 모건 박사가 내게 베푼 사랑을 그에게 갚을 길이 없어 내 제자 영만에게 대신 갚았으니 나는 적어도 내리사랑만큼은 실천한 셈이 되었다.

이렇게 해서 나는 교수에서 컨설턴트로 변신했다.

거대기업 AT&T를 상대로 교육 컨설팅

지금까지 내가 살아온 곳은 대학이라는 상아탑이었다. 거기서 나는 대학원생과 교수로 지냈는데, 그곳에서 만나고 교류했던 사람들은 하나같이 훌륭한 인품을 갖춘 지성인들이었다. 다시 말해 워싱턴 D.C.에 오기 전 내가 몸담았던 FSU는 학문이라는 울타리를 두른 일종의 온실이었다. 이와는 달리 컨설팅 업계는 약육강식의 원리가 지배하는 일종의 정글이었다. 컨설팅회사는 고객을 상대로 컨설팅을 해주며 먹고산다. 고객을 위해 일하는 컨설턴트가 고객이 만족할 만한 성과를 올리면 엄청난 봉급을 받지만 그가 일한 결과에 고객이 불만을 표시하면 그 컨설턴트는 곧바로 해고된다. 이 무시무시한 세계에 내가 진입한 것이다.

아테나에서 내가 첫 번째로 수행한 컨설팅의 고객은 거대기업 AT&T(American Telephone&Telegraph)였다. 그 유명한 벨연구소(Bell Laboratories)를 소유한 회사이다.

당시 전 세계적으로 14만 명을 고용하고 있던 AT&T는 그동안 커뮤니케이션 기업, 다시 말해 장거리전화 전문회사였다. 그랬던 이 회사가 시대 변화에 맞춰 컴퓨터 영역으로도 사업을 늘리려 하는 것이다. C(Communication)에서 C&C(Communication&Computer)로 회사 정체성을 확장하려 할 때였다. 이와 동시에 AT&T는 거대한 관료주의에 찌든 회사 분위기를 효율적이고 미래 컴퓨터 시대에 경쟁력을 갖춘 회사로 일신하기 위해 회사를 8개로 쪼개는 구조조정 작업을 진행 중이었다. C에서 C&C로 이행하자면 새로운 사업영역을 감당할 수 있는 핵심역량을 구축하는 일이 필수적이었다. 새 사업을 개척할 핵심인력을 교육할 프로그램을 짜야 했다. 이 과제에 내가 투입된 것이다.

새 교육과정을 설계하기 위해서는 맨 먼저 AT&T의 요구가 무엇인지 파악해야 한다. 그래서 나는 회장에서부터 말단 직원에 이르기까지 수많은 사람들을 인터뷰하며 이 회사가 무엇을 필요로 하는지 파악했다. 그 결과 조직의 효율을 높여야 한다는 것, 그리고 조직 구성원들의 능력을 끌어올려야 한다는 것이 드러났다. 이러한 요구를 근거로 AT&T의 비전, 사명, 목적, 목표, 달성방안 등을 순차적으로 파악해 이를 토대로 구체적인 교육 프로그램을 설계하는 것이 내가 할 일이었다. 인터뷰 과정에서 윗사람들과 아랫사람들 사이에 미래를 대비하는 시간적 관점과 비전의 차이가 크다는 점을 배웠다. 리더들은 적어도 10년 앞을 내다보는 장기적 안목과 비전을 가지고 있었다.

질리도록 많이 탔던 비행기

ঝাㅏ

나는 FSU 시절 닦은 능력을 최대한 발휘하여 내가 맡은 프로젝트를 전속력으로 밀어붙였다. 서너 가지 과제를 동시다발적으로 진행하면서 내 저력을 유감없이 발휘했다. 이처럼 내가 잘나가자 사내 여기저기에서 나를 가리켜 '마력(horsepower)을 지닌 사람'이라며 놀라워하기도 했고 시기하기도 했다. 나는 주변에서 그러거나 말거나 내가 맡은 업무에서 뚜렷한 성과를 올린 만큼 봉급 인상을 요구했고, 아테네 사장은 1년에 3차례나 내 봉급을 올려주었다. 우리를 고용한 AT&T에서 원하는 사람은 나였기 때문이고, 시간당 AT&T가 지급하는 액수가 가장 높았기 때문이다. 1978년 겨울 워싱턴 D.C.에 입성할 당시 미국 대학교수 초임 연봉은 1만 2천 달러 선이었는데, 나는 아테나에서 이보다 많은 연봉으로 시작했을 뿐만 아니라 입사 후 2년이 지났을 때에는 대학교수 연봉의 약 3배를 받았다.

AT&T는 Eastern Bell, Southern Bell 등 8개로 쪼개져 드넓은 미국대륙 곳곳에 지역 본사를 두고 있었다. 나는 이 지역별 본사를 돌며 관리자들을 상대로 교육 및 컨설팅을 했다. 그 과정에서 비행기를 질리도록 많이 타고 다녔다. '아, 이러라고 내 이름에 구름 운(雲)자가 들어 있었나 보다'라는 생각이 절로 들 정도로 비행기 창을 통해 구름을 많이 내려다 본 시절이 그때였다.

백조는 물속에서 끊임없이 헤엄친다

&⊠⁄∂

AT&T에서 관리자 수십 명을 한자리에 모아 진행하는 강의는 말만 강의지 사실 총성 없는 전투나 다름없었다. 수강생들은 대개 40, 50대 백전노장들로서 통신, AT&T 조직과 관련해 모르는 것이 없는 사람들이었다. 그에 비해 나는 아직 20대도 지나지 않은 어린 학자 출신으로서 교육공학을 전공한 박사라는 이유로 그들을 가르치고 있었다. 수강생들 중에는 어린 내게, 더군다나 동양인이고 영어도 원어민이 아닌 내게 배우는 것이 아니꼽다는 듯 노골적으로 인종차별적인 태도를 취하는 사람들도 있었고, 질의응답 시간에는 말이 안 되는 질문으로 나를 괴롭히는 사람들도 있었다. 나는 명색이 컨설턴트로서 품위를 유지하기 위해 스마트한 정장 차림으로 우아한 미소를 지으며 강의를 진행했지만 수강생들이 과연 내 강의에 만족했는지, 내 영어가 제대로 전달됐는지, 내 강의가 진정 그들에게 도움이 됐는지 등의 생각들로 늘 노심초사했다. 강단에 선 내 모습은 겉으로 보면 우아한 백조였음이 틀림없다. 하지만 그 백조는 물 위에 떠 있기 위해 물 속에 잠긴 발로 잠시도 쉬지 않고 죽을힘을 다해 헤엄을 치고 있었다. 이렇게 긴장한 상태에서 강의를 마치고 숙소로 돌아가면 기가 다 빠지면서 몸은 물먹은 솜처럼 무거웠다. 때로는 너무 힘들어 혼자 훌쩍이기도 했다.

동료들의 질시를 한 몸에 받으며

ↁↂↁ

그러는 가운데 회사에서도 나를 둘러싸고 동료들 간에 일종의 전투가 벌어지기 시작했다. 그들 말마따나 내가 '마력'을 발휘해 고객들을 만족시키자 "다음 프로젝트도 허 박사가 맡아 주었으면 좋겠다"고 하는 고객들이 많아졌다. 그러자 동료 컨설턴트들이 나를 노골적으로 시기하기 시작했다. 나야 평소 하던 대로 업무를 할 뿐이었지만, 일감이 내게로 집중되자 그것을 못 견뎌하는 컨설턴트들이 있었던 것이다. 그렇다고 해서 그들이 구체적으로 나를 괴롭히지는 않았지만 구석에서 나를 놓고 쑥덕거리는 것은 그다지 기분 좋은 일은 아니었다.

미모가 출중한 어떤 여자 컨설턴트는 비록 불륜이기는 하지만 상원의원 애인(장소가 국회의사당이 있는 워싱턴 D.C.이다 보니)이 있다고 내게 자랑하며 "허 박사는 일만 하다 죽을 거야?"라며 은근히 내게 게으름 피울 것을 유도하기도 했다. 그런가 하면 오랫동안 사장 쥬디의 비서로 일한 고졸 출신의 젊은 여직원은 '어디서 동양여자가 한 명 날아들어 와 회사를 휘젓고 다니며 봉급도 많이 챙겨가고 있어? 정말 눈꼴시어 못 봐 주겠네'라는 식의 태도로 내게 노골적인 인종차별 감정을 드러내 행정적 지원이 필요한 나를 힘들게 했다. 그런 그녀의 모습은 미국사회 저학력자들 사이에서 주로 볼 수 있는 교양 없는 태도의 전형이라고 할 만했다.

마침내 타사에서 스카우트 제의가 오다

ଲ୩

이렇게 정신없이 일에 파묻혀 지내는데 어떻게 소문이 났는지 다른 컨설팅 회사로부터 스카우트 제의를 받았다. 현재 봉급의 2배를 주겠다고 했다. 쥬디 스프링거를 배신한다는 것이 좀 꺼림칙했지만 마음을 모질게 먹고 과감하게 회사를 옮겼다. 하지만 새로 옮겨간 회사에서는 채 한 달 정도밖에 일하지 못했다. 귀국해야 했기 때문이다.

컨설턴트 시절 AT&T 말고도 항공기 엔진 등을 제작하는 프랫 앤 휘트니, 씨티은행, 주택도시개발청 같은 굵직굵직한 기업 또는 정부 기관을 상대로 컨설팅을 많이 했다. 오직 성과로만 말하는 냉혹한 컨설턴트 세계에서 살아남기 위해 발버둥 쳤던 워싱턴 D.C.에서의 경험은 이후 내가 귀국하여 대학교수로서 각종 산업체와 프로젝트를 수행하는 데 탄탄한 기초가 되어 주었다. 다시 말해 워싱턴 D.C. 시절은 군인으로 치자면 전투체력을 충분히 기를 수 있었던 시기였다.

KBS, 우리 부부를 '미국에서 가장 출세한 한인'으로 선정

1981년 2월 초 전두환 대통령이 한미정상회담을 위해 워싱턴 D.C.를 방문했다. 그때 KBS 취재팀이 대거 대통령을 따라왔는데, 김기덕 기자가 이끄는 취재진이 '미국에서 가장 출세한 한인 교포들'이라는 제목의 프로그램을 만든다며 우리 부부를 찾아왔다. 부부가 안팎으로 미국에서 박사학위를 받았으니 출세한 것이 아니냐는 거였다. 기자들은 먼저 남편의 근무처인 메릴랜드 대학에서 남편을 취재하고 이어 워싱턴 D.C. 한복판 베데스다에 있는 아테나 사무실로 와 나를 취재했다. 그런 다음 워싱턴 D.C. 외곽 메릴랜드 주 칼리지파크에 있는 우리 아파트에도 들러 사는 모습을 찍어갔다. 뒷날 귀국하고 나서 지인들로부터 "그때 방송 잘 봤다"는 인사를 수없이 들었다. 당시 방영된 프로를 부모님이 기념으로 녹화해 두셨는데, 녹화 테이프가 어디론가 사라져 정작 나는 보지 못했다.

타국에서 익힌 요리실력

남편은 한국인 유학생들을 집으로 자주 초대했다. 그럴 때마다 나는 식사를 준비해야 했는데, 성질이 급해 요리도 속전속결로 해치웠다. 뒷날 국회의원이 되어 공식 홈페이지에 "요리는 과학이다"라는 글을 올리기도 했지만, 그때 나는 요리를 '동시다발적으로' 했다. 먼저 각종 요리재료를 잔뜩 사다 썰 것은 썰고 다질 것은 다져 접시별로 분류한 다음, 차가운 음식과 뜨거운 음식 순으로 요리를 진행했다. 음식 네 가지가 있다면 한 가지 음식을 먼저 요리하고 다른 한 가지를 시작하는 것이 아니라 네 가지를 동시에 요리하는 것이다. 네 개의 가스레인지가 달린 오븐 위에서 음식별로 불을 조절해가며 최대한 과학적으로 진행하다 보면 네 가지 요리가 거의 동시에 준비된다. 남편은 이런 나를 가리켜 "저 사람이 부엌에 들어가기만 하면 음식이 곧바로 만들어져 나온다"라고 주변사람들에게 자랑(?)하곤 했다. 성질 급한 사람은 이렇듯 매사에 빠르다. 나는 말도 빠르고 걸음도 빠르고 생각도 빠르고 행동도 빠르다.

탤러해시에 머물면서 석·박사 과정을 밟을 때에는 미국 친구들을 내 방으로 초대해 불고기, 김밥, 잡채 같은 한국 음식을 대접하곤 했다. 그러면 그들은 한국 음식이 최고라며 맛있게 먹었다. 탤러해시에 처음 도착했을 때에는 김치도 제대로 담글 줄 몰랐는데, 혼자 살면서 사람들을 사귀는 과정에 나도 모르게 요리실력이 일취월장하는 것을 느낄 수 있었다. 석사를 마치고 박사과정 입학을 준비하는 과정에 한 학기 쉬는 기간이 있었다. 그래서 나는 그 기간 동안 아르바이트로 돈을 좀 벌어볼 요량으로 FSU 도서관에 근무하는 중국인 남자 직원의 부인이 경영하는 루시호(Lucy Ho's)라는 중국식당에 웨이트리스로 일했다. 탤러해시에서는 꽤 유명한 중국식당으로 그곳에서 손님들에게 받은 팁이 꽤 많았다. 게다가 어깨너머로 조리시간도 짧고 맛있는 메뉴 몇 가지를 배울 수 있었다. 그러나 요리나 서빙은 나의 장기가 아니었다. 한번은 어설픈 웨이트리스인 내가 포도주 잔을 나르다 손님의 비싼 실크 옷에 엎질러 크게 당황했던 기억이 난다. 가난한 유학시절 경험한 또 다른 기억의 한 토막이다.

1

2

3

1   석사학위를 받은 후.
2   석사학위를 받은 후 친구들과 함께.
3   박사학위 수여식장에서 지도교수인 모건 박사와 함께 입장.

Act 3

3막

고국에서 봉사할
기회를 얻다

자유분방하게 살았던 미국과는 달리 고국에서 새로 시작한 생활은 여러 역할을
감당해야 하는 일인다역의 삶이었다. 둘째를 낳아 기르고 시부모님을 모시면서
전문 직업인으로 주어진 업무도 하다 보니 몸도 마음도 강하게 담금질하랴 그야
말로 눈코 뜰 새가 없었다.

그대가 기쁠 때 그대 가슴 속을 깊이 들여다보라.

그대에게 슬픔을 주었던 그것이

오늘 그대에게 기쁨을 주고 있음을 알리라.

그대가 슬플 때 그대 가슴 속을 다시 들여다보라.

그대에게 즐거움을 주었던 그것으로 인하여

지금 그대가 울고 있음을 알리라.

— 칼릴 지브란, 《예언자》에서

교육개발원에서 새롭게 도전하다

남편과 함께 서울로

ⓐⓙⓐ

'여자 팔자는 뒤웅박 팔자'라는 우리나라 속담이 있다. 어떤 남자를 남편으로 맞느냐에 따라 여자 팔자가 정해진다는 뜻이다.

플로리다에서 멀쩡하게 교수생활을 잘 하고 있던 내가 워싱턴 D.C.로 근거지를 옮긴 것은 전적으로 남편 때문이었다. 남편이 워싱턴 D.C. 외곽 메릴랜드 대학의 교수 자리를 얻었기 때문에 부창부수(夫唱婦隨)하느라 나도 함께 워싱턴 D.C.로 건너갔고 그곳에서 컨설턴트 일자리를 얻었다는 이야기는 앞에서 했다. 그런데 귀국 또한 철저히 남편을 따라 하게 되었다. 이만하면 여필종부(女必從夫) 모범생이라고나 해야 할까.

워싱턴 D.C.에서 교육공학 컨설턴트로 열심히 일하고 있던 무렵 우리나라 교육학계의 원로인 정범모 박사가 대학교수를 스카우트하기 위해 미국으로 건너왔다. 당시 정 박사는 충북대학교 총장을 맡고 있었는데 우리 부부를 보더니 "두 사람 모두 우리 대학으로 초청할 테니 어서 귀국하시오"라고 권했다. 하지만 남편은 메릴랜드 대학에서 한 걸음도 움직이려 들지 않았다. 당시만 해도 미국박사가 귀했던지라 충북대뿐만 아니라 중앙대를 비롯해 여러 국내 대학에서 우리 부부를 스카우트 하려 했지만 남편은 번번이 그 제안을 거절했다. 그런 남편을 보고 '이 사람은 미국에서 평생 살 모양이다'라고 생각했다. 하지만 이런 내 생각은 오산이었다. 교수 제의를 번번이 사양하던 남편은 막상 모교인 서울대에서 스카우트 제의가 오자 기다렸다는 듯이 널름 받아들였다. 그러더니 나더러 "어서 귀국 보따리를 싸라"고 재촉하기 시작했다. 그때가 1981년 여름이었다. 당시 나는 어마어마한 연봉을 받기로 하고 아테나에서 다른 컨설팅 회사로 옮겨 막 프로젝트를 시작하려 하고 있었다. 하지만 남편이 귀국하겠다고 나서니 고액연봉이고 뭐고 보따리부터 싸야 했다. 물론 한국에 아무런 터전이 없던 우리는 마침 부산의 근거지를 서울로 옮겨 반포에 살고 있던 친정집에 신세를 지기로 하고 서둘러 귀국했다.

교육개발원에 첫 둥지를 틀고

ͽͷ·᷁

남편은 서울대로 한국 내 직장이 정해졌지만 졸지에 귀국 대열에 동참하게 된 나는 국내를 상대로 구직활동을 할 겨를이 없었다. 이전에 몇몇 대학에서 교수로 와달라는 제의를 받기는 했지만 남편이 꿈쩍도 하지 않던 그 시절에 있었던 제의였으니 현실적으로 아무런 의미가 없었다. 하지만 막상 귀국하기로 한 이상 국내에서 일자리를 구해야 할 입장이 되었다.

연구원들을 유학시키는 문제로 자주 FSU를 찾았던 이영덕 박사는 사실 오래 전부터 "허 박사 자리는 언제든 비워놓을 테니 여건이 되면 즉각 교육개발원으로 오시오"라고 내게 제의해 놓고 있었다. 그런데 정작 내가 귀국할 때가 되자 이영덕 박사는 교육개발원장을 그만둔 상태였다. 새 원장으로 홍웅선 박사가 취임해 있었다. 홍 원장을 개인적으로 잘 알지 못했지만 이영덕 원장 체제에서 FSU로 유학와 내가 인간관계를 맺어놓은 사람들이 대부분 교육개발원에서 간부로 근무하고 있었다. 그래서 나는 그들에게 미국을 떠나기 전 귀국 사실을 알렸다. 귀국해 친정집에 짐을 풀고 이삿짐을 정리하다 보니 시간이 제법 흘렀다. 교육개발원 간부들이 내게 교육개발원에 와서 홍 원장을 만나보라고 조언했다. 그래서 날을 잡아 교육개발원에 방문해 홍 원장에게 귀국 인사를 했다. 그러자 부모뻘의 홍 원장은 깍듯한 존댓말로 내게 이렇게 말하는 것이 아닌가.

"허 박사님 명성은 익히 들어 잘 알고 있습니다. 전임 이영덕 원장님을 많이 도와주셨다고 들었습니다. 우리 원 식구들이 FSU에서 공부할 수 있도록 길을 열어주시고 장학금도 주선해 주셨다지요? 단신으로 건너가셔서 본인 공부하기도 바쁘셨을 텐데 우리 원 식구들을 알뜰히 챙겨주셔서 정말 고맙습니다. 우리 원 박사들에게 들으니 FSU를 드나들면서 허 박사님께 신세를 안 진 사람이 없다더군요. 그곳 공항에 도착해서부터 석·박사 과정에 입학해 학위를 따기까지 '젊은 선배'이신 허 박사님께 수많은 도움을 받았다고 들었습니다. 심지어 우리 원 박사들이 학위를 따고 귀국할 때에도 허 박사님이 직접 자동차로 공항까지 데려다 주셨다니 이렇게 고마울 데가 어디 있겠습니까. 허 박사님 덕분에 우리 원과 FSU가 각별한 인연을 맺게 된 것도 우리에게 많은 도움이 되었습니다."

듣는 사람이 민망할 정도로 잔뜩 나를 치하한 홍 원장은 "소급발령을 낼 테니 잠시 쉬고 곧바로 출근해 달라"고 말했다. 그러면서 내게 교육개발원에서 두 가지 보직을 한꺼번에 맡아달라고 했다. 국제협력실장과 연구실장이었다.

국제행사 치르느라 바빴던 나날들

ᐁᐂᐃ

나는 어디를 가든 일을 몰고 다니는 팔자인가 보았다. 교육개발원에 들어가자마자 국제협력실장으로서 '한미수교 100주년 기념사업' 관련 국제행사를 책임지게 되었다. 미국 전역의 교육 관련 지도자급 출판업자들을 국내로 초청하는 행사를 총괄하게 된 것이다. 한미수교 100주년 기념일은 1982년 5월 22일이었지만 이에 앞서 1981년부터 관련 행사가 활발히 조직되었다. 내가 맞이한 미국 출판업자 수십 명도 수교 100주년에 즈음해 방한했다. 행사 주최자로서 이들을 안내해 각종 세미나 등을 개최하고 한국 교육현장을 소개하느라 참 분주한 나날들을 보냈다.

당시 교육개발원은 우리나라 초중등 교육의 기틀을 다지느라 각종 연구와 사업을 활발히 하고 있었다. 완전학습개념을 교육현장에 도입하고 교육TV 관련 연구가 한창이었던 때가 바로 1981~1982년 무렵이었다. 이처럼 우리나라가 교육 개혁에 많은 공을 들이자 이를 배우기 위해 개발도상국들에서 교육계 인사들의 방한이 잦았다. 경우에 따라서는 우리가 개도국과 선진국의 교육계 인사들을 한꺼번에 초청해 국제 세미나를 열기도 했다. 세미나가 끝나면 이들 외국 손님을 이끌고 포항, 울산 등의 산업단지를 견학시키고 경주 등지로 가 우리 문화유적을 보여주는 일도 내 책임이었다.

"개도국 손님일수록 더 극진히 대접해야죠"

한번은 이런 일이 있었다. 우리가 주최하는 국제 세미나에 참석하기 위해 여러 나라에서 손님들이 속속 입국하고 있던 때였다. 우리가 초청한 사람들인 만큼 그들이 김포공항에 도착하면 자동차에 태워 시내로 데려오는 것이 우리의 당연한 임무였다. 우리는 개별 참가자들의 입국 시각에 맞춰 자동차를 공항으로 보내 해당 손님을 데려왔다. 그런데 어느 날 손님을 맞으러 공항으로 가는 자동차를 확인하니 교육개발원에서 가장 낡은 봉고차라는 것이었다. 그 차를 끌고 공항에 갈 직원에게 "누구를 태우러 가느냐?"라고 물으니 어느 개도국에서 오는 손님을 태우러 간다고 했다.

'아니, 선진국 손님에게는 고급 승용차를 보내면서 개도국 사람이라고 낡은 승합차를 보내?'

내 양심상 도저히 용납할 수 없는 일이었다. 개도국 사람일수록 더 깍듯하게 대접해야만 그 사람이 한국을 좋게 여기게 되고 우리나라를 본받아야 할 대상으로 인식하게 될 터인데, 못사는 나라 사람이라고 함부로 취급한다는 것은 신사적인 태도가 아니었다. 순간적으로 울화가 치민 나는 행사 관련 경비집행의 총 책임자이자 내 상사이기도 한 기획실장을 찾아가 따졌다. 마침 방에서 나오던 기획실장을 복도에서 붙잡아 세우고 "어쩌면 그럴 수 있느냐?"며 언성을 높였다. 두 사람의 언쟁이 점점 커지자 복도를 지나가던 사람들이 싸움 났다며 신기한 듯 힐끗거렸고, 마침내 이 광경을 지나가던 원장이 목격하게 되었다. 원장은 자세한 내막은 모르는지라 나더러 원장실로 잠깐 들어오라고 했다. 원장실에 들어간 나는 자초지종을 보고했다. 그러자 원장이 "무슨 그깟 일로 목청을 높이느냐?"면서 앞으로는 차량 문제가 있으면 언제든 자기 관용차를 쓰라고 선뜻 내어 주었다. 그 일을 계기로 원장과 부쩍 가까워졌다.

일인다역은 힘들더라

한국에서는 한국 방식을 따르라는데

교육개발원에서 바쁜 직장생활을 이어가면서 나는 미국과는 달리 한국에서는 직장여성이라도 기혼녀는 가정생활에서 여러 가지 역할을 모두 충실히 수행할 것을 암묵적으로 강요받는다는 사실을 깨닫게 되었다. '아, 여기는 한국이지!'라며 새삼 마음을 다잡을 때가 많았다.

귀국하고 얼마 지나지 않아 둘째를 임신하게 되었다. 임신하고 어느 정도 시일이 지나 배가 불러왔을 즈음 하루는 교육개발원의 매끄러운 복도를 걷다가 그만 발을 헛디뎌 넘어지고 말았다. 홑몸이 아니어서 그런지 넘어지고 나니 온몸이 쑤셨다. 뱃속 아이도 은근히 걱정되어 그날 오후 업무를 작파하고 일찍 퇴근했다. 뒤에 그 사실을 보고받은 원장은 당사자인 나보다 더 흥분해 "앞으로 허 박사가 또 넘어지면 유산할 수도 있다"며 복도에 당장 카펫을 깔라고 지시했다. 이렇게 해서 국책연구소 복도에 모성보호를 위해 카펫이 깔리게 되었다. 홍 원장은 이후에도 내가 출산하자 집으로 꽃을 보내 축하하는 등 각별히 신경을 써주었다.

원장은 나를 세심하게 배려해 주었지만 교육개발원 근무는 결코 만만한 것이 아니었다. 연구와 국제협력이라는 두 가지 업무를 동시에 진행해야 했기 때문에 업무량부터가 방대했던데다, 여자 박사가 손가락으로 세야할 만큼 귀했던 당시 여자 박사로서의 역할 모델도 없던 때여서 매사가 조심스러웠고 혼자 새로운 역할 모델이 돼야 하는 부담 속에서 알게 모르게 질시도 많이 받았다.

게다가 엄마로서 해야 할 일도 결코 수월치 않았으며, 귀국 후 '시댁'이라는 존재를 처음 실감하게 되어 일종의 문화적 충격도 받았다. 가관인 것은 남편의 변신이었다. 워싱턴 D.C.에 살 때는 설거지도 척척 했을 뿐만 아니라 바쁜 나를 대신해 어린이집에서 아이를 데려오는 일을 도맡다시피 했던 '미국식 남편'은 한국에 귀국하여 교수가 되자 설거지 따위는 아예 거들떠보지도 않았다. 여기서 그치는 것이 아니라 내게 '주부 역할'까지 은근히 강요했다. 말하자면 이런 식이었다.

"어제, ○○학과의 아무개 교수가 도시락을 싸왔는데, 부인이 사골곰탕을 끓여 보온병에 담아 보냈더라고. 정말 맛있겠던데….'

이것은 사골곰탕을 끓이라는 노골적인 압력이나 다름없었다.

'아니 지금 사골곰탕을 얻어먹어야 할 사람은 정작 나이거늘 어찌 저런 투정을 늘어놓는다는 말인가?'

이렇게 남편까지 가세해 오자 스트레스가 가중될 수밖에 없었다.

뚜렷한 연구 성과를 내야 하는 국책연구소 연구원 역할만으로도 힘겨운데 한국식의 아내, 며느리 역할까지 더해지다 보니 입덧은 갈수록 심해졌다. '이러다가 큰일 나겠다' 싶어 집안 살림은 도우미 아주머니에게 아예 일임해버리는 것으로 돌파구를 마련했다.

존경하는 시아버지

남편을 따라 워싱턴 D.C.로 이사 가기 전 FSU에서 교수직을 맡고 있던 때의 일이다. 조성옥 박사라는 한국인 신사가 방문학자 자격으로 FSU의 내 연구실 옆방을 사용하게 되었다. 조성옥 박사는 교육부 차관을 지냈던 분으로, 당시 평소 한국의 교육개혁과 관련해 업무를 하면서 친분을 쌓았던 모건 박사의 주선으로 FSU에 오게 됐다고 했다. 옆방에 있는 분이다 보니 자연히 자주 대화를 나누게 되었고 그 과정에서 친해졌다. 조 박사는 우리 집에도 자주 놀러와 아들 녀석을 귀여워해주고 같이 놀아주기도 했다.

　하루는 조 박사와 이런저런 대화를 나누던 중 그분이 어린 시절 내 시아버지의 초등학교 제자라는 사실을 알게 되었다. 시아버지 전창기 님은 보성전문학교 출신으로 30세에 동성고등학교 교장이 되었을 정도로 뛰어난 분이셨다. 시아버지는 동성고등학교 교장을 지낸 장면 박사의 애제자였는데 스승의 뒤를 이어 모교의 교장이 됐다. 뒷날 장면 박사가 정치인이 되자 시아버지는 힘닿는 데까지 스승을 지원했다. 조 박사에게서 추동성(故 고우영 화백의 초기 필명) 선생님 작품인 만화 '짱구박사'의 주인공이 바로 내 시아버지였다는 사실을 듣게 되었다. 조 박사는 거부(巨富)의 아들로 태어나 불면 날아갈세라 쥐면 꺼질세라 애지중지 자랐는데, 반에서 반장이던 조 박사는 학급에서 뭔가 잘못을 저질러 학급 대표로 난생 처음 전창기 선생에게 따귀를 맞았다며 어린 시절을 회고했다. 그러면서 내게 "허 박사가 그토록 고명하신 전창기 선생님의 며느리라니 세상은 참 넓고도 좁네요"라고 감탄했다. 나는 조 박사를 통해 시아버지가 당시 교장으로서 수행했던 혁신적인 에피소드를 들으며 참으로 훌륭하신 분이라는 것을 새삼 알게 되었다.

앞에서 이야기하였듯이 우리 부부는 미국에서 둘만의 결혼식을 올렸기 때문에 나는 시아버지 얼굴을 본 적이 없었다. 그래서 귀국준비를 할 때 다른 어른들께 드릴 선물에도 신경을 썼지만 특히 처음 뵙는 시아버지께 드릴 선물에는 각별히 신경을 썼다. 선물 때문에 그런 것은 물론 아니지만 시아버지께서는 이후 맏며느리인 나를 유달리 사랑해 주셨다. 내가 훗날 잠시 정계에 있을 때에는 나의 가장 든든한 후원자이셨다. 지금은 돌아가시고 안 계시지만 시간이 갈수록 추모의 정이 더하다.

1 한국교육개발원 홍웅선 원장(앞줄 왼쪽에서 세 번째), 태국 교육부 장관 내외
   일행과 함께.
2 한국교육개발원 홍웅선 원장(앞줄 왼쪽에서 세 번째)과 연구원들.

1

2

3

1 　교육개발원 시절.
2 　한미수교 100주년 기념, 한국을 방문한 미국 출판인들과 경주 방문.
3 　UNESCO 주최 동남아 대표들을 위한 교육공학훈련 워크숍을 지휘하며.

1 미국 출판인들로부터 감사패를 받고.
2 한국을 방문한 미국 출판인들과 포항제철 방문.

— Act 4 —

4막

아름다운 인연,
한양대학교

한양대 교수가 되어 국내 최초로 교육공학과를 설립하고 본격적으로 제자들을

기르기 시작했다. 학교 안에 교육공학연구소를 만들어 제자들과 함께 기업, 군

(軍)을 위한 프로젝트를 수행하는 한편 국제학술회의를 여는 등으로 교육공학

의 저변을 넓히는 노력을 기울였다.

누군가는 위대하게 태어나고
누군가는 위대함을 성취하며
누군가는 그에게 떠맡겨지는 위대함이 있다.

— 윌리엄 셰익스피어, 《십이야》에서

국내 최초로 교육공학과를 창설하고

한양대로 건너가는 다리를 놓아주다

ରାୟର

한국교육개발원에서 2년간 봉직하면서 우리나라 교육계 사정을 속속들이 알게 된 것은 교육공학자인 나로서는 큰 소득이었다. 홍웅선 원장의 배려도 고맙기 그지없었다. 하지만 나는 애당초 귀국할 때부터 어릴 적 외할머니의 꿈이자 내 꿈이기도 했던 대학교수로 활동하겠다는 포부를 품고 있었다. 내가 대학에 가는 문제와 관련하여 이영덕 박사 부부는 당신이 계신 서울대나 이화여대를 추천했다. 특히 이영덕 박사의 부인 정확실 박사는 당신이 봉직하는 이화여대로 오면 어떻겠느냐며 내내 의견을 타진했다. 하지만 여자대학은 내 마음이 끌리는 곳이 아니었다. 경기여고를 졸업할 즈음 어머니는 내게 "이화여대도 진학대상으로 고려해 보라"고 했지만 나는 결국 이화여대를 뿌리치고 서울대를 택했다. 그런데 지금에 와서 여자 제자들만 두

게 될 이화여대로 간다는 것은 왠지 내키지 않았다. 그렇다면 서울대가 남는데 이 학교는 내가 쉽게 진입할 수 있는 호락호락한 곳이 아니었다. 서울대에서 내게 제발 와 달라고 매달린 것도 아니지만, 당시에는 내가 마음을 먹는다면 갈 수 없는 학교도 결코 아니었다. 하지만 서울대 진입이 성사된다 하더라도 그 학교의 교육학 분야에는 시어머니들이 잔뜩 버티고 있어 그야말로 층층시하에서 지내야 할 것이 불을 보듯 뻔했다. 뿐만 아니라, 사범대학 출신들이 포진한 서울대 교육학과에서 문리대 영문과 출신인 내가 왕따를 당하지 않으리라는 보장이 없었다. 따라서 새로운 분야인 교육공학 분야를 발전시킬 수 있는 가능성이 희박했다. 그래서 서울대행 또한 현실적으로 어려웠다. 이처럼 대학으로 가는 문제를 놓고 한동안 고민하던 어느 날 홍웅선 원장이 내게 솔깃한 제안을 해왔다.

홍 원장이 차 한잔 마시자며 나를 원장실로 부르더니 조용히 말을 꺼냈다.

"허 박사, 내가 여기 오기 전 연세대에서 교수 생활을 오래 한 사실을 알지요? 문과대학장을 하다가 학교를 그만두고 이리로 왔잖아요. 내 연세대 제자 가운데 김종량 군이 있습니다. 김연준 한양대 이사장의 자제이지요. 김 군은 연세대 교육학과를 마치고 미국으로 건너가 뉴욕 대학에서 교육행정학 석사를 마치고 지금 컬럼비아 대학에서 박사과정을 밟고 있습니다. 김 군의 부친과 가끔 만나 김 군 장래를 놓고 상의하곤 하는데 김 이사장의 고민이 이만저만이 아니에요. 김 군이 어서 학위를 따고 돌아와야 학교를 맡길 텐데 미국에서 통 돌아올 생각을 하지 않는다는 겁니다. 김 이사장의 말을 듣자 그 자리에서 바로 허 박사 생각이 나더군요. 그래서 내가 김 이사장에게 이렇게 말했죠. '이사장님, 제가 데리고 있는 박사 중에 허운나라는 여자가 있는데 이 사람이 비록 치마를 둘렀지만 영락없는 남자입니다. 마침 종량 군이 교육공학을 전공하고 있다고 하니 허운나 박사를 한양대로 데려가 먼저 교육공학과부터 만드십시오. 그리하면 종량 군이 속히 학위를 마치고 돌아와 한양대에 자리를 잡을 게 아니겠습니까?' 이렇게 제안했더니 김 이사장께서 '그것참, 좋은 생각입니다'라고 마치 기다렸다는 듯 흔쾌히 동의하시더군요. 어떻습니까, 허 박사? 내가 제대로 길을 뚫었지요?"

고맙게도 홍웅선 원장이 내가 한양대로 가는 다리를 놓아준 것이었다. 이렇게 해서 나와 한양대와의 긴 인연이 시작되었다.

편법으로 깎인 교수경력 6개월

홍웅선-김연준 커넥션을 타고 한양대행을 결정했지만 막상 한양대 사범대학에 입성하는 과정에서는 우여곡절이 있었다. 아무리 이사장 선에서 내정되었다고는 하나 대학교수를 지망하는 내 입장에서는 우선 한양대 사범대학에 지원서를 내는 것이 올바른 순서였다. 그래서 나는 "홍웅선 박사 추천으로 이렇게 찾아뵙게 되었다"면서 교수직 지원에 필요한 서류를 들고 한양대 사범대학장 신극범 박사를 찾아갔다. 신 학장은 내게 잘 왔다면서 1983년 가을 학기부터 근무하라고 했다. 그런데 거기에 복병이 숨어 있었다. 다름이 아니라 조교수-부교수-정교수로 이어지는 교수 직급 체계에서 최하위 직급인 조교수에서 시작하라는 것이었다. 박사학위 이후의 모든 경력을 무시한 것이다. 이 무슨 날벼락이란 말인가. 나는 곧바로 따졌다.

"아니, 학장님, 제가 박사학위를 딴 것이 1976년 1월이고, 이후 플로리다 주립대학에서 2년간 교수를 지냈고 워싱턴 D.C.에서 교육공학 컨설턴트로 3년간 일했고 귀국 후 교육개발원에서 2년간 연구경력을 쌓았습니다. 그러니 최소한 부교수를 주셔야죠."

내가 '조교수'라는 말에 화들짝 놀라 발끈해서 따지자 신 학장은 "나이 오십에 아직 조교수인 사람들도 많다"며 "허 박사는 아직 젊으니까 조교수로 시작해도 괜찮다"는 식으로 나를 설득하려 했다. 하지만 지난 몇 년간의 전문가로서의 경험을 전혀 고려해주지 않는 '조교수' 직급은 나로서는 받아들이기 어려웠다. 그래서 승강이 끝에 "정 그러시다면 교수직 지원을 없었던 일로 하겠다"라고 최후통첩을 하고는 학장실을 나왔다.

뜻밖의 암초를 만난 것이었다. 홍웅선 원장을 생각해서라도 한양대행을 그처럼 쉽게 포기해서는 안 되는 일이었다. 겉으로 자신만만해하며 신 학장에게 "조교수로는 안 가겠다"라고 최후통첩을 했지만, 진짜 안 간다면 홍웅선 원장이나 김연준 이사장을 볼 낯이 없어지는 것이었다. 고민이 깊어갔다. 그래서 친정아버지에게 여차여차하니 어쩌면 좋겠느냐고 상의를 드렸다. 그러자 아버지는 "여기는 미국이 아니라 한국이니 네가 좀 참는 게 낫지 않겠느냐? 좀 손해도 보고 사는 게 인생이지"라며 직급상 불이익이 있더라도 한양대행을 계획대로 추진하라고 충고하셨다. 순간 '아버지 말씀에 따를까?'라는 생각이 들지 않은 것은 아니었지만, 최후통첩을 해 놓고 내 쪽에서 먼저 그것을 없었던 일로 한다는 것은 자존심이 허락하지 않았다. 그야말로 진퇴양난이었다.

며칠 뒤 신 학장이 나를 불렀다. 학장실에 들어서자 그는 대뜸 내게 "허 박사와 우리 대학 김연준 이사장이 서로 어떻게 아는 사이입니까?"라고 물었다. 나는 놀랐다는 표시로 눈을 동그랗게 뜬 채 "아니 어떻게 알다니요. 그분 존함이야 익히 알고는 있었지만 개인적으로 아는 사이는 아닙니다"라고 시치미를 뗐다. 그러자 신 학장이 고개를 갸우뚱하더니 말을 이었다.

"거 참, 알다가도 모를 일이네. 허 박사가 조교수를 할 바에야 아예 교수를 안 하겠다고 하고 가버린 뒤 이사장에게서 전화가 왔어요. 어디서 알았는지 내게 왜 허운나 박사를 채용하지 않았느냐고 따지더라구요. 그러면서 '신 학장, 허운나는 천재요 천재!'라고 합디다. 그러니 놓쳐서는 안 된다는 거예요. 교수 한 명 채용하면서 이사장이 이토록 관심을 쏟는 것은 이번이 처음이오."

신 학장이 절충안을 내놓았다. '한 학기 뒤 부교수를 시켜줄 테니 시작은 조교수로 하자'가 핵심이었다. 이렇게 나오는 신 학장에게 이번에도 안 된다고 할 수는 없었다. 제의를 수락하고 한양대 교육학과 교수로 부임하였다. 그것이 1982년 가을학기였다. 당시 교육부의 대학교원 인사지침에는 조교수가 된 사람은 최소 4년을 조교수로 근무해야만 부교수가 될 수 있었다. 1982년 가을학기에 내가 교육부에 대학교원으로 등록되면 그로부터 4년이 경과해야만 부교수가 될 수 있기에 한양대에서는 일종의 편법을 써 1983년 봄 학기에 내가 부교수 직급으로 교수직을 시작한 것으로 교육부에 신고를 했다. 이 바람에 내 교수경력 6개월이 날아갔지만 그 정도는 감수할 수밖에 없었다.

아무튼 나는 그동안 꿈꾸던 교육공학 교수가 되어 학교교육, 산업교육, 군대교육 현장에 컴퓨터 시스템의 도입과 교육시스템설계(ISD)를 이용한 새로운 개혁을 해보겠다는 나의 꿈을 실천하기 위한 첫걸음을 디딜 수 있게 되었다.

한국 최초의 교육공학과 출범

꧁꧂

우여곡절 끝에 한양대 교수가 되었으니 이제는 교육공학과를 창설해야 할 차례였다. 새 학과를 어떻게 만들 것이냐? 나는 이 문제를 놓고 당시 교육학과를 맡고 있던 이수원 교수와 상의했다. 논의 끝에 이 교수와 나는 1983년 한양대 교육학과에 입학한 학생들을 상대로 교육공학과 학생 유치 활동을 펴기로 했다. 그래서 2배수로 뽑은 1학년 학생들을 모두 모아 놓고 "교육공학과를 새로 만들 작정인데 새 학과로 건너오고 싶은 사람은 의사표시를 해 달라"고 말했다. 그러면서 교육공학이란 무엇이며 졸업 후 전망은 어떻다는 식으로 내가 직접 홍보를 했다. 그런 다음 최종적으로 교육학과에 그대로 남을 사람과 교육공학과로 옮길 사람을 조사하였는데 신기하게도 전체 학생 60명 가운데 정확히 절반이 교육공학과를 희망했다. 이렇게 해서 학생 30명으로 교육공학과가 출범하게 되었다.

'교육공학이란 이런 것이다'를 알리려 동분서주

꧁꧂

학과를 창설하기는 했지만 전임 교수는 나 혼자뿐이었다. 커리큘럼을 짜는 일부터 동료 교수를 선발하는 일까지 모두 내가 직접 하지 않으면 안 되었다. 초창기에 혼자서 동분서주하며 노력한 보람도 있고 때마침 김종량 박사도 콜롬비아 대학에서 박사학위를 마치고 귀국하여 교수로 동참하면서 함께 새로운 교수를 충원하는 등 학과의 모습을 갖춰갔다. 하지만 외부인들 눈에는 여전히 '교육공학'이 생소한 모양이었다. 여기저기에서 "교육공학이 도대체 뭐하는 학문이냐?"고 묻는 사람들이 많았다. 이런 질문을 받을 때마다 나는 최대한 상세히 교육공학을 설명했지만 듣는 사람들에게는 '이거다!'라고 딱 와 닿지는 않은 듯했다.

'어떻게 하면 주변 사람들에게 교육공학을 피부로 느끼게 해 줄 수 있을까?'

고심 끝에 나는 '기업 교육을 통해 교육공학의 실체를 느끼게 해 주는 것이 가장 효과적이겠다'는 결론을 내리게 되었다.

컴퓨터교육연구소 설립과 기업교육

FSU에서 박사과정을 밟으면서 미군을 교육하는 프로젝트를 수행할 때 그 프로젝트 주체는 교육공학과가 아니라 모건 박사가 설립한 대학 부설 교육공학연구소였다. 그래서 나는 한양대에도 일단 교육공학연구소를 만드는 것이 좋겠다는 결론을 내렸다. 그 연구소에서 수많은 나라와 국제 프로젝트 매니지먼트 방법과 군 교육 프로젝트 매니지먼트를 익혔으니 그 경험을 살리기로 했다. 이후 연구소를 토대로 기업, 군대, 학교 교육을 교육공학적으로 개혁해 나가야겠다는 생각을 했다. 기업 대상 교육이라면 워싱턴 D.C.에서 아테나에 다니며 쌓은 풍부한 경험이 있었으므로 이를 약간 변형해 국내 상황에 적용하는 것은 얼마든지 가능했다. 이렇게 생각이 모아지자 연구소 설립에 속도가 붙었다. 당시 교육공학에서 새로운 모델인 교수체제설계

(ISD) 모델과 교육기법으로 도입되고 연구되었던 기법이 컴퓨터기 반훈련과 컴퓨터보조수업(CAI: Computer Aided Instruction)이었으므로 일단 연구소 이름을 '컴퓨터교육연구소'라고 지었다. 이 연구소는 훗날 '교육공학연구소'로 개명되었다.

이렇게 해서 일단 연구소를 출범시킨 나는 국내 대기업들을 상대로 기업교육을 개혁하는 일을 돕는 작업에 착수했다. 미국에서 했던 것처럼 우리나라에서도 대기업들이 앞으로 어떻게 임직원들을 교육해 나가야 할 것인지에 대해 내가 가진 지식과 경험을 동원해 열강을 펼쳤다. 현대그룹을 시작으로 삼성, LG, 쌍용 등 주요 대기업을 모두 돌며 강의했다.

기업체 강의장에서 여사원으로 오인 받은 사건

여성의 활약이 두드러진 미국 같은 선진국에서는 국제회의 등에서 여성 발표자를 숱하게 볼 수 있다. 하지만 한국에서는 대학을 제외하면 여성이 수많은 남성을 대상으로 강연하는 모습은 드문 편이다. 1980년대에는 더욱 드물었다.

한번은 지방의 어느 호텔에서 열린 ○○그룹의 연수 프로그램에 강사로 갔다가 재미있는 경험을 했다. 그 연수 프로그램은 그룹 계열사들의 인재개발 담당자들을 대상으로 진행된 것이었다. 내가 호텔에 도착해 주최 측 직원을 따라 강의장 안으로 막 들어가려는데 그 직원이 "교수님께서 강의에 사용하실 포인터를 깜빡 잊고 안 가져왔다"며 포인터를 가지러 사무실에 잠깐 다녀오겠다고 했다. 그래서 나는 그러라고 말하고는 혼자 강의장 안으로 들어가 앞좌석을 향해 걸어가고 있었다. 그날따라 넓은 대강당에는 사람이 꽉 차 앞좌석으로 가기까지 한참을 걸어야 했다.

그런데 갑자기 청중석에 앉아 있던 한 중년남성이 지나가던 나를 불러 세우더니 심부름을 시키는 것이 아닌가. 순간 당황했지만 별다른 내색을 하지 않고 예의를 갖춰 거절했다.

"미안하지만 지금은 바빠서 그 일을 할 수 없겠네요."

정중하게 말하고 나는 앞으로 걸어 나갔다. 그러는 사이 포인터를 가지러 갔던 젊은 직원이 돌아왔고 곧이어 나를 소개한 후 강연이 진행되었다.

무사히 강연을 마치고 호텔을 빠져나와 주최 측이 미리 대기시켜 두었던 승용차에 막 오르려던 순간이었다. 한 중년남성이 헐레벌떡 내 앞으로 뛰어오더니 몇 번이고 머리를 조아리는 것이었다. 얼굴을 보니 아까 내게 심부름을 시키던 사람이었다.

"정말 죄송합니다. 아까는 연사이신 줄 모르고 큰 실례를 범했습니다. 용서하십시오, 정말 죄송합니다."

그는 그렇게 말하며 무척 미안해했다.

내게 인사를 하려고 차 주변에 나와 있던 주최 측 사람들은 영문을 몰라 어리둥절해하며 그 사람과 나를 번갈아 보았다. 그들의 호기심을 무시하고 나는 그 중년남성에게 싱긋 웃어 보이며 괜찮다고 말해 주었다. 그제야 안심이 된 듯 그 중년남성은 체구에 어울리지 않게 수줍게 머리를 긁적이더니 "너무 젊은 여성분이라서…"라며 말꼬리를 흐렸다.

현대전자 정몽헌 사장과 손잡고 최초의 교육용 소프트웨어 개발

이런 식으로 기업을 돌며 하는 강연이 쌓여가자 소문을 듣고 "우리 회사에도 방문해 교육을 좀 해달라"고 요청하는 기업들이 늘어갔다. 그런 요청이 오면 나는 "제가 직접 교육을 하면 좋겠지만 시간을 내기 어려우니 우리 연구소 연구원들을 활용해 주시면 고맙겠습니다"라고 연구소와 제자들을 홍보했다. 이런 홍보노력이 먹혀들었는지 시간이 지나면서 연구소로 각종 프로젝트 요청이 쇄도했다.

우리가 본격적으로 수행한 프로젝트의 클라이언트는 현대전자였다. 당시 이 회사 CEO는 정몽헌 씨였다.

1980년대 중반 국내에 PC보급이 가속화되면서 PC를 만드는 회사들이 저마다 자기네 PC를 '교육용 PC'라고 선전했다. 그래야만 더 많이 팔릴 것이기 때문이었다. 그래서 나는 여러 전자회사들의 교육용 PC 담당자들을 모아 놓고 말했다.

"아무리 '교육용'을 강조하면 뭐 합니까? 교육용 소프트웨어가 들어 있어야 그게 진정한 교육용이지 그것 없이는 그냥 기계 껍데기에 불과하고 설득력이 없습니다."

이렇게 반박하면서 우리가 만든 교육용 소프트웨어를 시연해 보였다. 그러자 이 기업 저 기업에서 우리가 만든 소프트웨어에 관심을 보이기 시작했는데, 그 기업들 가운데 가장 먼저 우리와 손을 잡은 곳이 바로 현대전자였다.

나는 현대전자 정몽헌 사장에게 이렇게 제의했다.

"저희 대학 연구소의 제자들 중에서 가장 뛰어난 제자를 이 프로젝트 팀으로 전원 현대전자로 보낼 테니 그들을 현대전자 직원으로 채용해 주십시오. 그런 다음 이 직원들을 현대전자에서 거꾸로 저희 대학 연구소로 파견하시는 겁니다. 그러면 저희 연구소에서 그 연구원들로 하여금 현대전자가 사용할 중고등학교용 교육 소프트웨어를 개발토록 하겠습니다.”

이런 내 제안에 정 사장은 흔쾌히 동의했다. 나로서는 제자들을 취직시키겠다는 욕심이 앞서서 이런 파격적인 제안을 한 것인데, 정 사장은 이런 내 속내를 알았는지 몰랐는지 이 특별한 거래를 쾌히 승낙했다. 우리 연구소가 기업체와 프로젝트를 시작하게 된 최초의 계기가 되었다. 지금도 그때 일을 생각하면 정 사장에게 무척이나 고맙다.

당시 초창기라 프로그램 개발용 소프트웨어는 엄청나게 비쌌다. 어떤 경우에는 미국에서 개발된 소프트웨어가 한 건에 1억 원이나 했다. 우리가 그처럼 고가의 개발용 소프트웨어가 학교 프로그램 개발에 필요하다고 하면 정 사장은 우리를 믿고 구입해 주었다. 중요한 콘텐츠 소프트웨어의 경우 사장 앞에서 직접 시연회를 갖는 것이 관례였기 때문에 한번은 교육용 소프트웨어를 들고 직접 정 사장을 찾아갔다. 그 때 정 사장은 축구를 하다 다리를 다쳐 기브스를 하고 목발을 짚으며 절뚝거리는데도 우리가 시연회를 한다고 하자 불편한 몸으로 기꺼이 참석해 새로 개발한 교육용 소프트웨어를 평가해 주었다. 정 사장의 전폭적인 지원에 힘입어 이후 우리는 교육용 소프트웨어를 다수 개발할 수 있었다. 대한민국 최초로 기업이 개발한 교육용 소프트웨어였다.

1

2

3

4

1 한양대 김연준 이사장 부부와 미국 켄터키 주지사와 함께.
2 한양대 교수 연구실에서.
3 러시아 INT 소장 알렉세이 박사와 함께.
4 한양대 교육공학연구소 제자들과 함께.

EDS가 되고 싶은 삼성SDS

당시 정 사장 밑에서 부사장을 맡고 있던 사람은 훗날 정보통신부(정통부) 장관을 지내게 되는 남궁석 씨였다. 일반인들은 남궁석 씨를 삼성 출신으로만 알고 있는데 사실 그는 짧은 기간이었지만 삼성을 잠시 떠나 현대그룹에서 일했다. 그때 맺은 인연 덕분에 우리는 삼성 프로젝트도 수주할 수 있었다.

시간이 흐른 뒤 남궁석 씨가 삼성SDS 사장이 되었다. 남궁석 사장은 교육용 프로그램을 담당하는 직원들에게 "한양대에 가면 허운나 교수라는 분이 계신데 그분에게 교육용 프로그램 제작을 의뢰하라"고 아예 나를 콕 찍어 지시했다. 그런 지시를 받은 삼성SDS 직원들은 나를 찾아와 "교육 프로그램을 만들어 달라"고 부탁했다.

그래서 내가 말했다.

"그냥 교육프로그램을 만들어 달란다고 해서 무조건 만들어 드릴 수는 없습니다. 저희는 시스템적인 접근을 먼저 합니다. 삼성SDS에서 어떤 커리큘럼이 왜 필요한지 시스템적으로 분석한 다음 비전과 목표 등을 수립하고 그것에 맞춰 교육 프로그램을 설계합니다. 그러므로 먼저 시스템 분석이 필요합니다."

내가 이렇게 말하며 삼성SDS가 원하는 것이 무엇인지 조목조목 물으면 직원들 얼굴에는 귀찮은 듯한 표정이 역력했다. 하지만 나로서는 삼성SDS를 상대로 먼저 요구분석을 해야만 했다. 그래야 최적의 프로그램을 설계할 수 있을 것이 아닌가. 직원들의 이야기를 듣다 보니 삼성SDS는 세계적인 컴퓨터 시스템 종합회사인 미국의 EDS를 지향하고 있다는 사실이 드러났다. 그래서 내가 말했다.

"알겠습니다. 말씀을 듣고 보니 귀사도 EDS처럼 되고 싶어 한다는 것을 잘 알겠습니다. EDS처럼 되고 싶다면 먼저 EDS를 벤치마킹해야 합니다. 저랑 벤치마킹하러 가십시다."

내가 이렇게 말하자 직원들이 일제히 고개를 절레절레 흔들었다. 내가 의아해하는 표정을 짓자 직원들 가운데 대표 격인 사람이 이렇게 말했다.

"그것은 불가능합니다. EDS는 이미 LG와 합작하여 국내에서 STM이라는 회사를 운영하고 있습니다. 경쟁사인 LG와 합작관계인 EDS를 벤치마킹하는 것은 불가능합니다."

이 말을 받아 내가 "그렇다면 도대체 어디를 벤치마킹한단 말입니까?"라고 되물었더니 EDS보다 수준이 한참 낮은 2위 업체를 벤치마킹하면 된다고 말하는 게 아닌가.

이게 말이 되나 싶어 내가 제안했다. "아니, EDS를 지향한다면서 EDS보다 한참 뒤떨어진 회사를 벤치마킹한다는 게 말이 됩니까? 벤치마킹 대상은 무조건 EDS가 돼야 합니다. 이것은 불가능한 일이 아닙니다. 제게 맡겨 주십시오. 제가 길을 뚫어드리겠습니다."

불가능은 없다: 제리 도슨 사장, EDS 견학을 허락하다

ຄນ⁊ລ

나로서는 믿는 구석이 있었다. 당시 나는 이런저런 기업들에게 컴퓨터 교육 관련 컨설팅을 해주면서 많은 기업인들을 알게 되었는데 그 가운데 친구가 된 딕 워밍턴이라는 미국 기업인이 있었다. 그는 당시 삼성이 미국 컴퓨터 회사인 휴렛팩커드와 합작으로 세운 '삼성HP코

리아'의 사장을 맡고 있었다. 나는 워밍턴 사장에게 전화를 걸었다.

"딕, 안녕하세요. 허운나예요."

나는 딕에게 삼성SDS와 관련해 STM 사장을 만나야 하는데 혹 그를 아느냐고 물었다.

그러자 딕은 잘 안다고 했다. 당시 한국에 와 있는 외국회사의 지사장들은 모두 본국에서 파견한 인물들이었기에 서로들 친분을 가지고 있었다. 덕분에 나는 딕으로부터 STM 사장이 제리 도슨이라는 사실과 함께 그의 전화번호를 알아낼 수 있었다.

이렇게 해서 전화번호를 알아낸 나는 다짜고짜 제리 도슨 사장에게 전화를 넣었다.

신호가 가더니 도슨 사장이 직접 전화를 받았다. 나는 그에게 내가 삼성SDS를 위해 컨설팅을 하고 있는 교수라고 차근차근 밝힌 다음 삼성SDS가 EDS를 방문해 벤치마킹할 수 있도록 도와달라고 부탁했다. 그러자 예상했던 질문이 그에게서 튀어나왔다.

"삼성SDS와 STM은 야구로 말하자면 투수와 타자 같은 경쟁관계인데 아니 적(삼성SDS)을 위해 일하는 당신을 제가 왜 도와야 하나요?"

처음부터 세게 나왔다. 난 차분한 목소리로 말했다.

"STM 사장으로서 그렇게 말씀하시는 것은 충분히 이해합니다. STM은 삼성SDS와 경쟁관계이니까요. 하지만 STM 사장이라는 모자를 잠시 벗고 친정인 EDS 임원이라는 원래 모자를 쓴 상태에서 생각해 주십시오. EDS가 어떤 회사입니까. 전 세계를 상대로 시스템 통합(system integration) 서비스를 하는 글로벌 컨설팅 기업 아닙니까? 생각을 조금만 바꾸시면 삼성이 사장님의 친정인 EDS의 중요한 고객사가 될 수 있다는 사실을 인식하실 수 있을 것입니다. 크게 생각해 주십시오."

워싱턴 D.C.에서 컨설턴트를 하며 닦은 협상실력을 충분히 발휘하여 도슨 사장에게 한 방을 먹이자 그가 '이거, 강적을 만났네' 싶었던지 대뜸 "알겠습니다. 얼굴 한번 보십시다. 제 사무실로 오시죠"라고 꼬리를 내리는 것이 아닌가. 미국 기업인을 상대하는 데에는 누가 뭐래도 미국식 실용주의가 먹힌다는 것을 그때 다시금 실감했다.

도슨이 오라고 한 날에 그의 사무실로 찾아갔다. STM 사무실은 LG그룹 본사가 있는 여의도 쌍둥이빌딩에 있었다. 사장실 안으로 들어가자 40대 초반에 금발이 매력적인 잘생긴 백인 남자가 눈 앞에 흐르는 한강을 바라보며 있다 나를 맞았다.

차를 나누면서 수인사를 건네고 나자 도슨 사장이 자기 방에 걸린 독수리 사진을 가리키며 내게 물었다.

"이 독수리가 무엇을 뜻하는지 아십니까?"

잠시 머뭇거리다가 내가 말했다.

"미국의 상징 아닙니까?"

그러자 도슨이 말했다.

"미국의 상징이기도 합니다만, 무엇보다 독수리는 무리 지어 살지 않습니다. 나도 마찬가지입니다. 외롭지만 홀로 뛰어다니지요."

어쭈. 처음부터 강공으로 나왔다.

하지만 대화가 길어지면서 도슨 사장은 미국에서 수많은 회사들을 상대로 컨설팅을 했던 내 이력에 대해 알게 되었고, 삼성SDS를 어떻게 해서든 돕고 싶은 내 충정을 이해하게 되었다. 마침내 그가 말했다.

"허 교수님 말씀을 듣고 보니 삼성에서 EDS를 벤치마킹하겠다는 것을 마냥 막을 수는 없고, 허 교수님을 도와드리고 싶네요. 어차피 제가 그동안 삼성을 지켜본 바로는 삼성은 결국에는 자기들만의 방식, 즉 삼성 웨이(Samsung Way)를 고집하더군요. 그러니 삼성 사람들이 EDS를 벤치마킹한다고 한들 EDS 방식을 참고만 할 뿐 끝내 자기들 방식으로 되돌아갈 것이 뻔합니다. 그러니 제가 도와드려도 STM에게는 손해될 것이 없지요. 아무튼 도와드리는 김에 화끈하게 STM 신분증을 빌려드릴 테니 그것을 달고 EDS 본사를 둘러보세요."

도슨 사장의 파격적인 지원을 등에 업고 우리는 마침내 미국 EDS 본사를 방문하게 되었다.

기술보다 서비스가 중요해

ଈା/ଈ

우리가 미국으로 떠나기 전 도슨은 우리에게 전문가다운 충고를 해 주었다. 대충 이런 내용이었다.

"지금 전 세계 컴퓨터 업계를 지배하는 기업은 미국의 IBM이다. 그래서 삼성SDS 같은 시스템 통합 업체는 고객사로부터 전산체계를 갖춰달라는 부탁을 받으면 무조건 IBM시스템을 깔아준다. 이것은 잘못된 것이다. 삼성SDS에 전산화 작업을 의뢰하는 고객은 정부일 수도 기업일 수도 학교일 수도 있다. 전산화 작업을 의뢰받은 삼성SDS는 먼저 고객의 요구를 분석하여 그에 최적한 시스템을 설계해야 하는데 그런 작업은 하지 않고 무조건 IBM시스템을 설치해 주고는 일을 다했다며 손을 턴다. 이런 일이 생기는 것은 삼성SDS가 스스로를 기술기업으로 인식하기 때문이다. 시스템통합업체는 기술기업이 아니라 서비스기업이다. 시스템통합사업의 이런 본질적인 속성을 아직 깨닫지 못하고 있는 삼성SDS는 설사 EDS본사를 벤치마킹한다고 하더라도 가장 중요한 서비스업의 본질이 무엇인지 배우지 못할 것이다. 예컨대 석유회사를 위해 컨설팅을 하면서 '아, 이 회사에는 우리가 평소 사용했던 방식과는 다른 독특한 방식을 사용해 시스템을 구축해 줄 필요가 있구나'라는 생각이 들면 IBM 방식을 과감히 버리고 애플(APPLE)사의 방식을 적용한다든가 할 수 있어야 하는데 삼성 사람들은 아직 그런 사고를 할 줄 모른다. 사실 가장 중요한 것은 삼성 사람들이 스스로를 기술회사가 아니라 서비스회사 라고 새롭게 인식하는 것이다."

도슨 사장의 우정 어린 충고를 마음에 새기며 나는 삼성SDS 직원 여러 명과 함께 미국으로 건너가 STM 명찰을 달고 EDS의 중요 기능들을 면밀하게 견학했다. EDS에서 우리가 발견한 것들 가운데 가장 인상적이었던 것은 이중삼중으로 철저하게 구축된 그들의 데이터백업시스템이었다. 땅 덩어리가 워낙 넓다 보니 평지에 낮은 건물 수십 동으로 지어져 있었다. 현장을 견학하면서 우리는 '핵폭탄이 터져도 끄떡하지 않을 정도로' 완벽하게 구축된 그들의 백업시스템에 감탄을 금할 수 없었다.

'허운나의 매트릭스' 완성

෬ා෭

EDS 견학을 마치고 귀국한 나는 삼성SDS에 실질적인 도움을 주기 위하여 훗날 남궁석 사장이 이른바 '허운나의 매트릭스'라고 부르게 되는 "시스템 통합 업무를 위한 역량 매트릭스"를 작성했다.

가로 X축, 세로 Y축을 그은 다음 가로축에 차례로 임무수행에 필요한 기능들을 죽 열거했다. 그런 다음 세로축에 그런 기능들을 수행하는 데 필요한 핵심역량들을 죽 나열했다. 이렇게 하면 가로축과 세로축이 교차하는 자리에 특정 기능을 수행하는 데 필요한 핵심역량이 표시되는데, 그런 핵심역량들을 이번에는 '이미 확보', '반쯤 확보', '미확보', '확보 불가능', '다른 기능을 약간 변화시키면 활용 가능', '1년 내 확보 가능', '다른 기능과 동반하여 확보 가능' 식으로 세분하여 표기했다. 더 나아가 각 능력이 필요한 시급성('당장 필요', '차츰 필요', '몇 년 후 필요' 등)과 가장 효과적인 교육방법 등이 세분되었다. 이런 식으로 매트릭스를 작성하고 나면 앞으로 삼성SDS에서 시스템 통합 업무를 진행하기 위해 거쳐야 할 기술개발 및 심화과정이 일목요연하게 표시되는 것이다.

우여곡절도 많았지만 삼성SDS 기술습득 사절단을 이끌고 미국 EDS본사를 방문함으로써 우리는 엄청난 소득을 얻었다. 그리하여 ISD에 입각하여 삼성SDS에 가장 적합한 교육프로그램이 탄생했다.

막판에 무산된 교육사령부 프로젝트

남궁석 씨가 현대전자 부사장으로 있던 시절의 이야기이다. 당시 한양대 컴퓨터교육연구소는 현대전자와 긴밀한 관계를 맺고 각종 교육용 소프트웨어를 개발하고 있었는데, 그 과정에서 우리는 남궁석 부사장과 아주 가깝게 지냈다. 남궁석 부사장 밑에 있던 이사들 가운데 군 출신인 사람이 있었는데, 그분이 내게서 미군과의 프로젝트 경험에 의한 컴퓨터기반교육의 효능에 대해 듣더니 "그것을 우리나라

군에도 적용하면 좋겠다"며 육군 교육사령부와 연결해 주었다. 그래서 나는 PC와 우리가 개발한 CBT 샘플 프로그램들을 한 보따리 싸들고(당시는 요즘처럼 노트북에 USB카드로 간단히 움직이던 시대가 아니다) 연구원들과 함께 전라남도 광주로 내려가 교육사령부를 방문해 당시 사령관이던 김진영 중장과 수백 명의 장교들 앞에서 시연을 하며 강의했다. 시연을 본 김 사령관은 "컴퓨터기반교육이 우리 군에도 참 유용하겠다"며 참모들에게 프로그램 개발을 지시했다. 그러나 우리가 막 프로그램 개발에 착수하려 할 즈음 인사발령으로 김 사령관이 육군참모총장으로 진급해 떠나는 바람에 교육사령부 프로젝트는 무산되고 말았다.

허탈해하고 있는데 이번에는 교육사령부에서 나의 시연에 참여했던 서울 근교 정보학교 소속 장교 한 분이 "그렇다면 우리 학교에서 그 프로젝트를 인수하겠다"라고 나섰다. 그 덕분에 다 죽은 줄 알았던 해당 프로젝트를 정보학교와의 계약을 통해 되살린 진기한 경험을 했다.

제자리 찾아가는 교육공학 위상: 제자들을 취업시켜라

ରୀⁱ⁄ⁱ

결자해지(結者解之)라고 했던가. 나로서는 한국 대학에 처음 교육공학과를 창설했다는 자부심보다는 어떻게 해서든 한양대 교육공학과를 반석 위에 올려 제자들의 진로를 열어주어야 한다는 책임감을 더 많이 느낄 수밖에 없었다. 그래서 기업, 학교, 군대를 가리지 않고 조금이라도 가능성이 보이기만 하면 나는 보따리장수를 자처하며 교육공학을 현실에 접목시키는 일에 매달렸다. 학과 창설 후 10년간 각종 프로젝트를 성사시키고 제자들을 취업시키기 위해 참으로 고군분투하였다.

하지만 이처럼 고생한 보람이 있어 교육공학과의 위상은 서서히 올라갔다. 교육공학과가 자리를 잡기 전 우리나라 대학에는 교육공학 관련 학과는 교육학과와 교육심리학과 2개뿐이었다. 이 두 학과 출신이 주류를 이루어 오랫동안 교육계를 지배해 온 까닭에 교육공학과는 "도대체 뭐하는 학과냐?"는 소리를 들으며 왕따를 당했다. 심지어 한양대에서도 교육공학과를 '기술자 집단'이라며 대놓고 무시했다. 교육공학에 대한 이같이 왜곡된 시각을 어떻게 바로잡을 것인가? 궁리 끝에 나는 각종 프로젝트의 수행 실적을 통해 교육공학과의 실력을 보여주는 것이 정도(正道)겠지만 그러자면 시간이 많이 걸리니 좀더 신속하게 교육공학과의 위상을 끌어올릴 방도가 없을까, 하고 고민했다. 그 결과 내가 내린 결론은 교육공학과를 학생들이 앞다퉈 지원하는 인기학과로 변모시키는 것이 지름길이라는 것이었다. 학생들을 적극 유치하자면 당근을 제시할 필요가 있었다. 그런데 그 당근 가운데 가장 효과가 빠른 것은 바로 실무경험, 그리고 취업이었다.

학생들에게 월급 형태의 연구비 주는 교육공학연구소

෩෧෧

나는 교육공학연구소를 철저히 기업식으로 운영했다. 각종 프로젝트를 수행하고 받은 용역대금을 투명하게 관리하면서 연구소 구성원들에게 월급식으로 다달이 연구비를 지급했다. 초창기에는 수백 만 원 수준에 머물렀던 프로젝트 규모가 시간이 지나면서 단위가 커져 수천 만 원짜리, 심지어 억 단위 프로젝트도 들어왔다. 제자들은 학교를 다니면서 기업 프로젝트를 통해 실전경험을 배우면서 용돈도 벌었다.

그보다 더 중요한 것은 내가 연구소 운영을 통해 제자들을 삼성, 현대 같은 대기업에 대거 취업시켰다는 사실이다. 교육학과 출신이 대기업에 취업하기는 쉽지 않다. 그런데 교육공학과 출신이 제격 제꺽 취업되자 교육학과 학생들이 술렁이기 시작했다.

한양대에 교육공학과가 창설되고 7년 정도 시간이 지났을 무렵 하루는 교육학과 원로교수인 이수원 교수가 나를 찾아와 이렇게 말했다.

"허운나 선생, 우리가 교육공학의 진가를 제대로 알지 못해 지금까지 엉뚱한 소리를 많이 했던 것을 너그러이 양해해 주십시오. 그간 교육공학과의 활약상을 지켜보면서 속으로 많이 놀랐습니다. 교육공학이야말로 현 시대에 절실히 요구되는 실질적인 학문이라는 것을 깨달았습니다. 그래서 드리는 말씀입니다만, 부탁이 한 가지 있습니다. 다름이 아니라 저희 교육학과 학생들 가운데 허 선생 밑에서 연구원 생활을 하고 싶어 하는 아이들이 많습니다. 이 아이들을 교육공학연구소에서 좀 받아 주셨으면 합니다."

교육공학을 가리켜 '근본 없는 학문'이라고 대놓고 무시하던 사람들이 이제는 반대로 교육공학과의 우산 밑으로 들어오고 싶어 할 정도로 전세(戰勢)가 역전된 것을 보면서 그간의 피로가 일순간에 풀리는 것을 느꼈다.

한양대 교육공학과는 사범대에서 최초로 교수가 밖에 나가 거액의 프로젝트를 유치해 오고, 그 프로젝트에서 생긴 돈을 프로젝트에 참여한 학생들에게 월급식으로 지급하는 최초의 전통을 세웠다.

한양대 교육공학과의 쌍두마차, 김종량 총장

한양대 김연준 이사장의 장남인 김종량 박사가 1985년 컬럼비아 대학에서 교육공학 박사학위를 받고 귀국해 나와 합류했다. 이렇게 해서 한양대 교육공학과는 허운나-김종량 쌍두(雙頭)체제가 되었으며, 우리 두 사람은 이후 후임 교수들을 속속 영입했다.

　김종량 교수는 노래를 썩 잘 불렀다. 하기야 부친인 김연준 박사가 유명한 작곡가이니 아들이 음악을 좋아하는 것은 자연스럽다. 김종량 교수의 여동생인 김명희 교수도 같은 사범대의 교육학과에서 교편을 잡고 있었다. 한양대 입성 과정에서부터 태생적으로 김연준 이사장과 가까울 수밖에 없었던 데다 김 이사장의 자제 두 사람과 같은 학과 또는 인근 학과에서 근무하다 보니 여느 교수들과 달리 나는 이사장 집안과 돈독한 관계를 맺게 되었다.

대학에도 참새가 많다

김연준 이사장은 영어 잘하는 교수를 우대했다. 한양대에 영어 잘하는 교수가 나밖에 없었던 것도 아닌데 김 이사장은 외국 귀빈이 방문하면 으레 나를 불러 귀빈을 모시도록 했다.

외국 귀빈 영접 행사에 처음 불려 나갔을 때의 일이다. 미국에서
온 귀빈이었는데, 나와 김종량 교수가 2인 1조를 이루어 이사장을
도와 귀빈을 접대했다. 나는 그때 아들 하나 딸 하나를 둔 유부녀였
고, 나보다 한 살 아래인 김 교수는 총각이었다.

그날 밤, 집에서 쉬고 있는데 김종량 교수의 여동생이자 동료 교수
인 교육학과의 김명희 교수로부터 전화가 왔다. 이 밤중에 무슨 일인
가 하며 전화를 받자 김 교수가 킥킥 웃으며 말문을 열었다.

"허 선생님, 오늘 낮에 어떤 일이 있은 줄 아세요? 오빠와 제가 아
버지를 모시고 이야기를 나누고 있는데 아버지께서 오빠한테 이러
시는 거에요. '너, 그토록 참한 아가씨를 숨겨놓고 있었으면서 왜 여
태 내게 아무 말도 안 했냐?'라구요. 허 선생님이 오빠와 함께 이사
장실로 들어가니까 허 선생님을 오빠 애인이라고 짐작하신 거죠. 그
말을 듣고 제가 '아버지, 허 교수는 애가 둘이나 있는 유부녀라구요'
라고 말씀드리자 실망하시는 빛이 역력하시던 걸요. 곁에 있던 오빠
는 배꼽을 잡고 웃었고요."

해프닝도 이런 해프닝이 없었다. 교육개발원 홍웅선 원장이 김 이
사장에게 나를 처음 소개하였을 때 내가 유부녀임을 밝히지 않았을
리 없건만, 김 이사장은 귀빈 접대를 위해 당신 방으로 아들과 함께
들어온 여자교수가 홍 원장이 소개한 그 교수라고는 전혀 생각지 않
았던 것이다. 하긴 큰 대학 이사장이 어찌 교수 한 사람 한 사람의 신
상을 다 기억하겠는가.

그뿐만이 아니라 학교의 참새들 사이에서는 '김종량 교수가 나이
들어서도 계속 독신으로 지내는 것은 허운나 교수 때문'이라는 억측
까지 나돌았다. 기가 막혔지만 내 귀에다 대고 하는 말이 아닌 만큼
어찌해볼 도리도 없었다.

오얏나무 밑에서는 갓끈을 고쳐 매지 말아야

김종량 교수는 애당초 교수로 일관할 사람이 아니었다. 명문 컬럼비아 대학에서 박사학위를 받은 이사장의 아들인 만큼 교수를 거쳐 언젠가는 총장과 이사장이 될 사람이었다. 우리 학과 교수가 된 후 처음 보직으로 기획실장직을 맡게 되었다. 기획실장이란 대학의 행정 전반을 총괄하는 중요 보직이다.

기획실장이 된 김종량 박사가 하루는 내게 엄청난 제안을 했다. 교수들을 모아 1박 2일로 교수연찬회를 개최하려는데, 그 행사에서 나더러 교수들을 상대로 교육개혁 및 혁신적 교수법을 주제로 강연을 해 달라는 것이었다.

나는 펄쩍 뛰며 손사래를 쳤다.

한양대에는 공과대학과 의과대학에 특히 나이든 원로 교수가 많았으며, 다른 단과대학에도 나보다 어린 교수는 별로 없었다. 게다가 나는 '암탉이 울면'을 운운하는 유교윤리가 지배하는 한국사회에서 여자교수가 아닌가. 이런 이유를 들어 나는 극구 기획실장의 요청을 사양했다.

그런데도 김종량 기획실장은 "그게 그렇지 않다"면서 "케케묵은 교수사회에 참신한 바람을 불러일으키기 위해서라도 미국에서 교육공학을 공부한 허 선생 같은 분이 나서서 대학사회가 나아갈 바람직한 방향에 대해 동료교수들에게 좋은 이야기를 들려주어야 한다"며 강연에 나서야 한다고 밀어붙였다. 김 실장의 의도는 그야말로 미국에서 박사학위를 받고 갓 돌아온 순수한 학자로서 한양대의 발전만을 염두에 둔 순수한 것이었다. 당시에는, 한국의 교수사회 실정을 김 실장보다 더 잘 아는 나는 거듭 고사했지만 하도 강권하기에 하는 수 없이 수락하고 연찬회장에서 강연을 했다.

강연을 결행하고 나자 아니나 다를까 교수들 사이에서 난리가 났다.

'어디서 젊은 여자가 굴러들어와 가지고 감히 우리를 가르치려 들어?'

'교육공학연구소라는 것도 어디까지나 학교 당국에서 뒷배를 봐 주니까 굴러가는 거지….'

'이사장 아들하고 친하다고 우리한테까지 위세를 부리려 들어?'

온갖 억설이 난무했다.

그 일이 있고 나서 얼마 뒤 김종량 박사가 총장이 되었다. 김 총장은 자신이 몸담았던 교육공학과에 대한 애착이 대단했다. 그래서 수시로 우리 과의 일을 함께 의논하곤 했는데 나는 학교에 퍼진 소문을 알게 된 후부터는 그러한 관심이 부담스러워 총장실 출입을 최대한 자제했다. 물론 총장이 된 김 박사 자신도 스스로 터득하여 다시는 그런 일을 되풀이하지는 않았다.

이렇게 본의 아니게 모함과 질시를 당하는 과정에서 중요한 교훈 하나를 얻었다. 그것은 '오얏나무 밑에서는 갓끈을 고쳐 매지 말라'는 선인들의 가르침이었다.

4회 동안 총장을 거쳐 현재 이사장을 맡고 있는 김종량 박사는 사립대학 설립자 2세들 가운데 가장 성공한 교육자라는 평가를 받고 있다. 한양대가 국내 5대 대학으로 발돋움한 것도 김 박사가 총장을 지내면서이다. 김 박사는 교육자들 사이에서 겸손하며 어른을 공경할 줄 아는 사람이라는 칭송을 많이 받기로도 유명하다.

한국에서는 모름지기 겸손해야

'여기는 미국이 아니다.'

한국교수사회에서 근거 없는 질시와 모함에 시달리면서 나는 우리 지식인 사회의 풍토를 속속들이 알게 되었다.

'겸손 또 겸손해야 한다.'

그래서 자연히 이런 자세를 갖게 되었다. 그리고 이런 원칙에 따라 내가 설립한 교육공학회의 초대 회장에 이영덕 박사를 옹립하였다. 이어 2대 회장으로 김종량 총장을 모신 다음 3대에 가서야 비로소 내가 회장을 맡았다.

어느 정도 관록을 쌓은 다음에는 '산업교육학회'를 설립하고 내가 직접 회장을 맡았다. 2대 회장으로는 이진세 현대인재개발원장을 추대했고, 이후 역대 회장을 삼성 등 대기업 인력개발 책임자들과 학자들이 번갈아 맡도록 했다. 산업교육학회가 자리를 잡아가면서 대학들에 산업교육학과가 생기기 시작했다. 이렇게 학계와 산업계에서 교육공학의 입지를 서서히 넓혀가는 가운데 황감하게도 사람들로부터 '한국 교육공학의 대모(代母)'라는 칭호를 듣게 되었다.

한양대 교육공학과가 자리를 잡자 이화여대에서도 기존의 시청각교육과를 교육공학과로 이름을 바꾸어 새로 설치했고, 이어 안동대가 교육공학과 설립 대열에 합류했다. 이후 서울대를 비롯한 주요 대학에 교육공학과 또는 교육공학전공이 설치되면서 국내 대부분 대학에 교육공학과가 설치되기에 이르렀다.

세관원도 뭔지 모르는 최신 IT 장비

෨ᑀ෨

교육공학은 정보통신기술(IT) 발전을 신속하게 따라잡아야 한다. 그래서 1980년대 중후반 선진국을 드나들면서 새로 나온 IT 기기를 속속 구입해 국내로 들여왔다.

당시 컴퓨터의 데이터 저장장치 가운데 가장 혁신적인 것으로 플로피 디스크가 있었다. 현재 사용하는 사람은 없지만 정사각형의 납작한 플라스틱 접시를 디스크 드라이버에 넣어 작동시키면 그 속에 든 자료를 판독하곤 했다. 한번은 미국에 건너가 애플사에서 나온 디스크 드라이버를 450달러라는 거금을 주고 구입했다. 공항 입국장에서 세관원에게 그 장치를 보여주니 이리저리 살펴보다 무엇인지 몰라 그냥 쇳덩이로 취급해 무관세로 통과시켜 주었다. 그러나 이 드라이버의 수명은 3달을 넘지 못했다. 기술의 발전이 그토록 빨랐다.

그 후 영국에 가서 물리 실험 비디오 콘텐츠가 든 레이저 디스크를 사왔다. 이번에도 입국장에서 세관원에게 그 장치를 보여주었는데 생전 처음 보는 화려한 빛깔의 LP판 모습을 보고 판정하기 어려웠던지 "좀더 살펴봐야겠다"며 몇 달 뒤 찾아가라고 했다.

각종 기계에 대한 지식이 일반인보다 훨씬 풍부한 세관원도 정체를 몰랐을 정도로 신종이었던 디스크는 그 후 얼마 안 돼 노래방이 일반화되면서 급속도로 보급되는 것을 보고 IT 확산의 놀라운 속도에 혀를 내두르게 되었다.

한양대 교육공학과를 터전으로 교육공학이라는 학문의 진면목을 한국 대학사회에 널리 알리는 한편 컴퓨터기반교육을 학교, 기업, 군대에 이식하는 등 숨 가쁜 나날을 보낸 나는 1987년 9월 그간의 바빴던 생활을 잠시 접고 안식년을 맞아 영국 케임브리지 대학으로 건너갔다.

케임브리지에서 유럽의 향기에 취해

다윈칼리지에 연구실을 차리고

1987년 나는 주한 영국대사관과 영국문화원이 공동 주관하여 처음 실시한 영국 케임브리지 대학 연구교수 프로그램에 대상자로 선발되는 영광을 안게 되었다. 많은 교수들이 지원했던 터라 경쟁이 무척 치열했지만 최종 면접을 통해 결국 내가 선발된 것이다. 그것은 엄청난 행운이었다. '대학 중의 대학'이라 불리는 케임브리지 대학에서 1년간 모든 재정적, 행정적 지원을 받으면서 연구 활동을 한다는 것은 학자에게 아주 소중한 기회였다.

케임브리지 대학은 한국 대학들과는 시스템이 상당히 다르다. 우리나라에서는 종합대학을 영어로 유니버시티(university)라고 하고 그 밑에 있는 상과대학, 공과대학 같은 단과대학을 칼리지(college)라고 부른다. 그러나 케임브리지, 옥스퍼드 대학에서 말하는 칼리지는 우리나라의 단과대학에 해당하는 개념이 아니다. 칼리지 자체가 독립적인 대학이다. 이들 칼리지가 여러 개 모인 곳이 케임브리지 대학이며 옥스퍼드 대학인 것이다. 예컨대 케임브리지 유니버시티 속에는 킹스(King's) 칼리지, 퀸스(Queen's) 칼리지, 트리니티(Trinity) 칼리지 같은 독립된 칼리지가 약 수십 개정도 들어 있다. 이들 칼리지는 설립연도와 창립자가 각기 다르며 건물 양식도 제각각이다. 이들 칼리지는 학교특성에 따라 우리나라 단과대학처럼 저마다의 전공 분야가 있고 학생 선발 또한 칼리지가 주도한다. 물론 학생들이 입학원서를 내는 곳은 유니버시티이지만 유니버시티는 어디까지나 행정 기능만 한다.

나는 이들 칼리지 중에서 다윈(Darwin) 칼리지에 배정되었다. 다윈 칼리지는 진화론의 창시자인 찰스 다윈 경(卿)이 건립한 학교로 학부는 없고 대학원 과정만 있는 독특한 칼리지이다. 다윈 가족이 실제로 살았다는, 다윈 칼리지에서 가장 오래된 건물에서 기숙하며 연구교수 생활을 시작하였다.

전통이 살아 숨 쉬는 칼리지의 저녁 식사시간

☙❧

칼리지 생활에서 저녁식사 시간은 대단히 중요하다. 저녁식사에 참여할 수 있는 자격은 나 같은 외국인 학자들, 칼리지 소속 교수들, 그리고 교수들이 초대한 손님들로 제한된다. 저녁 7시 반이 되면 2층 식당으로 사람들이 모이는데, 그곳에는 수십 명이 한꺼번에 앉을 수 있는 긴 식탁들이 있다. 처음 케임브리지 대학에 갔을 때 석사학위를

1

2

3

1 영국 케임브리지대 교환교수로 갔을 때.
2 영국 케임브리지대 트리니티 칼리지 앞에서.
3 영국 케임브리지대 초청교수 심사위원장 당시 영국문화원장 데이비드 로저스와 함께.

받으려면 반드시 칼리지 식당에서 몇 회 이상 식사를 해야 한다는 규칙이 있다는 소리를 듣고 의아했다.

이 식사 자리에서 다양한 전공을 가진 세계 각국의 학자들을 만날 수 있었다. 유성(流星)을 연구하는 천문학자, 남극의 얼음을 연구하는 기상학자, 17세기 성당 건축을 전공하는 건축학자 등 많은 전문가들과 어울리며 그들에게서 다양하고 진귀한 이야기를 들었다. 소위 칼리지 저녁식사 자리에서만 가질 수 있는 소중한 학습의 기회였다.

칼리지의 저녁 식사 중 일주일에 한 번은 소속 대학 가운을 입고 입장하는 '포멀 디너'(formal dinner)가 진행되었다. 우리가 대학 졸업식에서 한 번 입는 가운을 그들은 일주일에 한 번씩 입는 것이었다. 미처 가운을 준비해가지 않았던지라 한양대 김종량 총장에게 연락해 긴급히 공수 받았다.

식사가 끝났다고 해서 함께 식사한 학자들과 바로 헤어지는 것은 아니었다. 식사를 마치고 아래층으로 내려가면 라운지 형태의 넓은 거실이 있었는데, 그곳에 삼삼오오 모여 차를 마시며 식사 시간에 못다 한 이야기를 나눴다. 세계적인 지식인들과 함께 대화하며 나누는 사치스럽다고 해야 할 칼리지의 식사는 케임브리지가 아니면 맛 볼 수 없는 좋은 전통이었다.

셰익스피어 연극을 셰익스피어 고향에서 보다

ⓐⓧⓐ

다윈 칼리지의 내 옆방에는 사우디아라비아에서 온 니디아, 앞방에는 방글라데시에서 온 인디라가 살고 있었다. 우리 세 여자는 함께

1

2

1   영국 케임브리지대에서 본 많은 셰익스피어 작품.
2   셰익스피어 고향 스트랫퍼드 어폰 에이번(Stratford upon Avon).

영화를 보러 가는 등 자주 어울렸다. 한번은 니디아가 하도 권하기에 승마를 배워볼까 하여 직접 말에 올라타 보기도 했지만 나와는 맞지 않는 것 같아서 그만 두고 이전부터 해오던 에어로빅을 했다.

'영국에 가면 본토 영어, 의상, 무대장치를 갖춘 셰익스피어 연극을 꼭 봐야지.'

영국에 오기 전부터 이런 생각을 했다. 케임브리지 대학은 그런 내 희망을 충족시켜 주는 곳이었다. 영국에서 맨 처음 접한 셰익스피어 작품은 희극 〈십이야〉였다. 공연장은 어느 칼리지의 야외 잔디밭이었다. 영국에서 나는 대부분의 공연을 혼자 보았다. 다른 사람과 약속을 맞추는 것도 번거롭고 내가 보고 싶은 때에 보고 싶은 작품을 보려면 혼자가 가장 편했기 때문이다. 두 번째로 본 셰익스피어 작품은 〈줄리어스 시저〉였는데 이 공연 역시 칼리지 소속 연극반 학생들이 진행하는 것이어서 다소 엉성했다. 관람객도 대부분이 학생이었는데 이들은 젊은이답게 공연 도중에 무대를 향해 박수나 야유를 보내곤 했다.

'이제는 셰익스피어의 고향에서 정말 수준 높은 셰익스피어 연극을 봐야겠다.'

이런 생각으로 날을 잡아 스트랫퍼드어폰에이번(Stratford upon Avon)를 찾았다. 관광객들 속에 끼어 셰익스피어 생가를 둘러보고 배를 타고 애본(Avon)강을 따라 일주도 해보았다. 그런 다음 애본 강변에 있는 셰익스피어 극장에서 연극을 보았는데, 애석하게도 그날 공연작품은 이미 본 〈십이야〉였다. 뒷날 학술회의 참석차 스트랫퍼드 근처에 갈 일이 있어 다시 셰익스피어 극장을 찾았는데 그날 공연작품은 다행히 〈로미오와 줄리엣〉이었다. 셰익스피어의 고향을 두 번씩이나 방문해 셰익스피어 시대, 즉 엘리자베스 여왕 시대의 건축

양식이 그대로 남아 있는 거리를 활보해 보았으니 영문과 학생 시절 품었던 오랜 소원 하나를 이룬 셈이었다.

케임브리지는 격식의 경연장

ꔷꔷꔷ

케임브리지 대학의 일상 중에 지나친 격식이라고 느낀 것 중 하나는 초대장이었다. 미국 대학에서는 교수들끼리 서로 런치나 디너, 간단한 파티 등에 초대할 때 보통 전화로 한다. 그런데 영국에서는 칼리지의 교수가 같은 칼리지나 다른 칼리지의 교수를 식사 자리 등에 초대할 때 반드시 초대장을 보낸다. 초대장도 우리나라 결혼식 청첩장처럼 은테를 두른 격조 있는 것을 쓴다. 초대장에는 함께 초대된 사람의 명단이 적혀 있으며, 더 격식을 차린 초대장에는 좌석 배치도까지 곁들여진다. 물론 이런 초대장을 받으면 대접 받는 것 같아 기분이 좋기는 하다.

약소국 출신의 비애를 느꼈던 OECD 세미나

ꔷꔷꔷ

나를 영국으로 초청해 준 영국문화원에서 내 전공과 관련된 세미나 참석을 주선해 주었다(영국문화원은 자기들이 초대한 학자들의 모든 요구를 세심히 들어준다). 경제협력개발기구(OECD)가 글래스고에서 개최하는 교육용 컴퓨터 활용 세미나였다. 이 세미나는 OECD 회원국들을 위한 것이어서 당시 OECD회원국이 아닌 한국에서 온 나는 이 세미나에 참여할 자격이 없었다. 하지만 영국문화원 초청교수 자격(옵서버)으로 참석할 수 있었다.

이 세미나는 참석자가 50명도 안 되는 조촐한 행사였다. 동양인은 나와 일본인 참석자 둘뿐이었다. 일본은 OECD 회원국이니 당당하게 회원 자격으로 참석한 것이다.

로비에서 음료수를 마시고 있는데 그 일본인이 내 곁으로 다가와 말을 건넸다. 서로 인사를 나누면서 내가 한국인임을 안 그가 "어떻게 왔느냐?"고 웃으면서 물었다. '회원국도 아닌 주제에 어떻게 참석할 수 있었냐?'라고 의아해하는 티가 역력했다. 은근히 약이 올랐지만 그가 딱 부러지게 말한 것이 아니어서 뭐라 반박할 수도 없었다.

그런데 잠시 후 진짜 화낼 일이 생겼다.

전체 회의가 시작되고, 토론이 진행되는 중 손을 들어 질문을 하자 사회를 보던 호주 출신 대표가 내게 대뜸 이렇게 말하는 것이 아닌가.

"사실 당신은 비회원국 한국인이어서 이 세미나 토론에 의견을 제시할 자격이 없습니다. 옵서버(특별히 출석이 허용된 사람)만 해 주세요"라고 말이다.

복장을 확 긁는 소리였다. 국제회의에서 이런 대접을 받기는 처음이었다. '어떻게 저런 수준의 여자가 OECD 같은 국제기구에서 근무할 수 있는가?'라는 생각이 절로 들었다. 하도 기가 막혀 뭐라고 한마디 쏘아붙이고 싶었지만 그녀 말이 사실이었기 때문에 이를 깨물며 침묵할 수밖에 없었다. 국력이라는 게 무섭다는 것을 새삼 느낀 순간이었다(참으로 격세지감을 느끼게 하는 경험이다. 지금은 우리가 OECD 회원국일 뿐만 아니라 세계 15위 경제대국이 되었으니 말이다).

멋진 친구들, 에드나와 마틴

전체 회의에서 호주인 사회자 때문에 영 기분이 상한 채로 분과 토론장에 들어갔다. 내가 배정된 분과는 덴마크인과 영국인 각 2명, 핀란드인 1명, 그리고 나 이렇게 모두 6명으로 구성되었다. 덴마크에서 온 에드나와 마틴, 핀란드에서 온 하롤드는 장학관이었다. 영국인 2명은 교수였다. 토론이 시작되어 컴퓨터를 활용하는 방식, 문제점, 개선책 등을 논의했다. 그들은 옵서버라 발언권이 없는 내게 하고 싶은 말이 있으면 얼마든지 발언하라고 친절하게 대해 주었다. 그 덕분에 어느 정도 기분이 풀려 보람 있고 재미있는 토론 시간을 가질 수 있었다.

호텔에서 저녁을 먹을 때 분과 토론을 함께했던 6명이 자연스레 한자리에 모였다. 식사를 하면서 아침에 호주인 사회자에게 무안당한 이야기를 했더니 모두 분해하며 "그런 몰상식한 행동일랑 빨리 잊는 것이 좋다"며 위로해 주었다. 특히 덴마크 여성 에드나는 나보다 더 분통을 터뜨렸다. 깔끔한 미남 마틴도 맞장구를 쳐주었다. 이틀 동안 이들과 한 팀이 되어 토론도 하고 관광도 하다 보니 어느덧 친구가 되었다. 행사를 마치고 헤어질 때가 되자 에드나와 마틴은 나를 자신들의 나라 덴마크로 초대하는 일을 잊지 않았다.

한국아이를 셋이나 입양한 덴마크 신사

эия

에드나와 마틴은 나를 열흘 남짓한 일정으로 덴마크로 초대했다. 두 사람은 각자 일정을 나누어 내 스케줄을 관리하기로 하였다. 덴마크는 반도가 여러 개 붙어 있는 형상이어서 이동하며 여행하는 데 시간이 많이 걸린다. 두 사람은 내가 특히 관심을 가질 만한 오르후스 대학을 비롯한 교육공학 관련 기관을 비롯해 IBM 덴마크, 장난감 회사 레고의 교육본부, 덴마크은행 등을 방문 리스트에 올려놓았다.

덴마크를 방문한 때는 12월이었다. 마틴이 두꺼운 가죽코트 차림으로 나를 마중 나왔다. 마틴은 나를 자기 집으로 데려가려고 차를 몰고 나왔다. 나는 마틴 집에서 머물게 되었다. 그런데 숙소인 자기 집으로 곧장 가지 않고 마틴은 "당신에게 꼭 소개하고 싶은 사람이 있습니다"라고 하더니 나를 자기 사무실로 데려갔다. 사무실 밖의 키 작은 나무들, 서리들이 하얗게 낀 바닥을 보며 추운 북유럽이라는 생각이 들었다.

건물 안으로 들어가니 사람 좋게 생긴 마틴의 동료가 우리를 맞이했다. 마틴에게서 나에 대해 들었는지 그는 내게 반가운 듯 악수를 청했다. 그러고는 차를 권하면서 책상 위에 놓인 사진을 내게 보여주었다. 사진 속에서는 동양 여자아이 셋이 환하게 웃고 있었다.

마틴의 동료가 말했다.

"모두 한국에서 입양한 아이들이랍니다."

그 말에 깜짝 놀라 내가 반문했다.

"셋씩이나요?"

차분하게 이어지는 그의 설명은 실로 감동적이었다. 한 아이만 입양했더니 외톨이가 되어 무척 쓸쓸해하더란다. 그래서 한 아이를 더 입양했는데 그래도 백인 친구들 사이에서 아무래도 수적으로 열세여서 소외감을 느끼는 것 같았다고 했다. 그래서 한 아이를 더 입양했다는 것이다.

"그랬더니 세 명이서 '파워집단'을 형성해 다른 아이들과 아주 잘 지낼 뿐 아니라, 오히려 다른 아이들을 압도하지요. 하하."

그의 따뜻한 인간애에 감사와 존경을 금할 수 없었다.

마틴의 집에 도착하니 벌써 늦은 밤이었다. 마틴의 부인과 쌍둥이 아들 둘, 그리고 딸이 나를 반갑게 맞아주었다. 크리스마스 분위기가 물씬 풍기는 인테리어와 장식이 눈에 띄었다. 초등학교 교사인 마틴의 부인은 남편을 잘 따르고 아이들과 화목한 가정을 이루는 데 긍지를 가진 온화한 부인이었다. 우리는 식사를 맛있게 하고 응접실에서 부인이 손수 만든 달콤한 파이를 먹으며 덴마크의 크리스마스 풍습과 요정에 관한 아이들의 설명을 들으며 따뜻한 시간을 보냈다.

덴마크의 놀라운 선진 IT 기술

이튿날 첫 방문지 오르후스 대학을 향해 발길을 옮겼다. 오르후스 공과대학에서 비디오 컨퍼런싱 시설을 둘러볼 계획이었다. 비디오 컨퍼런싱 기술이란 서로 멀리 떨어진 사람들 간에 모니터를 통해 얼굴을 보며 대화할 수 있는 기술로서 당시 오르후스 공대는 IBM 덴마크와 이 기술을 공동개발하고 있었다(지금은 이 기술은 너무 흔한 기술이지만, 당시에는 최첨단 기술이었다).

담당 교수에게 이끌려 책상에 앉았다. 책상 앞에는 카메라 두 대가 놓여 있었는데 하나는 나를 비추고 다른 하나는 내 앞에 놓인 자료를 비추었다. 내 앞에 놓인 TV화면에 불이 들어오더니 다른 도시에 있는 IBM 기술자가 화면에 나타났다. 내가 인사를 건네자 그도 내게 인사했다. 내가 앞에 있는 종이에 글씨를 쓰자 상대방이 그것을 읽는 것 같았다. 그가 내게 보내는 자료도 TV화면에 선명하게 나타났다. 멀리 떨어진 교사의 얼굴을 보며 공부할 수 있도록 고안된 놀라운 기술이었다.

다음으로 본 것은 비디오 컴프레서였다. 이것은 아날로그 영상 데이터를 압축하여 디지털화해 전송할 수 있는 것으로 중형 냉장고 크기의 장치에 컴퓨터 칩이 촘촘히 꽂혀 있었다. 작은 나라 덴마크의 선진기술에 감탄하지 않을 수 없었다. 덴마크는 흔히 농업국가로 알려져 있지만 창의적 디자인과 첨단기술이 뛰어난 나라이다. 농부들은 다양한 첨단기술을 농사에 활용한다. 세계인들이 알아주는 명품 오디오 '뱅 앤 올룹슨'(Bang&Olufsen)은 덴마크 제품이며, 시드니의 오페라하우스 또한 덴마크사람이 설계했다고 자랑스럽게 여긴다.

레고 블록은 창의적 학습도구

ﭢﭳﭮ

오후에는 장난감 회사 레고를 방문했다. 레고 직원들은 레고 블록을 단순한 장난감이 아닌 창의적 교육도구로 여긴다(지금은 앞서나가는 교육을 하는 우리나라 학교 대부분이 사용하지만 그때는 없었다).

레고에 방문했을 때 덴마크 교육부에서 나온 사람들이 레고 블록,

컴퓨터 칩, 전기 도구들을 서로 연결하여 자동문 원리나 전동차 원리에 대해 배우고 있었다. 이 광경은 대단히 인상적이었다. 레고 임직원들은 수준별로 개발된 다양한 학습 자료를 보여주었다. 장난감 회사로만 여겨졌던 곳에서 생생한 현장교육의 준비단계를 볼 수 있었던 것은 커다란 소득이었다.

나중에 방문한 덴마크 초등학교들은 물론 영국 초등학교들에서도 교실 내에 이런 레고 학습도구가 비치된 것을 많이 보았다. 그들은 아이들이 놀이를 통해 다양한 탐구능력을 기를 수 있도록, 생활 속에서 접하는 기술들을 실험을 통해 파악하도록 기회를 제공함으로써 높은 창의력을 길러주는 교육을 하고 있었다.

다음날 우리는 동화작가 안데르센의 고향마을을 방문해 그가 살던 집도 보고 그의 작품《인어공주》에 나오는 애달픈 인어의 작은 동상이 있는 바닷가도 구경하였다.

이제는 코펜하겐으로 건너갈 차례였다. 우리는 자동차를 탄 채로 큰 배에 올라 갑판에 차를 세운 뒤 선실로 이동했다.

덴마크를 둘러보면서 모든 절차와 시설이 편리하고 깨끗해 안전함을 절감했다. 그것이 이 나라의 기본적인 사회원칙인 것 같았다. 며칠 전 방문했던 초등학교 컴퓨터 교실에서 문이 상당히 견고해 보여 멋지다고 했더니 교장선생님이 설명하기를 덴마크 초등학교의 문들은 화재가 나면 불이 번지지 않도록 삼중으로 코팅이 돼 있다는 것이다.

"그러니 설사 불이 나더라도 그 부분은 즉각 밀폐되지요."

그 설명을 들으며 다시 한 번 그들의 과학성과 원칙주의를 실감하였다.

아내는 거실에 남편은 부엌에

꽤

코펜하겐에서 에드나가 우리를 기다리고 있었다. 이제부터 에드나가 나를 책임진다.

에드나와 함께 그녀의 집으로 갔다. 그녀 남편 라스는 건축가인데 그들 부부가 사는 집도 남편이 설계한 것이라고 했다. 라스는 앞치마를 두르고 부엌에서 열심히 저녁식사를 준비하고 있었다.

에드나는 요리하는 남편을 그대로 내버려둔 채 내게 집 구경을 시켜 주었다. 에드나의 서재, 라스의 넓은 설계실, 편안하고 안락한 거실 모두가 단순하지만 실용적인 디자인과 초현대식의 절제미를 지니고 있었다.

잠시 후 그들의 대학생 외동딸이 귀가했고 곧이어 우리는 식탁에 둘러앉았다. 오늘의 요리사 라스가 스테이크와 새우 요리를 각자의 접시에 담아 주었다. 딸과 부인과 나 모두가 맛과 모양이 훌륭하다며 요리를 칭찬하자 라스는 포도주를 따르면서 어깨를 으쓱했다. 라스는 멋쟁이이면서 마음이 따뜻한 에드나에게 잘 어울리는 낙천적이고 인간적인 남성이자 남편이었다.

로얄 오페라극장에서 로얄 패밀리와 나란히

꽤

에드나와 함께 오전에는 코펜하겐의 컴퓨터 시설이 잘 갖추어진 공업고등학교와 온라인 시설을 활용한 은행을 둘러본 후 현대미술관으

로 이동했다. 마침 에드나가 좋아하는 유명한 덴마크 화가의 추상화
전이 진행되고 있어 그녀 또한 가보고 싶었던 모양이었다. 나는 잘
알지 못하는 작가였지만 그의 추상 야외 조각이며 작품들의 색채와
디자인이 마음에 들었다.

미술관에서 나와서 에드나는 나를 뜻밖의 장소로 데려갔다. 그곳
은 셰익스피어의 대표작 《햄릿》의 배경인 고성(古城)이었다. 둥글게
돌면서 올라가는 나선형의 성 내부는 음울하고 푸르스름한 어두운
색조를 띠고 있어서 회의적이고 비극적이었던 햄릿 왕자의 성격과
운명을 보여주는 듯했다.

다음날도 아침에는 교육 기관을 둘러보고 오후에는 코펜하겐 시내
를 둘러보았다. 시내관광을 시작하면서 에드나가 아쉬운 듯 말했다.

"겨울이라 유명한 티볼리 공원이 문을 닫아서 유감이네요. 필수 관
광코스인데…."

저녁에는 에드나 부부, 마틴, 그리고 나 넷이서 오페라를 관람했다.
모두들 말쑥하게 차려입고 시내 한복판에 있는 로얄 오페라하우스
로 갔다. 우리는 좌석을 찾아 앉았다. 오늘 프로그램은 〈라보엠〉이었
다. 공연이 시작되기를 기다리는데 갑자기 입구 쪽에서 사람들이 잠
시 동요했다. 알고 보니 덴마크 여왕 어머니가 오페라 구경을 온 것
이다. 우연히 우리 일행과 같은 줄에서 관람한 여왕 어머니 덕분에
진짜 '로얄' 오페라극장에서 공연을 관람하는 행운을 누렸다.

영국 대학들을 둘러보러 나서다

∽∎∾

에드나와 마틴 덕분에 덴마크를 알차게 둘러보고 영국으로 돌아오
니 영국문화원에서 나를 위한 대학방문 스케줄을 보내왔다. 뉴캐슬
대학, 에든버러 대학, 애버딘 대학이 포함돼 있었는데 하나같이 교육
공학 연구가 활발한 곳들이었다. 나는 기차를 타고 잉글랜드의 가장
북쪽에 위치한 뉴캐슬 대학을 먼저 방문하고, 스코틀랜드로 올라가
수도인 에든버러에서 에든버러 대학을 방문한 다음 영국의 북쪽 끝
이라 할 수 있는 애버딘 대학을 찾기로 했다. 일을 다 보고 내려오는
길에는 중간에 위치한 요크와 더럼, 그리고 일리에 들러 도시구경을
하기로 했다.

한때 번성했던 공업도시 뉴캐슬

∽∎∾

뉴캐슬은 영국이 산업화할 때 한창 번성했던 공업도시다. 하지만 정
보화 시대에 들어선 20세기 말의 뉴캐슬에는 쇠락의 그림자가 짙게
드리워져 있었다. 뉴캐슬 대학은 그런 도시 복판에 있었다. 도심에
위치한 대학들이 다 그렇듯 캠퍼스 건물들이 여기저기 흩어져 있었
고 케임브리지 대학과 같은 낭만은 찾아볼 수 없었다.

나는 교육공학과를 찾아 담당교수를 만났다. 그곳에서 프로그램에
대한 설명을 듣고 시설을 둘러보니 그래도 우리 대학보다는 연구가
상당히 진전돼 있음을 알 수 있었다. 교육용 비디오디스크도 상당한

수준까지 개발되어 있었다. 이 대학에서는 외국인 학생들을 유치하기 위해 여러 프로그램을 개발하고 있었는데, "한양대 졸업생들에게 우리 대학원 프로그램을 홍보해 달라"며 내게 팸플릿을 주었다. 한국 학생들이 와서 공부하기에는 충분히 좋은 시설과 프로그램을 갖추고 있었지만 장학금은 그리 넉넉하지 않은 듯했다.

에든버러에서는 영어가 통하지 않는다: 스코티쉬와 주커만

기차에서 내려 처음 만난 에든버러는 뉴캐슬과 달리 밝은 인상을 받았다. 에든버러 숙소에 도착하기 전에 시내에서 길을 걷다 점심때가 되어 요기를 하러 맥도널드에 들어갔다. 맥도널드는 많은 관광객들로 매우 붐볐는데 나는 겨우 한쪽에 자리를 잡고 앉아 햄버거를 주문한 뒤 테이블 위에 놓인 관광안내 전단을 찬찬히 살펴보았다. 그러다 눈이 번쩍 띄었다. 전단에는 각종 공연이 나열되어 있었는데 마침 그날 밤 핀커스 주커만의 자선공연이 다이애나 왕세자빈이 후원하는 극장에서 오후 7시 반에 열린다고 적혀 있었던 것이다. 일반 좌석은 매진되었지만 발코니석은 전화로 예약한 뒤 현장에서 구매할 수 있다고 쓰여 있었다. 발코니석이면 어떠랴, 주커만의 공연을 볼 수 있는데! 나는 벌써부터 흥분되었다.

식사를 마치고 길거리로 나와 황급히 공중전화를 찾아 극장에 전화를 걸어 발코니석을 예약했다. 그러고는 택시를 타고 숙소로 갔다. 내가 건넨 주소대로 택시 기사가 데려다 준 곳은 놀랍게도 아름다운 주택가에 자리 잡은 그림 같은 이층집이었다. 숙소를 잘못 찾은 게 아닌가 싶어 간판을 보니 분명 내가 예약한 숙소가 맞았다. 정갈한 이 집은 뉴캐슬의 숙소와는 모든 면에서 대조적이었다.

옷을 갈아입고 시내로 나가 광장 주변을 걸으며 도시 분위기를 살폈다. 그런데 사람들의 언어를 전혀 알아들을 수가 없었다. 이 사람들도 분명 영어를 사용할 텐데 갑자기 내가 이상한 나라의 앨리스라도 된 것처럼 답답하기 짝이 없었다. 알고 보니 그곳은 스코틀랜드로 분명 영국의 일부이지만 옛날부터 잉글랜드와는 종족이 다르고 민족적 자존심이 강해 그들만의 언어를 고집하다 보니 일반 서민층의 말은 영어(English)가 아닌 스코티쉬(Scotish)로 알아들을 수가 없었던 것이다.

주커만의 공연은 환상적이었다. 그는 지휘와 연주를 동시에 했다. 청중은 열광했다. 에든버러에서 뜻하지 않게 주커만을 만난 것은 큰 기쁨이었다.

애버딘 대학의 한국 젊은이들

◈※◈

아침에 에든버러 대학을 찾았다. 마침 글래스고의 OECD 세미나에서 만났던 교수가 나를 맞이해 주어서 우리는 반갑게 인사를 나누었다. 그리고 그가 대학을 상세하게 소개해준 덕분에 필요한 정보를 모두 얻을 수 있었다.

기차를 타고 애버딘에 도착하니 이른 저녁이었다. 호텔로 가서 체크인을 하고 근처를 잠시 산책했다. 거리뿐만 아니라 돌로 지은 집이며 성당이며 지나칠 정도로 깨끗하고 정돈되어 있어 오히려 적막감을 주는 도시였다.

다음날 아침 애버딘 대학으로 가니 한국 젊은이 둘이 나를 마중 나와 있었다. 육군사관학교 교관들인데 이 대학에서 박사학위 공부를 하고 있다고 했다. 한 젊은이는 교육공학을 전공하는데 평소 내 책을 통해 나를 잘 알고 있다고 했다. 타국에서 고국의 젊은이들을 만나니 반갑고 든든했다.

애버딘 대학의 교육공학 부문에서는 소프트웨어 개발과 관련해 깊은 연구를 하고 있었다. 교육공학을 전공하는 한국 젊은이의 지도교수를 중심으로 다양한 학생들의 학습 수준과 학습 스타일에 맞춰 개별화된 교수법을 제공할 수 있는 컴퓨터 소프트웨어를 개발하고 있었다. 소크라테스의 대화식 교육 기법을 모든 학생에게 제공해 줄 수 있는 방법을 모색하는 것이라 할 수 있는데, 이는 시간과 노력이 엄청나게 드는 모델링 작업이었다.

'철의 여인' 대처 총리

내가 케임브리지 대학에 머물던 무렵은 지금은 고인이 된 마거릿 대처 총리가 총리직을 강력하게 수행하면서 교육개혁을 밀어붙이고 있던 때였다. 그때까지 영국 경제는 반복되는 파업으로 밑바닥이었는데, 대처 총리가 단호하게 처리해서 밑바닥 경제를 살려냈다. 그리고 교육개혁을 열심히 했다. 그 때문에 모교인 옥스퍼드 대학을 방문했을 때 계란 세례를 받기도 했다. 왜냐하면 그때까지의 영국 교육은 휴머니즘적 접근이었기 때문에 전교생과 비교하여 학생들의 성적이나 등수를 내고, 학생들에게 공부를 강조하는 걸 반대하는 입장이었다.

대처 총리는 국가 경쟁력을 위해 평가 제도를 도입하면서 모든 걸 엄격하게 만들었다. 그래서 교사들이 반발했다. 그리고 각 대학에도 자립할 것을 요구했다. 케임브리지든 옥스퍼드든 기업에서 돈을 받아서 펀딩하라는 거였는데, 최고 지식인의 전당인 케임브리지나 옥스퍼드의 자존심으로는 이를 용납할 수 없었다. 어떻게 순수한 대학 교수가 기업 돈을 받고 연구를 하느냐는 식이었다. 그래서 학계에서는 대처 총리를 굉장히 싫어했지만 그녀는 눈 하나 깜짝 안 했다. 목에 칼이 들어와도 소신을 지켰다. 국민들 각각의 이익이 다 다르기 때문에 정치인은 어떤 한 사람의 목소리에 끌려가면 안 된다는 것이다. 옆에서 뭐라고 하던 자기 비전을 갖고 소신을 밀고 나가는 모습이 대단히 좋았다. 대학에서 교육공학연구소를 설립하고 각종 프로젝트를 밀고 나갔던 나에게는 허처(허운나+대처)라는 별명이 붙여진 적이 있었다. 나는 그것이 싫지 않았다.

국내 사이버교육에 불을 지피고

시드니 학술회의장에서 만난 독일 교육개발원장 디터 캄

ฅ๚๛

1년간의 영국 생활을 마치고 다시 한양대로 돌아왔다.

1990년 봄, 시드니의 달링 하버의 컨벤션 센터에서 세계 컴퓨터교육컨퍼런스(WCCE: World conference on Computer Education)가 열렸다. 나는 WCCE 회장인 멜버른 대학의 샌드라 웰즈 교수의 초청을 받아 이 컨퍼런스에 참여했다.

시드니 항구에 자리 잡은 대규모 컨벤션 센터에는 2천 명 이상의 참석자들이 자신들이 원하는 세션을 찾아 분주하게 움직이고 있었다. 나는 그곳에서 이전에 다른 국제회의에서 만났던 외국인 친구들과 반갑게 재회하였다.

시드니까지 왔으니 그 유명한 오페라하우스에서 공연하는 오페라 구경을 빼놓을 수 없었다. 컨퍼런스 마지막 날 밤 운 좋게 표를 구해 오페라하우스로 달려갔다.

그날 공연은 가에타노 도니제티의 〈루크레치아 보르쟈〉였다. 극장 안에 들어가 지정석에 앉으니 이상하게 내 옆자리가 비어 있는 게 아닌가.

'아니, 표 구하기가 그토록 어렵다는데 왜 빈자리가 있지?'

의아해하며 공연이 시작되기를 기다리고 있었다.

그런데 공연 시작이 임박하자 중년 남자 한 사람이 급하게 다가오더니 그 빈자리를 채웠다. 우리는 서로 가볍게 인사를 나누었다. 영어 악센트로 미루어 그는 미국인이나 영국인 또는 호주인이 아님을 짐작할 수 있었다.

공연 시작을 알리는 차임벨이 은은하게 울리고 있을 때 그가 내 가슴께를 가리키며 말했다.

"당신도 WCCE에 참여하고 계신가 보네요?"

그제야 나는 그때까지 내가 가슴에 WCCE 참가자 명패를 달고 있었음을 알았다. 약간 겸연쩍어 "그렇다"고 대답하고는 곧바로 명패를 뗐다. 그러자 그가 주머니에서 명함을 꺼내 내게 건네주었다. 어느덧 두 번째 차임벨이 울리며 장내 조명이 어두워지고 있었다. 명함을 보니 그는 독일의 어느 교육기관장으로 이름은 디터 캄이었다.

휴식시간이 되자 디터가 로비에 나가 음료수라도 마시자고 했다. 그래서 밖으로 나오니 디터가 샴페인 두 잔을 산 뒤 한 잔을 내게 건넸다. 우리는 각자 서로를 소개했고, 자연스럽게 독일 통일을 화제로 삼아 대화를 나누었다.

디터는 뮌헨에 있는 FWU라는 독일 교육개발원의 원장이었다. FWU는 독일 정부기관으로 독일 전역의 초중고교, 대학은 물론 직업교육기관을 포함한 모든 교육기관을 대상으로 교육 자료를 제작,

1 온라인 에듀카 코리아 컨퍼런스에서 주제발표.
2 온라인 에듀카 베를린 책임자 디터 캄과 함께.
3 온라인 에듀카 코리아 컨퍼런스에 참여한 외국교수와 토론하는 모습.
4 태국에서 열린 국제회의에서 주최자와 함께.

배포하는 기관이었다. 그곳에서 만드는 교육 자료는 비디오, 필름, 컴퓨터 소프트웨어가 주종이라고 했다. 통일이 되어 동독 쪽의 모든 교육기관까지 서비스 대상에 포함됐을 뿐 아니라 국외로도 교재를 제공하므로 그 규모가 상당히 크다고 했다. 내가 한양대에서 맡고 있는 연구소에서도 비슷한 성격의 일을 했기에 자연히 우리의 화제는 끝없이 이어졌다.

체코슬로바키아 가는 길에서의 재회

체코슬로바키아(당시는 체코와 슬로바키아가 분리되기 전이다) 수도 프라하에서 열리는 동서교육공학 세미나에 초청받아 현지로 가는 길에 프라하행 비행기로 바꿔 타려고 독일 프랑크푸르트 공항 대합실에 앉아 있는데 뜻밖에 거기서 디터와 재회했다. 그도 같은 세미나에 초대받아 가는 길이라고 했다. 둘이서 대화하며 가느라 프라하까지의 비행시간이 한결 짧게 느껴졌다.

세미나는 모든 참가자들이 대체로 만족한 채 성황리에 끝났다. 다음번 세미나는 디터의 FWU 주관으로 뮌헨에서 열기로 결정되었다.

사이버 대학 출범의 촉매제가 된 '온라인 에듀카 코리아'

'온라인 에듀카 베를린'(Online Educa Berlin: OEB)은 1995년 독일

1

2

3

4

1   남아프리카공화국 프리토리아 컨퍼런스에서 기조연설.
2   남아프리카공화국 프리토리아 컨퍼런스 만찬에서.
3   남아프리카공화국 프리토리아 대학 총장과 함께.
4   남아프리카공화국 어린이들(요하네스버그 내 흑인지역).

베를린에서 처음 개최된 원격교육 관련 연례 국제 컨퍼런스이다. 이 컨퍼런스는 ICWE라는 독일기업과 디터의 FWV가 공동 주관하고 독일 연방 교육부와 유럽연합 교육당국이 후원한다. 제1회 컨퍼런스에는 세계 100여 개 나라에서 교육 전문가 약 2천 명이 참석하였는데 한국대표로는 내가 참석했다. OEB의 규모와 내용은 대단히 인상적이었다. 귀국하니 이런 생각이 들었다.

'온라인 에듀카 베를린' 같은 행사를 서울에서 열어볼 수는 없을까?'

OEB 1차 컨퍼런스에서 많은 것을 느낀 나는 한국판 OEB 개최에 매달렸다. 여기저기 뛰어다니며 기업에서 협찬을 끌어내는 등 열심히 노력한 보람이 있어 이듬해인 1996년 드디어 '온라인 에듀카 코리아'라는 국제 학술행사를 열게 되었다.

대기업들이 협찬하고 중앙일보가 후원한 이 행사는 '정보공학과 교육혁명-온라인 열린교육'이라는 주제로 1996년 5월 6~7일 서울 대치동 포스코빌딩 5층에서 개최되었는데 미국, 핀란드, 호주, 독일, 벨기에, 일본 등 13개국에서 온라인 교육 전문가들이 참여했다. 이 행사는 국내에서 사이버 대학을 출범시키는 촉매제가 되었을 뿐만 아니라 KT의 도움으로 13개국 교육현장을 직접 원격으로 연결함으로써 국제 학술행사의 새로운 전형을 제시했다는 평가를 받았다.

온라인교육의 중요성을 외치고 다니다

ⓐⅩⓔ

'온라인 에듀카 코리아' 개최 이래 내가 온라인교육의 중요성을 교육계는 물론 국회 등을 상대로 역설하며 다니자 국내에서도 서서히 사이버 교육의 중요성에 대해 사람들이 눈을 뜨기 시작했다. 다음은 〈동아일보〉가 나를 인터뷰해 "허운나 교수·한양대 교육공학연구소장…10년 뒤엔 컨텐츠 개발 게을리 한 교수들 혼쭐날 듯"이라는 제하로 1998년 10월 29일 자에 보도한 기사이다.

"일선 교수들도 사이버 대학에 대한 준비를 해야 합니다."

한양대 교육공학연구소장 허운나 교수는 교수들의 '사이버 마인드'를 강조했다. 대학도 변하고 있다는 게 허 교수의 설명.

"앞으로 10년이면 대학마다 사이버 과목이 대폭 늘어나 컨텐츠 개발을 게을리 하는 교수들은 위기를 맞게 될 겁니다."

허 교수는 '현재의 대학이 30년 후에는 해체될 가능성이 크다'는 미래학자 피터 드러커의 말을 인용했다. 머지않아 대학에 대한 전통적인 개념이 흔들리게 될 것이라는 얘기.

허 교수는 "사이버 대학 시대가 도래하면 수강생들은 필요로 하는 과목만 선택해 듣게 된다. 내용이 충실한 사이버 교수의 강좌에만 수강생이 폭주할 것은 당연하다"고 말했다.

허 교수는 그러나 아직 국내에는 본격적인 사이버 대학의 모습이 나타나지 않았다고 진단했다.

"진정한 의미의 가상대학은 모든 성인에게 평생교육의 장(場)을 의미합니다. 그러나 단독이든 컨소시엄이든 국내대학들은 아직 재학생 위주로 사이버 대학을 운영하고 있는 실정이죠."

사이버 강의의 내용도 개선할 게 많다는 게 허 교수의 지적. 허 교수는 "단순히 강의를 사이버 공간에 올려놓고 수강생을 상대하면 안 된다"고 말했다. 전자게시판 전자메일 등 쌍방향교육을 위한 컨텐츠와 각종 데이터베이스를 구축해야 한다는 것.

허 교수는 이어 수강생의 숫자도 엄격히 제한할 필요가 있다고 주장했다. 미국 피닉스 가상대학의 경우 한 과목당 학생 수를 13명으로 제한하고 있어 학생과 교수 간, 혹은 학생 간 상호작용이 원활해 제대로 된 쌍방향강의가 이뤄지고 있다는 것.

대통령 자문위원을 맡아 국가에 봉사

김영삼 정부 정보화추진위원회에 위원으로 참여

⊚⫝⊚

김영삼 대통령은 우리나라 정보통신 역사에 큰 발자취를 남겼다. 한국이 정보통신기술 강국을 향해 본격 시동을 건 것은 김영삼 정부 시절이다. 체신부를 정통부로 확대 개편한 것이 그 시발점이다. 김 대통령은 재임 중 "정보화는 국가경쟁력을 높이기 위한 가장 중요하고 강력한 수단"이라면서 '정보화 대통령'이 되고자 노력했다.

정통부는 정보화 강국을 위한 법·제도적 뒷받침을 위한 정보화촉진기본법을 제정했다. 이 법에 근거해 정보화촉진 및 통신 산업 진흥정책을 심의할 기구로 국무총리를 위원장으로 하는 정보화추진위원회가 1996년 4월 설치됐다. 위원은 각 부처 장관과 국회 사무총장, 법원 행정처장 등 25명 이내로 구성했다. 위원에는 민간위원 6명이 있었는데 거기에 내가 포함됐다. 젊은 벤처기업 사장들도 몇 명 위원으로 들어왔다. 당시 같이 활동했던 젊은 기업인들과는 이후 국회의원 시절에도 다시 만나 정보통신 관련 협의를 하기도 했다.

새로운 세계 '사이버스페이스'와 EduNet

당시 미국에서 앨 고어 부통령이 국가 최고정보책임자(Chief Information Officer, CIO)를 맡으면서 이런 말을 했다.

"앞으로의 세계에서는 먼저 정보고속도로를 건설해 국민들로 하여금 새로운 정보의 땅에 들어가 새로운 가치를 창출할 수 있게 하는 국가가 힘 있는 국가가 될 것이다."

나는 나대로 '사이버스페이스'(cyberspace) 안에 학교를 건설하자고 주장함으로써 '사이버스페이스 내 교육'이라는 개념을 국내에서 최초로 제시했다. 이런 내 주장을 뒷받침하기 위해 한양대 교육공학연구소에서는 사이버 교육 관련 프로그램을 속속 개발했다.

정보화추진위원회는 앨 고어가 들고 나온 정보고속도로를 우리나라에서도 건설하기 위하여 전국 144개 도시를 연결하는 국가기간(基幹)전산망을 구축했다. 국가기간전산망은 행정전산망, 국방전산망, 금융전산망, 교육전산망(EduNet), 공안전산망이라는 5대 전산망으로 구성되었는데 이 가운데 교육전산망을 내가 주도해 교육개발원을 통해 개발했다.

김영삼 대통령으로부터 대통령자문정보화추진위원 위촉장을 받고.

가슴 찡했던 김영삼 대통령의 눈물

정보화추진위원으로 활동하는 한편 앨 고어가 주창한 정보고속도로의 중요성을 내 나름대로 국내에 전파하기 위하여 숱한 기업을 대상으로 강연을 다녔다. 기업 말고도 서울시교육청이 주관한 교장·교감 연수회, 금융연수원 등에서도 강연했다. 서울, 지방 할 것 없이 공무원 사회에서도 강연요청이 쇄도했는데 그럴 때마다 나는 힘닿는 대로 요청을 수락해 정보화의 중요성을 역설했다.

김영삼 대통령이 퇴임을 하루 앞두고 나를 비롯한 과학기술 관련 자문위원 10여 명을 점심식사로 청와대에 초대했다. 그동안 내가 참여했던 대통령이 주관하는 식사자리는 대개 100명 이상을 대상으로 했기 때문에 넓은 홀에 둥근 테이블이 여기저기에 차려지는 형식이었는데, 이날 행사는 그냥 긴 테이블 하나에 대통령과 10여 명의 자문위원들이 마주 보며 조촐하게 칼국수를 먹는 자리였다.

그런데 식사를 마치고 차를 들면서 대통령이 이렇게 말하는 것이 아닌가.

"여태까지 대통령을 하면서 내 곁에는 수많은 사람이 있었는데 지금은 오직 내 처밖에 없다."

그러면서 눈시울을 적셨다.

나로서는 그때가 처음이자 마지막으로 김영삼 대통령의 약하고 인간적인 모습을 볼 수 있었던 자리였다.

김대중 정부의 교육개혁위원이 되어 전국 돌며 교육 평가

김영삼 정부에 이어 김대중 정부가 들어서면서 나는 대통령 직속 교육개혁위원회의 위원에 발탁되었다. 이 위원회의 정보통신분과 위원장으로는 삼보컴퓨터의 이용태 회장이, 정보통신교육분과 위원장은 내가 맡았다. 김대중 정부 이전에도 나는 교육개혁평가위원을 맡았는데, 김대중 정부가 들어서면서 교육개혁평가위원회가 교육개혁위원회에 통폐합되었다.

김영삼 정부와 김대중 정부 양대 정부에 걸쳐 나는 약 3년간 교육평가를 위해 전국 16개 교육청을 3번이나 순회했다. 내가 중점적으로 평가하는 것은 교육정보화 분야였다. 교육평가를 위해 교육청을 방문해 교육감을 만나고, 선정된 산하의 교육지원청 몇 군데와 관내의 일선 학교 몇 군데를 시범 평가대상으로 지정하여 평가가 이루어졌다.

1997~1999년까지 전국 학교들을 대상으로 교육평가를 진행하면서 나는 연차적으로 목표를 달리 잡았다. 첫 해에는 전국의 모든 학교가 PC를 보유할 수 있도록 하는 일에 주력했다. 두 번째 해에는 이렇게 해서 확보한 PC를 유용하게 다룰 수 있도록 하기 위해 먼저 교사가 컴퓨터 역량을 갖출 수 있도록 하는 일에 중점을 두었다. 말하자면 소프트웨어와 휴먼웨어를 갖추도록 한 것이다. 교사가 컴퓨터를 알아야 학생들에게 컴퓨터를 지도할 수 있기 때문이다. 그래서 교사 평가 항목에 컴퓨터 능력을 추가함으로써 교사 개개인이 스스로 컴퓨터 능력을 배양토록 유도했다. 그리고 세 번째 해에는 개별 학교들에 인터넷이 연결된 교육전산망을 구축하도록 중점 추진했다.

공중전화 낙전 모아 학교에 PC 보내기

그런데 전국의 모든 학교에 PC를 갖추게 하려면 엄청난 예산이 필요했다. 정부 재정만으로는 역부족이었다. 돈 문제에 부딪혀 고민하고 있을 때 체신부(정통부의 전신)에서 아이디어를 냈다. 공중전화 낙전(落錢)을 모아서 학교 PC 구입자금에 보태자는 것이었다. 그것 참 좋은 생각이라며 당시 국가 산하기관이었던 한국통신(KT의 전신)을 설득해 공중전화 낙전을 PC 구입자금으로 받아쓰게 되었다.

내친김에 한걸음 더 나아가기로 했다. 나는 한국통신에서 삼성, 현대, 삼보 같은 컴퓨터 회사들에 컴퓨터 구입대금을 지불하면 컴퓨터 회사가 특정 학교에 컴퓨터 수십 대를 납품하고 끝내는 것이 아니라 납품한 컴퓨터를 설치해 놓은 '컴퓨터실'을 교실로 삼아 컴퓨터 회사 기술자들이 학교의 교사와 학생들을 상대로 컴퓨터 교육을 일정 기간 실시하도록 유도했다. 이렇게 컴퓨터 교육 붐을 유도하자 전국의 각급 학교에 예외 없이 '컴퓨터실'이 생겼고 교사와 학생의 컴퓨터 공부에 불이 붙기 시작했다.

전국 차원에서 각급 학교에 컴퓨터실이 설치되었지만 막상 현장 점검을 나가보면 컴퓨터실을 잠가 놓고 활용하지 않는 학교도 많았다. 교장에게 왜 활용하지 않느냐고 따지면 "컴퓨터를 가르칠 인력이 마땅치 않아서", "학생들이 고장낼까봐"라는 대답이 돌아오기 일쑤였다. 그래서 교사들을 상대로 컴퓨터 교육을 활성화하기 위해 각종 연수 프로그램을 개발하는 한편 교사들의 컴퓨터 자격증 취득을 독려했다.

대통령 자문 국가과학기술자문위원회 위원으로 활동

๑จ๑

교육개혁위원회는 김대중 대통령 직속이었지만 막상 대통령과 얼굴을 맞대는 일은 없었다. 그런데 그보다 규모가 훨씬 작은, 10인으로 구성된 대통령 자문 국가과학기술자문위원회의 위원으로 들어가면서 비교적 가까이에서 대통령의 자문에 응하게 되었다.

김대중 대통령은 여권(女權)신장을 부르짖는 분이셨다. 김 대통령은 "모든 정부 자문위원회에 여성을 최소 10% 포함시켜라"는 지시를 내렸다. 김대중 대통령 이전의 각종 자문위원회에는 여성이 전무하거나 혹 있더라도 극소수에 그치는 실정이었다. 김대중 대통령의 지시에 따라 국가과학기술자문위원회에 들어간 여성 위원은 김명자 숙명여대 교수였다. 그런데 김 교수가 1999년 6월 환경부 장관으로 발탁되자 위원 자리 하나가 비게 되었다. 공석이 된 그 자리가 내게 돌아온 것이었다.

김대중 대통령과 나는 케임브리지 동문

๑จ๑

나는 김대중 대통령을 그분이 대통령이 되기 훨씬 전에 만났다.

그는 1992년 12월 민주당 대통령 후보로 출마했으나 김영삼 후보에게 패배하여 정계은퇴를 선언하고 영국유학을 떠났다. 그는 1994년에 귀국하여 아태평화재단을 창설하고 이사장에 취임했으며 이듬해에는 국민회의를 창당하고 총재에 취임하면서 정계에 복귀했다.

그는 1997년 11월 충청권을 기반으로 한 정치인 김종필 총재와 손잡고 DJP연합을 구축한 데 이어 TV토론을 통해 자신을 '준비된 대통령'이라고 부각시켜 대통령 선거에서 승리를 거두었다.

김대중 선생이 영국에서 유학한 학교는 케임브리지 대학이었다. 한번은 서울에서 케임브리지 대학 동문회가 열려 참석하니 거기에 정치인 김대중 선생이 와 있었다. 공교롭게도 내 자리는 헤드테이블의 김대중 선생 옆이었다(후에 나와 함께 16대 민주당 국회의원이 된 김상우 의원 또한 케임브리지 동문이었는데 그가 내 자리를 그리 마련하였다).

대통령이 되기 전 정치인 김대중을 가까이에서 본 것은 그것이 처음이었다. 당시 나는 일반인들과 마찬가지로 김대중에 대해 역전의 정치투사라는 이미지를 갖고 있었는데, 직접 대화를 나누어보니 딴판이었다. 여성을 대하는 태도가 매우 신사적이었으며 유머감각이 풍부하고 전반적으로 부드럽다는 인상을 받았다. 더 놀라운 것은 그의 연설솜씨였다. 사회자의 요청을 받고 단상에 나가 연설을 하는데, 원고 없이 그토록 완벽하게 연설하는 사람을 나는 이전에 본 적이 없었다. 한마디로 임기응변의 달인이었다.

이희호 여사와는 여성 정보화 운동으로 인연

이희호 여사와의 인연은 정보화 운동과 관련 있다.

교수 시절 나는 여성의 정보화 능력 향상을 설립목적으로 하는 '여성정보문화21'이라는 단체를 사단법인으로 설립하고 이사장을 맡았다. 정보화가 진전되면서 여성들이 정보화 대열에서 남성보다 뒤

1

2

1 청와대에서 이희호 여사와 함께.
2 여성정보문화21 이사장으로 이희호 여사 초청강연.

처지는 현상을 그대로 두고 볼 수 없다는 생각에서 결성한 단체였다. 여기에서 여성을 위한 웹진 〈이매진〉을 우리나라 최초로 발간했다. '이매진'은 비틀즈의 멤버 존 레넌이 평등한 세상을 갈구하면서 부른 노래 〈이매진〉에서 따왔다. 다음은 "주부를 위한 인터넷잡지 〈이매진〉"이라는 제하로 이 사실을 보도한 〈한겨레〉의 1999년 7월 19일자 기사이다.

정보화에서 소외된 여성, 그중에서도 가장 뒤떨어진 계층으로 분류되는 주부들을 대상으로 한 인터넷 잡지(웹진)가 등장했다.

여성정보문화21(대표 허운나 한양대 교수)은 여성을 위한 웹진 〈이매진〉(imagine.or.kr)을 창간해 최근 서비스를 시작했다.

〈이매진〉은 정보화에서 소외된 여성을 대상으로 하는 게 기존 여성 웹진과 다르다. 컴퓨터 사용법과 컴퓨터통신 이용법 교육, 가족문제 상담, 옷 보관법과 베란다 활용법 등 컴퓨터통신 문외한 주부들에게 필요한 정보가 주류를 이룬다. 상담코너에서는 삼성의료원의 부인병 전문가 이제호 박사가 건강문제, 서울대 가족학연구소 전문가들이 자녀양육과 고부갈등 같은 가족문제, 문옥동(67)씨가 인생문제를 상담해준다. 문 씨는 사이버사회에서는 이미 유명해진 할머니 인생 상담가인데, 30년 가까운 시집살이와 격동기를 살아낸 지혜와 경험을 담고 있다는 평가를 받고 있다.

여성을 위한 법률과 창업상담도 곧 시작한다. 또 패션. 인테리어 란에는 옷을 분류해 보관하는 방법과 집안 공간을 효율적으로 활용하는 방법 등 주부들에게 필요한 정보가 여성지 못지않게 들어있다. 행복한 결혼생활 란에서는 가족문제를 대화로 푸는 법, 머니 팁에서는 효율적인 재테크 방법 등을 알려준다. 〈이매진〉은 남편 및 자녀들과 전자우편을 주고받으며 정을 쌓을 수 있게 주부들에게 전자우편 계정을 무료로 개설해주는 '사랑의 전자우편 나누기운동'도 함께 펴고 있다.

여성정보문화21 정연경 실장은 "미용과 쇼핑 등 미혼 여성들을 위한 정보는 넘쳐나지만, 주부들을 배려하는 사이트가 없어 〈이매진〉을 창간했다"고 말했다.

한번은 '여성정보문화21'에서 여성들을 위한 정보화 세미나를 개최하였는데 그 행사의 기조연설자로 여성 권익을 위해 평생을 앞장서 왔던 이희호 여사를 초청했다. 이 여사는 생판 모르는 교수가 요청하는 것에 귀찮다는 말 한마디 없이 선뜻 제의를 수락해 주었다. 이렇게 해서 김대중 대통령과는 별도로 이희호 여사를 알게 된 것이다.

이 여사는 뒷날 소년원생들에게 컴퓨터를 집중적으로 가르쳐 이들을 지역사회의 컴퓨터 교사로 활용하자는 내 제안이 좋다며 법무부를 앞세워 이 사업을 적극 지원해주기도 했다.

정보통신기술 분야 비례대표로 국회에 진출

국가과학기술자문위원회는 석 달에 한 번 대통령을 모시고 회의를 한다. 회의 때마다 위원 중 한 사람이 대표로 발표를 하는데 한번은 내가 발표자로 지명되었다.

발표가 끝나면 대통령이 이에 대해 의견을 밝히거나 질문을 던지고 필요한 경우 배석한 장관들에게 구체적인 지시를 내리기도 한다.

내가 발표를 끝내자 대통령이 논평을 했다. 나로서는 정보통신 교육 분야에 대해 대단히 전문적인 내용을 발표했는데, 막상 대통령 입에서 나오는 논평은 전문가인 내 수준을 뛰어넘는 것이었다. 나는 깜짝 놀랐다. 아무리 독서를 많이 한다고는 하지만 어찌 저렇게 세부적인 내용까지 다 파악하고 있단 말인가? 김대중 대통령의 내공에 새삼 혀를 내두를 수밖에 없었다.

그날 발표를 마치고 나오는데 함께 참석했던 위원들이 "오늘 허 교수 발표 뒤에 대통령이 하시는 말씀을 들으니 아무래도 허 교수를 중용하실 모양"이라고 쑥덕거렸다. 나는 속으로 '괜한 소리들 마세요'라며 씩 웃고 말았다.

그런데 어느 날 국회의원 선거가 얼마 남지 않은 시점에 한화갑 의원이 나를 만나자고 했다. 약속장소인 여의도 63빌딩 중식당으로 갔더니 한화갑 의원이 내게 "정치할 생각 없느냐?"고 묻는 게 아닌가. 나는 깜짝 놀라 이런 식으로 말했다.

"아이고, 의원님, 정치는 진흙탕이라는데 저 같은 백면서생이 거기에 들어가 버틸 수 있겠습니까? 저는 그냥 교수나 하렵니다."

이렇게 한화갑 의원에게 고사의 뜻을 밝혔는데, 얼마 후 민주당 선거대책위 위원장이라는 분이 전화로 조심스럽게 비례대표 합류의사를 타진해 왔다.

이 사람 저 사람으로부터 '정치 해보지 않겠느냐'는 권유가 오기에 나는 이 문제를 내가 몸담고 있는 대학의 총장인 김종량 총장과 상의했다. 김 총장은 정계진출을 심드렁하게 생각했다. 내 뜻과 같았다. 그래서 나는 최종적으로 당에 '안 하겠다'고 의사통보를 했다.

그랬는데 국회의원 선거 직전 미국에서 귀국한 한명숙 씨가 내게 재차 정계입문을 권해 왔다.

한명숙 씨가 내게 물었다.

"정부에서 자문위원을 오래 하셨는데, 해보니 어떻던가요?"

그래서 내가 말했다.

"자문위원이라는 것이 어디까지나 자문역할에 그치기 때문에 무력감을 느낄 때가 많지요. 기껏 좋은 아이디어를 내도 실제로 그 아이디어를 채택하고 말고는 공무원들이 결정하는 것이어서 좌절감을 많이 느꼈습니다."

내 말을 가만히 듣고 있던 한명숙 씨가 이렇게 말했다.

"허 교수님이 품고 있는 원대한 구상을 집권여당의 힘 있는 국회의원이 되어 실행해보면 어떻겠습니까?"

이 한마디에 나는 그만 무너지고 말았다. 김 총장도 결국은 받아들이라고 조언했다(이 모든 과정에서 장영달 의원이 심적 지원을 아끼지 않았고, 후에 국회의원이 된 후에도 선배 의원으로 많은 지원을 했다).

이렇게 해서 한화갑, 당, 한명숙 등 세 번의 잇단 입당 권유를 마침내 받아들여 새천년민주당 비례대표 11번으로 16대 국회에 입성하게 되었다.

국회 진출 후 신낙균 의원이 "김대중 대통령께서 나에게 허운나 교수를 데려오라 했는데 내가 '허 교수는 도도해서 정치권에 안 들어올 것입니다'라고 이야기했다"라고 내게 후일담을 들려주었다. 또한 한화갑 의원도 어느 날, "내가 오라 할 때는 진흙탕이라고 안 오겠다더니 누구 부탁을 받고 들어왔느냐"고 내게 따지고 들어 난감하기도 했다. 한명숙 씨는 대통령이 11번을 발표하자마자 내게 전화하여 "허 교수님, 이것은 기적입니다. 11번이니 당선됐어요"라더니 "부탁이 있는데, 국회에 들어오면 아는 척을 말아 주세요"라고 했다. 내가 왜 그러느냐고 이유를 물었더니 "그동안 함께 동고동락하던 다른 여성 동지들이 탈락하여 배신감을 느낄 것이기 때문"이라고 했다.

김대중 대통령으로부터 대통령자문과학기술 자문위원 위촉장을 받고.

김대중 대통령 내외와 함께 소년원 방문.

5막

국회의원으로 일하라는
소명을 받고

정보화 전문가로 국회에 진출하여 의원들의 정보화 마인드를 높여나가면서 국회의원 홈페이지 개설 붐에 불을 붙였다. 민주당의 대통령 후보 예비경선에 세계 최초로 인터넷 투표제를 도입해 '인터넷 정치' 시대의 도래를 앞당기는 쾌거를 달성했다.

노랗게 물든 숲 속에 두 갈래 길이 있었습니다.
난 나그네 몸으로 두 길을 다 가볼 수 없어
아쉬운 마음으로 그곳에 서서
한쪽 길이 덤불 속으로 감돌아간 끝까지
한참을 그렇게 바라보았습니다.
그리고는 다른 쪽 길을 택했습니다.

...

먼먼 훗날 어디에선가
나는 한숨 쉬며 이야기를 할 것입니다.
"숲 속에 두 갈래 길이 있어
나는 사람이 덜 다닌 길을 택했습니다. 그리고
그것이 내 인생을 이처럼 바꿔 놓은 것입니다" 라고

— 로버트 프로스트, 《가지 않은 길》

국제정보통신의원연맹을 창설하고 초대회장을 맡다

초선의원의 세 가지 다짐

비례대표 제도는 각 정당이 직능별 전문가를 중심으로 비례대표 의원을 선출해 그 의원으로 하여금 전문성을 요하는 법안 발의를 하게 하거나 해당 분야의 입장을 대변토록 하기 위해 도입되었다. 나는 새천년민주당에 의해 과학·기술·정보화 분야의 대표로 지목되어 비례대표 의원에 발탁되었다.

대학교수 출신으로 국회에 진출한 만큼 기존 정치판에 물들지 않은 참신한 정치인의 모습을 보여주는 것이 무엇보다 중요하다고 판단했다. 그래서 나는 의정활동을 시작하기에 앞서 먼저 국회의원으로서 세 가지 목표 또는 원칙을 세웠다.

첫째, 공부하는 의원의 모습을 보여주겠다. 둘째, 투명하고 깨끗한 정치인의 이미지를 끝까지 지켜나가겠다. 셋째, 세계를 무대로 세일

공부하는 국회…

16대 국회들어 의원들간에 전문 분야에 대한 연구 열기가 확산되고 있다. 연구회 토론회 등 다양한 형태의 모임을 만들어 현안 파악은 물론 대안 모색에도 적극 나서는 새로운 풍속도가 자리잡는 양상이다.

이들 모임은 특히 국회 파행에도 아랑곳하지 않고 활발하게 운영돼 정쟁의 장으로 인식돼온 국회에 신선한 바람을 일으키고 있다.

◆스터디 그룹=각종 현안에 대한 의원들의 전문성을 높이기 위해 한시적으로 결성된 소그룹 공부모임. 국회파행중에도 단 한차례도 거르지 않고 모임이 계속됐다.

통일방안 연구모임에는 민주당 이종걸, 한나라당 고흥길 의원 등이 참여하고 있으며 공적자금 투명성 확보방안을 논의하기 위한 모임의 경우 한나라당 황우여 안경률 의원 등이 주도하고 있다. 또 코스닥 시장 발전방안, 전자상거래 활성화대책, 농·어민 부채경감대책 등을 논의하기 위한 모임도 순항하고 있다.

이들 모임은 홍사덕 국회부의장이 일본 의회의 '벤쿄우카이(勉强會)' 라는 소규모 스터디 그룹에서 아이디어를 얻어 시작한 것. 매일 오전 7시에서 9시 사이에 3~4개 이상의 모임이 열릴 정도로 열기가 후끈하다.

홍 부의장은 "각 모임별로 토론

내용을 집약해 문제점을 개선할 수 있는 법안을 마련해 국회에 제출할 것"이라고 말했다.

◆연구회=20여개의 연구회가 결성돼 활동하고 있다. 정보통신부 장관을 지낸 민주당 남궁석 의원이

정보화시대 多알아야··· SOFA· 경제현안등 전문가 초청 대안찾기

주축이 된 '지식경제연구회' 는 20일 국회 파행 속에서 '지식기반경제, 어떻게 풀 것인가' 라는 주제로 창립기념 심포지엄을 열었다.

민주당 허운나 의원이 이끌고 있는 '사이버정보문화연구회' 도 19일 오해진 한국 CIO포럼 회장 등이 참석한 가운데 '디지털 시대의 뉴 패러다임과 정부, 기업 및 사회의 변화' 라는 주제로 토론회를 열

었다. 이날 세미나에서는 원격 화상토론이 실시됐으며 연구회 홈페이지를 통해 인터넷에 생중계돼 정보화의 사각지대인 국회에 신선한 충격을 줬다.

한나라당 김만제 의원이 회장을 맡고 있는 '경제비전 21' 도 18일 'IMT 2000의 올바른 사업 방향' 을 주제로 토론회를 열어 사업자 선정 과정의 투명성을 높이기 위한 방안을 모색했다.

'국가보안법문제를 고민하는 의원 모임' 은 18일 '국가보안법, 어떻게 할 것인가' 라는 주제로 토론회를 열어 국보법 개·폐를 둘러싼 여론을 수렴했다. '평화통일포럼' 도 19일 '남북경협 방안' 을 주제로 토론회를 열었다.

김미리 기자
miri@hankyung.com

〈한국경제〉 2000년 7월 24일, "공부하는 국회".

즈 의원외교를 펼침으로서 정보통신을 통한 우리나라의 국력신장에 이바지하겠다.

이처럼 거창하게 목표를 세운 다음 첫 번째 목표 달성을 위한 수단으로 먼저 보좌진을 전원 석·박사 출신의 한양대 교육공학연구소 출신 제자들로 채웠다. 나는 이들을 모아 놓고 이렇게 당부했다.

"여러분은 이제 나와 함께 국정에 참여하게 됩니다. 여러분의 공식적인 신분은 국회의원 보좌진이지만 우리끼리는 그런 것을 잠시 접어두고 연구소 같은 분위기에서 일합시다. 우리가 대학 연구소에서 프로젝트를 수행하면서 했던 것과 마찬가지로 국정을 다루면서 또 다른 국가 프로젝트를 한다 생각하고 언제나 왕성한 탐구정신을 가지고 과제를 연구하고 함께 고민해 국회, 나아가 국가의 발전에 기여하는 생산적인 허운나 의원실을 만들어 나갑시다. 그리고 노파심에서 한 가지 당부할 것은, 여러분만큼은 무슨 일이 있더라도 의원 보좌진이라는 신분을 내세워 개인적 이익을 취하는 후진적인 행태에 물들어서는 안 된다는 것입니다. 물론 나와 오래 같이 일해 온 여러분이 누구보다도 투명하고 청렴하다는 것을 내가 잘 알고 있습니다만, 국회라는 생소한 정치영역에 새로 들어온 만큼 자신도 모르는 사이에 유혹에 넘어갈 수도 있겠다 싶어서 쓸데없는 말인 줄 알면서도 이렇게 당부합니다."

이렇게 시작부터 '공부하는 의원실'을 강조하며 보좌진을 닦달한 보람이 있어 이들은 4년 뒤 모두 부쩍 성장하여 더 좋은 곳으로 떠날 수 있었다. 여자 보좌관 2명과 남자 보좌관 1명은 계속 공부하고 박사가 되어 모두 교수가 되었고 또다른 남자 보좌관 한 명은 다른 국회의원을 계속 보좌하다 한국 마이크로소프트 상무이사로 자리를 옮기는 등 좋은 결과를 냈다.

국회의원 IT 공부모임 '수요포럼' 창설

∞⊠∂

'공부하는 국회'를 주창하며 정계에 입문한 병아리 정치인이었던 나는 내가 부르짖는 구호를 실천하기 위해 국회 안에 '수요포럼'이라는 국회의원 IT 공부모임을 만들었다.

매주 수요일 조찬을 겸해 열리는 수요포럼을 만든 목적은 크게 두 가지였다.

하나는 김대중 정부 들어 붐을 이루다시피 한 IT 창업의 흐름을 국회의원들이 파악하자면 무엇보다 국회의원들 자신부터 IT에 대해 좀더 알아야 한다는 것이었다.

다른 하나는, 의원입법보다 정부입법이 대세인 현실에서 법안을 제출하는 공무원, 이를 심의하는 국회의원, 해당 법안에 이해관계가 걸린 기업인, 그리고 전문가라고 할 수 있는 대학교수 등 네 부류가 상호이해를 높임으로써 우리나라 IT 관련 입법을 더 효율적이고 효과적으로 유도하고 해당 기업도 성장할 수 있도록 하기 위한 것이었다.

'수요포럼'은 글자 그대로 주간 단위의 정기 모임이었다. 이 모임을 지속적으로 이끌어가자면 상설 기구가 필요했다. 그래서 내가 국회의원들을 규합해 조직한 단체가 '사이버정보문화연구회'였다. 회장은 내가 맡았다.

연구회의 인기는 대단했다. 대권 잠룡이라 불리던 이인제, 정몽준, 김종필, 오세훈 같은 거물들이 전원 입회했으며 여야를 가리지 않고 수많은 의원들이 가입했다. 정치색과는 관계없이 너도나도 입회원서를 내는 것을 보고 그간 의원들의 IT 갈증이 얼마나 심했는지 너끈히 짐작할 수 있었다. 이런 실질적인 이유 말고도 연구회에 들어가야만

'공부하는 의원'으로 비치기 때문에 이미지 관리 차원에서 가입하는 의원도 간혹 있었다.

다음은 2000년 7월 24일 자 〈한국경제〉에 실린 "공부하는 국회" 제하의 기사 중 일부이다.

> 16대 국회 들어 의원들 간에 전문 분야에 대한 연구 열기가 확산되고 있다. 연구회, 토론회 등 다양한 형태의 모임을 만들어 현안 파악은 물론 대안 모색에도 적극 나서는 새로운 풍속도가 자리 잡는 양상이다.
>
> 이들 모임은 특히 국회 파행에도 아랑곳하지 않고 활발하게 운영돼 정쟁의 장으로 인식돼온 국회에 신선한 바람을 일으키고 있다.
>
> 민주당 허운나 의원이 이끌고 있는 '사이버정보문화연구회'도 19일 오해진 한국 CIO포럼 회장 등이 참석한 가운데 "디지털 시대의 뉴 패러다임과 정부, 기업 및 사회의 변화"라는 주제로 토론회를 열었다.
>
> 이날 세미나에서는 원격 화상토론이 실시됐으며 연구회 홈페이지를 통해 인터넷에 생중계돼 정보화의 사각지대인 국회에 신선한 충격을 줬다.

사이버정보문화헌장 제정

ลงอ

수요포럼의 모체인 사이버정보문화연구회는 인터넷시대를 맞아 정부, 기업, 시민 등이 지켜야 할 사항을 담은 "사이버정보문화헌장"을 제정했다. 우리 연구회는 지식정보사회의 국민교육헌장이라 할 수 있는 이 헌장을 2000년 8월 31일 국회 소회의실을 거점으로 삼아 전국 6곳을 원격으로 연결하여 선포하는 행사를 열었다.

탤런트 박상원 씨의 사회로 진행된 사이버헌장 선포식에는 안병엽 정통부 장관과 사이버정보문화연구회 회장인 나, 곽치영, 오세훈, 장영달, 김근태, 이미경, 김희선, 김영화, 최영희, 박인상 의원 등이 참석했다.

협회단체에서는 박성득 한국전산원장, 박호군 한국과학기술연구원장, 서삼영 한국교육학술정보원장, 장문호 한국과학기술평가원장, 조선형 한국걸스카우트총재, 이진세 현대인력개발원장, 유명화 한국장애인재활협회장 등이, 기업에서는 서평원 LG정보통신 사장, 홍성원 시스코 사장, 염정태 쌍용정보통신 사장 등이 선포식에 동참했다.

사이버헌장 선포식은 부산(영남지역)·전주(호남지역)·춘천(강원지역)·제주(제주지역)·대전(충청지역) 등지에서도 열렸으며 각 지역의 기관장들이 대거 참여했다.

사이버정보문화헌장은 전문과 12개 실천 강령으로 구성되어 있다.

이 헌장은 한국경제신문사를 비롯해 건전한 인터넷문화 창달을 주도하는 언론으로부터 커다란 환영을 받았다.

이날 선포식에 대통령 부인 이희호 여사가 다음과 같은 영상 축하 메시지를 보내왔다.

안녕하세요. 이희호입니다.

먼저 사이버정보문화헌장의 선포식을 갖게 된 것을 축하드립니다.

21세기 지식정보화 시대의 비전과 함께 정보혁명을 이끌어 가는 사람들의 역할이 담긴 "사이버정보문화헌장"이 마련된 것은 무엇보다 뜻깊은 일이라고 생각합니다.

우리는 지금 빛의 속도로 변하는 정보화 시대에 살고 있습니다. 정보화 시대를 주도하는 것은 다름 아닌 컴퓨터입니다. 이 컴퓨터가 펼치는 인터넷 세상은 인류의 무대를 물리적 공간에서 사이버 공간으로 그 영역을 확대시키고 있습니다.

사이버 세계는 모든 사람에게 열려있습니다. 국가와 민족을 초월하고 연령과 성별, 그리고 시간과 공간의 제약을 뛰어넘는 개방된 곳입니다. 무한한 상상력이 실현될 수 있는 사이버 공간이야말로 꿈과 도전의 곳이기도 합니다.

그러나 이 사이버 세계에 접근이 어려운 계층이 존재하고 있습니다. 이 같은 소외가 대물림되지 않도록 특별한 배려를 해야 할 것입니다. 이미 많은 문제점이 나타나고 있는 역기능 또한 간과해서는 안 될 것입니다. 사이버정보문화헌장이 제정되는 것은 이런 점에서 그 의미가 매우 크다 하겠습니다.

오늘 이 행사에 참여하신 분들의 역할은 참으로 중요합니다. 정보화의 혜택이 모든 이들에게 골고루 돌아가 인류의 오랜 소망, 자유, 민주, 평등이 사이버 세계에서 실현되도록 여러분이 앞장서 주실 것을 부탁드립니다.

이 헌장제정을 위해 수고하신 국회사이버 정보문화연구회와 시민단체를 비롯한 모든 분들의 노고에 다시 한 번 감사의 뜻을 전하며, 여러분 모두의 건승을 기원합니다.

동료의원들 상대로 홈페이지 개설 운동 펼쳐

ᏔᏚᏔ

'깨끗하고 투명한 정치 실현'을 위해 내가 우선적으로 착수한 일은 동료 의원들에게 개인 홈페이지를 만들도록 권장하는 일이었다. 나는 동료 의원들에게 이렇게 역설했다.

"의원님들, 여러분께서 펼치는 의정활동을 투명하게 유권자들에게 보여주는 데에는 홈페이지만 한 것이 없습니다. 홈페이지를 만들어 거기에 의원님들의 하루 단위 스케줄을 올리면 굳이 의정보고서를 만들어 배포하지 않더라도 의원님들이 어떤 활동을 하시는지 유권자들이 잘 알 수 있습니다. 홈페이지에 포토갤러리를 만들어 일정에 따른 사진을 올리면 더할 나위 없이 효과적일 것입니다."

이렇게 홈페이지 개설을 권유하면서 "제가 만들어 놓은 홈페이지에 한번 접속해 참고삼아 내부를 둘러보시라"고 의원들에게 내 홈페이지 방문을 부탁했다. 당시 내가 유일하게 홈페이지를 운영 중인 국회의원이었기 때문이다.

내가 이렇게 국회의원 홈페이지 유용론을 펼치고 다니자 의원들이 너도나도 홈페이지를 제작했고 2001년에는 전체 국회의원이 홈페이지를 보유하게 되었다.

언론에서는 내가 앞장서서 국회의원 홈페이지 갖기 운동을 펼치는 것을 소개하면서 자연히 내 홈페이지를 집중분석하게 되었다. 다음은 2000년 9월 19일 자 〈매일경제〉가 "MY HOMEPAGE, 허운나 국회의원"이라는 제하로 게재한 기사이다.

네티즌 20명 사이버보좌관 활약

국회 사이버 정보문화연구회장을 맡고 있는 허운나 의원 (민주당)의 홈페이지(www.unna.or.kr)에 접속하면 '충실함'이 느껴진다. 속칭 '공인'의 홈페이지는 그 유명세에 비해 몇 분만 둘러보면 더 갈 곳이 없을 만큼 부실한 경우가 많은데 반해 허 의원의 홈페이지는 '머물러' 있어도 좋을 만큼 풍부한 콘텐츠로 가득 차 있다.

특히 네티즌이 정치에 관심을 갖고 참여하도록 유도하는 홈페이지 구성이 눈에 띈다.

포털 같은 메인 화면

허 의원의 홈페이지에 접속하면 일단 메인화면에 △요즘 뭐하십니까 △의정액션 24시 △언론의 눈 △포스닥 시황 △설문조사 등이 보인다.

보통 개인 홈페이지 메인 화면이 거창한 그림으로 치장하고 세부 항목을 클릭해야 정보가 뜨는데 비해 마치 포털사이트를 보는 듯한 느낌을 준다.

특히 포스닥 시황에서는 현재가와 호가, 거래량을 한눈에 볼 수 있다.

또 최근 논란이 되고 있는 핫이슈에 대한 네티즌 의견을 수렴하기 위해 설문조사 코너가 마련돼 있다.

홈페이지는 △소개합니다 △의정액션 24시 △언론의 눈 △영상앨범 △대화합시다 △사이버보좌관 △운나클럽 등으로 구성했다.

'소개합니다'에 들어가면 프로필, 비전, 나의 삶과 사랑, 내가 걸어온 길 등 허 의원에 관한 기초 정보와 국회의원 이전의 인간 허운나를 만날 수 있다.

'의정액션 24'에서는 허 의원이 활약하고 있는 수요포럼, 상임위원회, 여성특위 관련 내용을 상세하게 들여다볼 수 있다.

포럼의 결과와 상임위원회 질문 내용을 모두 올려놨기 때문에 허 의원의 의정활동 내용을 쉽게 알아볼 수 있다.

특히 '영상앨범'에 들어가면 수요포럼, 나의 삶과 사랑, 비전 등을 멀티미디어 동영상으로 볼 수 있어 생동감이 넘친다.

'언론의 눈'은 허 의원 관련 기사를 모아놨다.

또 글모임에는 허 의원이 지금까지 쓴 저서 컬럼 에세이를 올려놨다.

이를 통해 허 의원에게 좀더 가까이 다가갈 수 있다.

빌 게이츠와 함께 정보격차 논의.

네티즌과 함께하는 의정활동

허 의원은 사이버보좌관, 운나클럽, 대화합시다 등을 통해 네티즌의 의견을 수렴하고 자신의 의정생활에 반영한다.

사이버보좌관은 참여의 정치를 이끌기 위해 마련한 제도로 현재 20명이 인턴 사이버보좌관으로 활약하고 있다.

이들은 허 의원의 국정감사와 상임위원회 활동에 적극 참여하고 있다.

'대화합시다'는 네티즌이 자신의 의견을 자유롭게 풀어쓸 수 있도록 했다.

함께하는 정치가 세상을 바꿀 수 있다는 신념에 따라 허 의원 홈페이지는 '운나클럽'이라는 후원회원을 모집한다.

후원회원에 가입하면 별도 운나클럽 게시판을 통해 커뮤니티를 형성할 수 있다.

빌 게이츠 회장과 디지털 격차를 논하다

ରାଓ

내가 주도하여 국제IT의원연맹을 출범시킨 것은 누구에게나 자랑스레 소개할 수 있는 내 주요 업적이다. 이 연맹을 출범시키기에 앞서서 나는 방한한 빌 게이츠(당시 마이크로소프트 회장)를 만날 기회가 있었다. 그를 만난 자리에서 나는 세계 IT 업계의 황제에게 이렇게 터놓고 협조를 구했다.

"디지털 격차 문제를 집중적으로 논의할 국회의원 국제단체를 출범시키려고 지금 한창 준비 중입니다. 내년에 서울에서 창립총회를 열 예정인데 첫 회의에서는 통신 프로토콜의 차이점을 극복하고 글로벌 표준을 수립하는 방안에 대해 논의하려 합니다. 문제는 제가 초청할 외국 국회의원들 가운데 여비 때문에 참가를 망설이는 사람들이 제법 있다는 것입니다. 이 문제와 관련해 게이츠 회장께서 좀 도와주셨으면 합니다."

내 말을 가만히 듣고 있던 게이츠 회장은 국가 간 디지털 격차 해소의 필요성을 인정하고 흔쾌히 일부 외국 의원들의 여비를 대겠다고 했다. 그리고 국제의원연맹이 3박 4일로 창립총회를 열었을 때에는 영상 축하메시지까지 보내주었다.

국제IT의원연맹 창설하고 초대회장 맡아

ର&

다음은 2001년 11월 13일 자 〈매일경제〉가 "'국제IT의원연맹' 생긴다"라는 제하로 보도한 내용이다.

세계 각국에서 IT 분야 정책을 맡고 있는 국회의원들이 국가 간 협력을 통한 IT 산업발전과 개발도상국의 정보화 문제 등을 논의하는 '국제IT의원연맹'이 내년 4월께 발족한다. '국제IT의원연맹'의 창립준비 위원장인 민주당 허운나 의원은 13일 국회에서 세계 21개국 대사들을 초청해각국 정부와 국회의 협조를 당부하고 이 모임의 발족 및 발전방안 등에 대해 논의했다.

이날 모임엔 빌 브러밋 호주대사, 라우리 코피넨 핀란드 대사, 프레드릭 매어클 미국 참사관 등 21개국의 대사, 영사 23명과 국내 장영달, 유재건(이상 민주당), 오세훈(한나라당) 의원 등이 참석했다.

허 의원은 "정보통신 상임위에 속하거나, 이 분야에 관심 있는 국회의원들의 세계적인 네트워킹이 될 국제IT의원연맹은 IT 분야의 국제협력과 날로 심화되는 정보격차 해소를 위한 논의의 장으로 발전할 것"이라고 기대했다.

국제IT의원연맹은 현재 허운나 위원장을 중심으로 일본 가요하시 유키오 의원과 미국 벤자민 질만 의원 등 10여 개국의 국회의원인 준비위원들이 창립을 준비 중이며 내년 4월 24일 30개국 60여 명의 국회의원 등이 참석한 가운데 '정보격차 해소방안'을 주제로 창립총회를 열 계획이다.

창립총회는 당초 2002년 4월에 개최할 예정이었으나 준비과정에 의외로 시간이 많이 걸려 예정을 석 달 넘겨 개최하게 되었다. 〈매일경제〉는 2002년 7월 24일 자에 "국제IT의원연맹 허운나 초대회장"이라는 인터뷰 기사를 실었다.

"다행입니다. 차기 총회 개최국을 놓고 2개국이 각축을 벌이고 있습니다. 처음에는 아무도 나서지 않을 것이라고 걱정했는데…" 허운나 의원(민주당)은 최근 몇 달 새 살이 쪽 빠지는 기분이었다. 지난해 말 주한 외국 대사를 초청해 국제IT의원연맹을 창립하겠다고 선언해 놓고 제대로 될지 본인도 불확실했다.

창립총회에 앞서 23일 저녁 열린 각국 대표 간 준비위원 모임에서 알제리와 태국이 앞장서 차기 대회를 유치하겠다고 나섰다.

그리고 허 의원은 24일 창립총회에서 초대 회장으로 선출되는 영광을 안았다.

허 의원은 "이번 행사가 성공적으로 개최된 데는 무엇보다 주한 외국 대사들의 협력이 큰 기여를 했다"며 "이들에게 감사하다"고 말했다.

허 의원은 특히 "세계 최초로 정치인들이 전 세계 지식격차를 해소하기 위한 자리를 서울에서 만들었다는 것은 역사적으로도 의미가 크다"며 "특히 한국이 지식강국, IT 강국임을 국제사회에서 새롭게 인정받는 자리가 될 것"이라고 말했다.

허 의원이 또 하나 기쁜 것은 여성이 국제기구 수장이 됐다는 점이다.

허 의원은 이제 막 출범한 연맹이 향후 국가 간 IT 발전 경험에 대해 발표하고 토론하는 'IT월드컵'으로 발전하기를 희망했다.

"우리가 월드컵을 성공적으로 개최했듯이 남은 2일간의 행사를 성공적으로 마칠 계획입니다. 매년 열리는 이 행사가 전 세계 지식격차 해소를 통해 빈부격차를 줄이기 위한 정치인들의 국제 경연장이 되길 기원합니다."

〈세계일보〉는 2002년 7월 26일 자에서 "민주당 허운나 의원 국제 IT의원연맹 회장에"라는 제하로 이렇게 보도했다.

민주당 허운나 의원이 최근 국제정보통신의원연맹(IPAIT) 초대회장으로 피선됐다. 허 의원은 지난 24일 캐나다, 필리핀, 네덜란드, 중국 등 33개국 80여 명의 IT 관련 국회의원이 참석한 가운데 서울 신라호텔에서 열린 창립총회 개막식에서 만장일치로 회장으로 선출됐다.

국제IT의원연맹은 앞으로 정보산업 발전방안, 정보화 선진국과 개발도상국 간의 정보격차 해소방안, 정보사회에서의 사생활 침해와 유해정보 범람 등을 해결할 입법정책 등을 중점 협의할 계획이다.

존경하는 정치선배 장영달 의원

국회에서 초선인 내가 IT 관련 각종 활동을 활발히 펼치는 것을 크게 도와주고 늘 나를 격려해준 분은 같은 당 소속의 장영달 의원이다. 장 의원과는 내가 국회의원이 되기 전부터 알고 지냈다.

내가 '여성정보문화21' 활동을 하고 있던 시절 마침 정보통신분과 위원을 맡고 있던 장 의원이 나를 관련 세미나 주제 발표자로 초청해 주어 국회로 가면서 장 의원과 인연을 맺게 되었다. 장 의원은 나보다 한 살 연상으로 우리나라의 대표적인 민주화 투사이다. 민청학련 사건으로 7년간 복역한 사람이다.

그날 강연이 끝나자 장 의원이 자신의 저서 한 권을 내게 선물했다. 1999년에 냈다는《참과 거짓 싸울 때 어느 편에 설 건가》였다.

그로부터 며칠 뒤 지방에서 강연을 하고 서울로 돌아오는데 갑작스런 함박눈으로 도로가 완전 마비되었다. 아예 도로 전체가 주차장으로 변했을 정도였다. 그래서 나는 차 속에서 무료함을 달랠 겸 장영달 의원에게서 선물 받은《참과 거짓 싸울 때 어느 편에 설 건가》를 읽기 시작했다. 나도 모르게 하염없이 눈물을 흘렸다. 우리나라 민주화 운동을 주도한 민주투사의 영혼과 정신을 진하게 느낀 순간이었다.

'나와 동년배인 장영달은 국가와 민족을 위해 감옥에서 7년 11개월의 세월을 보냈는데, 나는 미국으로 유학 가 박사를 따고 이후 일신의 영달을 위해서만 살아왔구나.'

장 의원의 저서를 읽으면서 이렇게 새삼 자신을 돌아보게 되었고 이후 장 의원을 더욱 존경하게 되었다.

1

l Parliamentarians' Association for Information Technol
Preparatory Meeting with Foreign Ambassadors to Korea
Hosted by Hon. Unna Huh
ov. 13, 2001   The National Assembly   IP

2

1 수요포럼에 참여한 국회의원들과.
2 세계 각국 대사들과 IPAIT 준비 모임.
3 IPAIT 초대회장 선출 후 인사.
4 IPAIT에 참석한 세계 각국 국회의원들과.

3

4

장 의원을 존경하지 않을 수 없는 것은 그의 지나온 역정도 역정
이거니와, 그토록 험한 세월을 살아왔는데도 그가 누구에게도 원한
을 품고 있지 않고 늘 낙관적이라는 점, 그리고 남에게 무조건 퍼주
는 자기희생 때문이다. 국회에서 민주화 운동의 정신을 간직하고 내
게 전해준 분으로 고 김근태 의원과 더불어 내가 가장 존경하는 분이
바로 장영달 전 의원이다.

지구촌을 누비며 의원외교에 매진

중소기업 해외진출 돕는 종횡무진 세일즈 외교

ക്യമ

'세일즈 의원외교'를 펼침에 있어 나는 해외진출에 어려움을 겪는 중소기업들을 측면 지원하는 데 외교활동의 중점을 두었다. 다음은 2001년 4월 23일 자〈매일경제〉가 "허운나 의원 '비즈니스 외교' 활동"이라는 제하로 보도한 내용이다.

국회 과학기술정보통신위 소속 허운나(민주) 의원이 국내 중소 정보통신 업체의 해외진출을 측면지원하기 위한 의욕적인 '비즈니스 외교' 활동을 벌이고 있다. 허 의원은 23일 사이버교육 관련 업체들의 중국진출을 돕기 위해 이들 업체와 중국을 방문했다.

허 의원은 중국방문에서 중국의 사이버 대학 표준화 사업과 관련, 후베이(湖北)성 고위관계자들을 만나 우한(武漢)대의 사이버 대학 개설에 국내 업체가 참여하는 것을 지원할 계획이다.

허 의원은 지난달 초 국내 무선인터넷 기업들과 함께 스웨덴을 방문한 데 이어 지난달 말엔 음성, 비디오 국제전화 업체들과 멕시코를 방문했다.

멕시코 방문에선 아과스칼리엔테스주 차원의 화상회의, 전화사업에 대한 국내 업체들의 진출지원 활동을 벌이다 주지사, 연방상원의원, 대통령 자문위원의 연쇄소개로 비센데 폭스 대통령에게 멕시코 첨단 정보기술산업단지 건설에 국내업체가 참여하는 문제를 설명할 수 있는 기회를 얻었다고 허 의원 측이 전했다.

허 의원의 이러한 중소 정보통신업체 해외진출 지원활동은 자신이 주도하고 있는 국회 정보통신 관련 연구단체인 '수요포럼'을 통한 국내업계와의 협력관계를 바탕으로 이뤄지고 있다는 점에서 국회 연구단체의 실질적인 현장활용으로 평가된다.

허 의원 측은 "국회의원의 경우 외국 정부 고위관리와 의원들을 만나서 국내업체의 그 나라 진출에 걸림돌이 되는 제도적 장벽 등을 풀어주는 역할을 할 수 있다"며 "미국의원들이 한국에 진출했거나 하려는 자국기업들을 위해 정부 관계자와 정치인들에게 로비활동을 하듯 우리나라 의원들도 비즈니스 개념의 의원외교 활동을 강화할 필요가 있다"고 말했다.

중국과 멕시코를 대상으로 한 나의 의원외교 활동을 〈매일경제〉는 2001년 7월 23일 자 "의원외교에 전문가 정치인 뜬다" 제하의 기사로 다음과 같이 소개해 주었다.

국회가 열리지 않는 7, 8월 정치방학에도 불구하고 우리 정치권은 오늘도 여야로 편이 갈려 이전투구(泥田鬪狗)를 벌이고 있다. 그러나 경제 등 국가 경쟁력과 민생 분야에서 여야 정쟁에 아랑곳하지 않고 '본연의 임무'에 땀 흘리는 의원들도 적지 않다.

허운나 의원은 당내 전자상거래 기획단 활동은 물론 해외로도 발을 넓히고 있다.

허 의원은 멕시코를 왕래하며 멕시코판 실리콘밸리 조성 작업에 참여, 한국기업들의 해외 진출로를 개척하고 있다. 또 사이버 아파트 2,000만 세대 건립을 추진하고 있는 중국 중방그룹과 협조, 홈오토메이션, 홈네트워크 등 국내 IT 기업들의 참여 가능성을 타진하고 있다.

친선사절단을 이끌고 동티모르 방문

႙ჂႥ

한국·동티모르 친선사절단 단장을 맡아 2003년 6월 30일~7월 7일까지 동티모르를 친선 방문한 일도 잊히지 않는다. 사절단에는 기업인들과 더불어 국제관계전문가와 의료인, 예술인 등이 함께 참여했는데 우리는 현지에서 상록수 부대를 위문하는 한편 동티모르 대통령을 만나 현지사정을 경청하고 우리가 도울 수 있는 방법을 논의했다. 동티모르 구스마오 대통령은 "한국이 상록수 부대를 파병해 주어서 고맙다"며 우리에게 감사의 뜻을 표했다. 우리는 교육, 보건, 의료 분야 등 전반적인 사항에 대해 앞으로 적극적으로 지원하겠다고 약속했다. 독립영웅으로 신생국가 동티모르의 대통령이 된 구스마오에게서 강한 인상을 받았다. 다음은 동티모르를 다녀와서 2003년 8월 1일 자 〈디지털타임스〉에 "의원 비즈니스 외교"라는 제목으로 기

동티모르(친선외교)
한-동티모르 친선사절단 단장으로

영양실조와 무심한 위생관리로 고통받는 어린아이들에게 의료봉사

2001년 6월 국회의장실을 방문한 빈센떼 폭스 멕시코 대통령이
허윤나 의원에게 멕시코에 방문해 줄 것을 요청하고 있다

폭스 멕시코 대통령의 방문 요청

이번 멕시코 2차 방문은 멕시코 폭스 대통령의 요
청에 의해 이뤄졌습니다. 2001년 4월, 허윤나 의원의
1차 방문 이후 양국간 IT 협력증진 방안에 깊은 관심
을 기울여온 폭스 대통령은 지난 6월 국회 방문을 통
해 허윤나 의원에게 그동안의 진행상황을 묻고, 구체
적인 협의를 위해 다시 한번 멕시코를 방문해 줄 것을
요청하였던 것입니다.

중국 시장 개척을 위한
외교적 지원에 발벗고 나섰습니다

조야디 방변관에서 허윤나 의원과 중앙1동 랍츠소 총재가 만나
디지털 커뮤니티 건설 프로젝트에 대해 논의하고 있다

IT 외교로 20조원 중국 사이버 아파트 시장 공략

허윤나 의원은 지난 8월 17~19일 북경을 방문, 중국 부동
산개발그룹(우리나라 주택공사에 해당)이 추진 중인 '디지
털 커뮤니티(사이버 아파트) 건설 프로젝트'에 우리 나라 IT
업체들이 진출할 수 있도록 하는 방안을 구체적으로 협의하
였습니다.

1   한·동티모르 친선사절단 단장으로 활동.
2   폭스 멕시코 대통령과 함께.
3   중국 사이버 아파트 건설 프로젝트 진행 현장.

고한 칼럼이다.

국내의 정치현안은 그야말로 복잡하기 이를 데 없다. 신당출범과 관련된 복잡한 일들이 산적해 있는 것이다.

그러나 눈을 해외로 돌려보면, 글로벌 경쟁시대를 헤쳐 가는 우리기업들의 눈물겨운 분투의 현장이 보인다. 올해 7월은 정말 분주한 나날을 보내고 있다. 동티모르와 멕시코에 해외출장을 다녀와 보니 어느새 7월의 마지막 주에 서 있다.

지난 6월의 마지막 날부터 일주일 동안, 국제관계학 전문가, 경제인, 의료인, 사회복지전문가, 예술인 등으로 구성된 '한국–동티모르 친선사절단'의 단장으로 동티모르를 방문했다. 인구 88만에 불과한 이 작은 나라는 아직도 우리 상록수부대 장병들이 UN 평화유지군으로 파견되어 치안유지에 나서야 할 만큼 정정이 불안한 상황이지만, 앞으로 복구사업이 활발하게 이루어질 나라이다.

이번 방문에서는 언제나 따뜻한 미소가 인상적인 구스마오 대통령을 다시 만날 수 있었다. 그는 상록수부대 파병 등 한국의 우호협력에 깊은 고마움을 표시하면서 향후 경제, 교육, 보건, 의료 등 다양한 분야에 대한 적극적인 지원을 요청했다.

특히 정보통신 분야에서 눈부신 성취를 보이고 있는 우리나라에서 동티모르의 정보통신 분야에 적극지원해 주기를 부탁했다. 그 내용으로는 컴퓨터 지원, 인터넷플라자 건설 지원뿐 아니라, 우리의 젊은이들이 직접 현지에서 컴퓨터 활용법을 가르쳐주는 인터넷청년봉사단의 파견에 이르기까지 거의 모든 분야라고 할 수 있었는데, 현재 정통부와 협의 중이나, 상당부분이 이루어질 전망이다.

거기에 대한 보답으로 구스마오 대통령은 동티모르의 석유탐사와 천

연가스 개발에 우리나라가 참여하는 문제에 대해 호의적인 반응을 보였다. 사절단 단장자격으로 구스마오 대통령에게 한국 기업에게 동티모르의 지하자원 개발권을 부여하는 등 실질적인 투자 협조를 요청해, 적극적인 협조를 약속 받은 것도 성과 중의 하나라고 하겠다.

동티모르 방문이 구스마오 대통령과의 인간적인 신뢰에 바탕을 둔 따뜻한 의원외교의 경험이었다면, 이어진 멕시코 방문은 좀더 치열하고 계산적인 현실외교의 경험이었다고 할 수 있다.

한국과 멕시코 간의 정치, 경제, 산업, 문화 등 전 영역의 외교사항을 논의하는 한-멕시코 21세기위원회의에서는 자유무역협정(FTA)문제를 필두로 양국 간의 이해관계가 첨예하게 부딪히는 살벌한 외교전쟁터의 한복판이었다. 그 와중에서 우리가 자신 있게 비교우위를 내세울 수 있는 분야는 역시 정보통신이었다. 이번 회의에서는 양국 간의 IT 분야의 투자기금을 조성하고 이를 활용하여 멕시코의 전자정부 프로젝트 등에 우리기업들이 컨소시엄을 구성하여 참여할 수 있도록 해줄 것을 요청하였다.

중남미의 정보화를 선도하고자 하는 야심찬 계획을 추진하고 있는 멕시코는 우리의 e-Korea를 모델로 한 e-Mexico 계획을 추진 중이고, 그 핵심에는 우리나라의 전자정부 프로젝트를 본뜬 계획(e-Government)이 있어 우리 기업들이 가장 관심을 가지고 주목해야 할 나라라고 생각한다.

수많은 우리 IT 기업들이 멕시코의 이 프로젝트에 진출할 수 있도록 하기 위해서는 모든 관련된 사람들, 즉 정부관료, 국회의원, 기업인들이 모두 협력하여 단결된 팀워크를 가지고 협력해나가야 할 것이다.

글로벌 경쟁시대에 우리나라 기업들이 경쟁력을 갖기 위해서는 기업 자체뿐 아니라, 온 나라가 힘을 모아주어야 할 때다.

당 대표들이 하나같이 태산에 오른 까닭은

෴

김중권, 정대철 대표 시절 각각 당대표를 따라 중국을 공식 방문했다. 두 차례 모두 중국 국가주석을 만나는 등 공식일정을 소화했는데, 두 대표 공히 베이징에서 멀리 떨어진 산둥성의 공자 고향과 태산도 방문일정에 넣어 두고 있었다. '공자사당을 참배하려고 그러는가 보다'라고 여기며 따라갔는데, "태산"이라는 제하의 2007년 3월 14일 자 〈동아일보〉 칼럼을 보니 이들 당대표의 속셈과 무관하지 않을 듯하다.

'태산이 높다 하되 하늘 아래 뫼이로다. 오르고 또 오르면 못 오를 리 없건마는. 사람이 제 아니 오르고 뫼만 높다 하더라.' 조선 전기의 문인 양사언(楊士彦·1517~1584)이 지은 그 유명한 고시조(古詩調)다. '하늘 아래 뫼'라는 말 때문에 아직도 많은 사람이 중국 태산(泰山·타이산)의 높이를 궁금해 하지만 실은 1,545m로 우리 태백산(1566m)보다 낮다. 그래도 중국 5대 명산을 일컫는 오악(五嶽) 중 으뜸으로 꼽힌다.

중국 전국인민대표대회(전국인대) 산둥(山東)성 대표가 최근 태산을 '나라의 산'(國山)으로 정하자고 제안해 논쟁이 뜨겁다. 태산이 산둥성에 있기 때문이겠지만, 마냥 황당한 제안만도 아니다. 태산은 진시황을 시작으로 중국의 역대 황제들이 하늘의 뜻을 받드는 봉선(封禪)의식을 행한 곳이고, 공자가 "태산에 오르니 천하가 작아 보인다"고 한 바로 그 산이기 때문이다. 태산에서 1시간 거리에 공자의 고향인 취푸(曲阜)가 있다.

좀 우스꽝스러운 얘기지만 태산은 '대통령 병(病)'에 걸린 일부 우리 정치인에게도 '성산'(聖山)으로 통한다. '현대판 봉선의식'의 유혹 때문이다. 한중(韓中) 수교를 이뤄 낸 노태우 전 대통령도 올랐지만 대선 판에 태산 등정을 유행시킨 사람은 김대중(DJ) 전 대통령이다. 1996년 6월 말 국민회의 총재였던 DJ가 케이블카를 타고 태산에 오를 때 비가 내리자 중국 가이드는 "대통령이 된다는 징조"라고 속삭였다. '태산과 비'는 중국인들의 '관광 상혼(商魂)'이 만들어 낸 얘기겠지만 이후 태산을 찾는 대선주자들은 일기예보에 촉각을 곤두세웠다.

김중권 전 민주당 대표도 2001년 태산에 올랐다. 내심 비를 기다렸지만 하산(下山)할 때까지 끝내 비는 오지 않았다. 손학규 씨도 경기지사 시절인 작년 이맘때 태산을 등정한 뒤 "DJ처럼 좋은 성공을 거두라"는 덕담을 들었다. 그는 "태산의 정기를 받겠다는 의미가 아니다"면서도 제(祭)를 올렸다. 말 그대로 '살짝' 비가 스쳐갔다고 한다. 야속한 지금 지지율처럼 살짝.

술자리에 어울리되 술을 마시지는 않는다

국회의원 생활을 하다보면 이런저런 술자리에 참석할 일이 많다. 동료 정치인들과의 식사자리일 때도 있고 가끔은 기자들과 어울릴 때도 있다. 그럴 때마다 주변 사람들은 내게 술을 권하는데, 나는 매번 사양한다. 그것은 '술자리에 참여는 하되 술을 마시지는 않는다'가 내 평생 생활원칙이기 때문이다. 술을 마시면 실언하거나 추태를 보이기 쉬워 술을 일부러 삼가는 것이 아니라 나는 아예 술을 배우지 못했다. 이 때문에 본의 아니게 사람들에게 오해를 받기도 한다.

국회의원이 되기 전 교육개혁위원으로 활동하면서 전국을 순회했다. 지방에 가면 교육감이 현지의 최고급 음식점으로 위원들을 데려가 융숭하게 대접하는 것이 관례였다. 그 덕분에 전국의 최고급 식당을 모두 알게 되었고 전국 각지의 특산물이나 특산 음식은 죄다 맛보았다.

특산 음식에는 통상 그에 어울리는 좋은 술이 곁들여져 나온다. 그러면 교육감이 내게 술을 권하는데 나는 매번 사양했다. 자꾸 강권하면 내가 스스로 잔에 물을 채워 그것을 술처럼 홀짝거리는 것으로 미안함을 덜고자 했다.

재미있는 것은 교육청들끼리 서로 평가받는 모습을 염탐한다는 사실이다. 뒤에 알게 된 것이지만 A교육청에서 교육평가를 받으면 B교육청 사람이 슬그머니 잠입해 평가과정을 훔쳐보는 것이었다. B교육청으로서는 평가에 대한 대비를 더 잘하려는 의도에서 그런 행동을 하는 것이다.

한번은 A교육청에 이어 B교육청으로 건너가 평가를 마치고 B교육청 간부들과 식사를 하게 되었다. 하도 술을 권하기에 "저는 술 못 마십니다"라고 딱 잘라 거절했더니 "아니, 위원님, A교육청 식사자리에서는 술을 잘 마시던데 왜 우리가 주는 술은 안 드신다고 하십니까?"라며 서운하다는 듯이 내게 따지는 것이 아닌가. 아마 내가 술잔에 물을 부어 홀짝거리는 것을 염탐한 모양이었다. 전국 교육청들을 순회하면서 우리나라 접대문화를 정말 고쳐야 한다는 평소의 소신을 새삼 확인할 수 있었다.

1

2

1 국회의원 시절, 여성단체와의 정책간담회에서.
2 〈산업교육〉 2001년 12월 호 표지 모델.

전문성과 정책능력으로 승부한다

국회의원 생활을 하면서 '술을 마시지 않는다'는 평소 원칙을 지켜 나가는 것 외에 또 한 가지 내가 고수했던 원칙은 '정쟁을 부추기는 정치적인 발언은 가능한 한 삼간다'였다.

이것은 정치권에 있는 사람으로서는 어찌 보면 상당히 무책임한 자세라고 할 수 있을지 모르지만, 평생 학자로 살아온 정치 문외한 이 정쟁의 복판에 뛰어드는 것은 생산적이지도 바람직하지도 않다고 나는 생각했다. 전문 분야의 대변인으로 비례대표로 들어왔으니 전 문 분야의 발전을 위해서만 정치적 힘을 빌려 더 나은 성과를 올리는 것을 목표로 한 것이다.

한명숙 씨로부터 "집권 여당의 힘 있는 국회의원이 되어 당신의 구 상을 실행에 옮겨 보라"는 권유를 받고 국회의원이 되었다면 때로는 정쟁에 참여하기도 해야겠지만, 그럼에도 불구하고 정쟁에 앞장서 는 의원, TV에 나오는 투쟁형 의원은 되고 싶지 않았다. 나는 스스로 를 서민으로 인식한다. 적수공권으로 스스로를 키워 왔다. 그래서인 지 서민, 약자 편에 서는 것이 마음 편하고 자연스럽다.

민주당이 우리나라 민주화를 위해 오래 투쟁해왔고 서민과 약자를 위하는 정당이기 때문에 민주당 비례대표로 국회의원이 되기는 했 지만, 그렇다고 해서 정쟁의 전면에 나서서 삿대질하며 기성 정치인 처럼 행동하고 싶지는 않다는 것이 내 솔직한 심정이었다.

국회의원이 국회 내에서 발언하는 무대는 크게 둘로 나눌 수 있다. 하나는 의원총회이며 다른 하나는 상임위 활동과 그 연장의 국정감 사이다. 의원총회에서는 상대 정당에 대한 성토나 비난을 담은 정치적인 발언이 넘쳐난다. 반면 국정감사에서는 정부를 대상으로 전문적인 발언이 주종이다. 물론 정치적인 이슈가 큰 선거철에는 국정감사도 정치적으로 활용되지만. 나는 의원총회에서는 한 번도 발언한 적이 없다. 하지만 내가 소속된 과학기술정보통신위원회가 실시하는 국정감사에서는 전문지식을 최대한 활용해 국감장을 휘어잡았고, 매년 국감 우수의원으로 뽑혔다. 다음은 〈매일경제〉가 2002년 3월 26일 자에서 "與 '테크노크라트'가 이끈다"라는 제하로 보도한 기사의 일부이다.

민주당 내 '테크노크라트'(Technoarat)' 관료가 뜨고 있다. '전문성 과 정책능력'을 경쟁력으로 신진 전문정치인들이 당내 입지를 넓혀가고 있다. 과거 충성경쟁과 줄서기의 정치판에 변화의 물결을 주도하고 있는 셈이다.

민주당 내 테크노크라트의 약진은 최근 소장파들의 정풍운동에서도 도움을 받았다. 총재 1인 체제에서의 당직쟁탈전과 상명하달식 구태가 상당 부분 해소돼 이들의 활동반경이 넓어졌다는 해석이다.

여기에 기존 정치판에 환멸을 느낀 유권자들이 신선한 전문정치인에게 높은 점수를 주고 있는 점도 이들을 주목받게 하는 배경이다.

21세기 국가경쟁력을 좌우하는 정보통신 분야에서 두각을 나타내는 인물로 김효석, 허운나 의원이 꼽힌다. 허운나 의원도 민주당에서 정보통신 전문가로 통한다. 허 의원은 미국 플로리다 주립대 (FSU)에서 교육공학 박사를 받은 후, 미국의 대표적인 통신회사 AT&T 등에서 컨설턴트로 활약했다. 귀국 후 대학교에 국내 최초로 교육공학과를 설립하고 이 학과의 교수로 20년간 재직하면서 교육과 정보화를 접목시키는 역할을 했다. 국가 정보화추진위원회 자문위원과 대통령 자문 국가과학기술

자문회의 위원을 지냈다. 전문 분야인 과학기술정보통신상임위에서 활약했고 2년 연속 시민단체 선정 국정감사 우수의원으로 선정되기도 했다. '사이버정보문화연구회'라는 의원연구단체를 설립, "사이버정보문화헌장"을 제정, 공포했다. 사이버정보문화연구회는 올해 국회의장이 선정한 우수의원연구단체로 선정되는 성과도 거뒀다.

허 의원은 "정치도 이제 목소리만 크면 모든 게 통용되던 과거의 모습에서 특정 분야에 대한 전문지식 없이는 생존하기 어려운 구조로 변화하고 있다"며 "올바른 사이버시대가 열리는 데 노력하겠다"고 힘줘 말했다.

딱 한 번 했던 정치적 쓴소리

그렇다고 아무 말도 안 하고 국회의원 임기를 마친 것은 아니었다. 내가 노무현 대통령에게 했던 직설적인 발언을 놓고 언론은 나를 '여당 속 야당'이라고 불렀다. 다음은 당시 내가 했던 유일한 정치적 발언을 놓고 "盧-민주당의원 첫 청와대 만찬, 허운나 의원 섭섭함 토로"라는 제하로 보도한 〈한국경제〉 2003년 5월 28일 자 기사이다.

민주당 허운나 의원이 27일 노무현 대통령에게 "(대통령과 우리가) 지금은 같은 당인가요"라는 물음으로 괴리감을 나타내 눈길을 끌었다.

허 의원은 이날 청와대 만찬에서 노 대통령으로부터 발언 요청을 받고 "대통령과 우리가 생각이 같은지, 대통령이 우리와 같이 가는지 모르겠다"고 말했다.

그는 준비 안 된 상태에서 갑작스러운 발언요청에 다소 당황한 듯 더

듣거렸으나 "오늘 올 때 감격과 기쁨보다 무거운 마음이 들었고 가고 싶
지 않다는 마음도 들었다"고 밝혔다.

이에 대해 노 대통령은 "자꾸 멀어지는 대통령이 되는 것 같은데, 정
치하면서 100% 일관성을 지켰다고 할 수 없지만, 사리나 원칙, 인간관
계에서 신뢰를 지키려 노력했다"고 말했다.

노 대통령은 "좀더 지켜보고 관찰해 달라"고 덧붙였다.

세계 최초 전자투표제 도입

세계가 주목한 대통령 후보경선 전자투표

ରୀଚ

2002년 12월 19일 실시된 제16대 대통령 선거는 한나라당 이회창, 민주당 노무현, 민주노동당 권영길, 하나로국민연합 이한동, 사회당 김영규, 국태민안호국당 김길수, 무소속 장세동 후보 등 총 7명이 후보로 등록한 가운데, 민주당 노무현 후보가 한나라당 이회창 후보를 제치고 대통령에 당선됐다.

'3김 시대'의 퇴조 속에 치러진 16대 대선은 31년 만에 한나라당 이회창 후보와 민주당 노무현 후보 간 양강 대결로 치러져 관심을 모았다. 민주당은 2002년이 시작되면서 당내 대선후보 선출방식을 이른바 '국민참여경선'(대의원이나 당원뿐 아니라 일반 국민도 참여하는 정당 대선후보 결정투표)으로 하기로 결정했다. 다음은 이 소식을 전하는 〈매일경제〉 2002년 1월 6일 자 기사의 일부이다.

민주당이 4월 전당대회 개최를 결정함으로써 한국 정치사상 처음으로 오는 3월 초부터 제주도를 시작으로 전국 16개 시도를 돌면서 당 대선후보를 뽑는 국민경선이 개최될 전망이다. 민주당은 이번 국민경선제를 미국의 예비 선거처럼 전 국민 누구나 참여할 수 있도록 오픈해 전국에서 축제분위기를 띄우면서 당 지지 열기를 확산시킨다는 계획이다.

또 인터넷 보급률이 높은 'IT 강국'임을 이용한 세계 최초의 인터넷 선거를 국민경선이 실시되는 2~3개월 동안 계속 치러 이 결과를 5%가량 국민 경선의 결과에 포함시킨다는 방침이다.

일단 국민경선제는 인구수가 가장 적은 지역부터 실시되기 때문에 가장 먼저 경선이 치러질 지역은 제주도다.

우리나라는 인구수 역순으로 제주-울산-광주-대전 등으로 16개 지역을 돌게 되는데 모 후보의 경우 제주와 울산지역 지지율이 높은 점을 들어 '초반 돌풍'을 일으킬 것을 기대하고 있기도 하다.

기술적인 문제를 보완할 수 있다는 전제 아래 민주당은 사이버 선거를 이번 국민경선에 도입한다는 계획이다.

허운나 의원이 주도하는 사이버 선거는 '대권경선 주자들의 사이버 유세'와 '사이버투표', '사이버개표' 등으로 이뤄진다. 일단 2월 말 경선 시작 전에 한 달간 주자별 사이트를 설치하고 사이버 유세를 펼친 후 한 달 간격으로 2차 투표를 실시하면 국민 참여와 민주투표를 이끌어 낼 수 있다는 것이 민주당의 주장이다.

허 의원 측은 "인터넷상으로 당원등록을 받을 경우 현행 선거법에 저촉되는 일부 조항을 기술적으로 해결할 방법도 있다"며 "하지만 미래지향적인 디지털 선거법으로 개정하는 것이 바람직하다"며 선거법 개정까지도 생각하고 있다.

대선후보를 '국민참여경선'을 통해 선출하기로 한 것도 신선한 충격이었지만 IT 강국인 한국의 강점을 십분 살려 세계 최초로 경선에 전자투표제도를 도입키로 한 것은 국내외의 비상한 관심을 모았다. 다음은 내가 도입한 전자투표 방식을 전하는 〈한겨레〉 2002년 4월 10일 자 기사이다.

민주당은 정당사상 처음으로 대선후보 선출을 위한 인터넷투표를 실시한다. 민주당은 오는 18일 오전 9시부터 27일 오후 6시까지 실시하는 인터넷 투표 결과를 전체 공모 선거인단(3만5천 명)의 5%(1750표) 비율로 반영할 계획이다.

인터넷투표는 국민경선 선거인단을 제외한 만 20살 이상이면 누구나 참여할 수 있으며, 민주당 홈페이지(www.minjoo.or.kr)와 인터넷포털 사이트인 다음과 한미르, 여자와닷컴 등의 배너광고를 통해 할 수 있다.

인터넷투표 참여자는 성명과 주민등록번호, 거주지역 등 자신의 기본 정보를 입력한 뒤 휴대전화나 신용카드, 은행계좌번호 가운데 하나를 입력해 인증을 받은 뒤 투표하면 된다. 물론 투표는 한 차례만 가능하다.

휴대전화의 경우 전화번호를 입력하면 휴대전화를 통해 인증번호를 알려주게 된다. 신용카드는 신용카드번호와 유효기간, 비밀번호 4자리 중 앞 2자리를, 은행계좌의 경우는 계좌번호와 비밀번호 4자리를 각각 입력한 뒤 투표가 가능하다.

인터넷투표는 아무리 많은 사람이 참여하더라도, 전체 1,750표 가운데 득표율만큼만 후보에게 표가 배분된다. 예를 들어 한 후보가 인터넷투표에서 50%의 득표를 할 경우, 지역순회 경선 결과에 875표가 추가된다. 인터넷투표 최종 결과는 28일 서울지역 선거인단 개표결과 발표 직전에 공개된다. 인터넷투표는 지역순회 경선과는 달리 현재 3명의 후보

月刊朝鮮 매월 1일 발행 등권 제266호 2002년 5월1일 발행 서울 중구 태평로1가 61 月刊朝鮮社(100-756) 철도특별승인 제194호
http://monthly.chosun.com

月刊 朝鮮

2002 5

민주당 대통령 후보 경선에 전자투표 도입한 민주당 許雲那 의원

사람들

민주당의 許雲那(허운나·전국구) 의원은 電子(전자)투표 방식을 도입해 민주당의 대통령 후보 선출 경선을 국민적 흥행으로 성공시켰다.

선거인단의 절반인 시민 선거인단을 모집해 「선호투표」라는 복잡한 투표방식을 도입할 수 있었던 것도 許의원이 개발한 컴퓨터 소프트웨어가 있었기 때문에 가능했다. 許의원은 「미국 같은 선진국에서도 투표 후의 개표시비 등

을 우려해 아직 공직선거에서 전자투표 시스템을 도입하지 못하고 있다」며 「전자투표 도입에 선뜻 동의할 만큼 민주당 후보자와 黨 관계자들의 「디지털 마인드」가 성숙됐다는 얘기」라고 말했다.

경기여고와 서울大 문리대를 졸업한 許의원은 한양大 교육공학과 교수를 지냈다.

사진·李五洙 사진팀장/글·金溟光 차장대우

〈월간조선〉 2002년 5월 호, 정당사상 세계 최초로 대통령 후보 경선에 전자투표 도입을 소개.

가운데 1명만 선택할 수 있다.

민주당 선관위 디지털분과위원장인 허운나 의원은 9일 "신용카드와 은행계좌를 이용한 투표는 계좌와 비밀번호가 암호화돼 전송되고 투표 시스템에 방화벽과 침입탐지시스템이 완벽하게 갖춰져 해킹으로부터 보호될 수 있다"며 "인증과정에서 입력한 개인정보는 시스템에 남지 않아 안전하다"고 안정성과 개인정보보호를 강조했다.

민주당 대선후보 경선은 IT전문가인 내가 전자투표 도입이라는 형식으로 능력을 한껏 발휘할 수 있었던 좋은 기회였다. 세계 최초이니만큼 언론의 관심도 대단해 CNN과 BBC에서 나를 인터뷰했고, 호주와 뉴질랜드는 주한 대사가 직접 나를 찾아와 전자투표 방식을 가르쳐달라고 요청해 올 정도였다. 이후 호주에서는 나를 본국으로 초청했다. 다음은 민주당 경선에서의 내 활약상을 보도한 〈월간조선〉 2003년 1월호 기사이다.

뉴스의 인물 | 許雲那 민주당 인터넷 선거 특별본부장

전국구인 민주당 許雲那(허운나·54) 의원은 빼어난 미모가 우선 눈에 띈다. 올해 50代 초반이지만 젊어서부터 에어로빅으로 다진 날씬한 맵시를 자랑한다. 선거운동 기간 중에 盧武鉉 후보 주변에서 盧후보를 돋보이게 만드는 '도우미'로 자주 출연했다.

許의원의 진면목은 외모에서가 아니라, 민주당의 인터넷 선거를 주도한 실력에서 발휘됐다. 그녀는 이번 대통령선거에서 민주당의 盧武鉉 후보와, 그에게 전폭적인 지지를 보낸 20, 30代를 사이버 공간에서 연결시켰다.

許의원의 직함은 민주당 '인터넷 선거 특별본부장'. 밝고 적극적인 성격의 許의원은 민주당 홈페이지를 관리하는 등 인터넷 선거의 기획과 홍보를 주관, 미디어 선거의 새로운 총아로 등장한 '인터넷 선거전'의 위력을 실감케 했다.

"민주당 홈페이지 일일 접속자 수가 40만 명에 육박했습니다. 엄청난 규모입니다. 다른 정당과 비교할 수 없을 정도로 민주당은 사이버 선거에서 압도적 우위를 보였다고 자부합니다."

許의원이 이끈 '인터넷 선거팀'은 민주당 홈페이지를 제2의 유세장으로 변모시켰다. 매일 盧후보의 일일 선거 현장을 저녁이면 동영상으로 올려, 인터넷 사용자들이 바로 볼 수 있도록 기민성을 발휘했다. 동영상이 나오는 '인터넷 TV'와 가수 신해철 씨 등이 프로그램 진행을 맡은 '인터넷 라디오'는 큰 인기를 끌었다.

홈페이지 방문자가 게시판에 올리는 글이 하루 7,000건에 이를 정도로 민주당 홈페이지는 인기를 끌었다. 서울 출신으로 경기女高와 서울大 영문학과를 졸업한 許의원은 미국 플로리다 州立大(FSU)에서 교육공학 박사학위를 딴 뒤 귀국, 1983년 한양大에서 교육공학과 설립을 주도했다.

2000년 민주당에 IT 분야 전문가로 영입돼 정치에 발을 들여놨다. 미디어선거 전문가인 김한길 당시 민주당 대변인의 적극적인 후원이 있었던 것으로 알려져 있다. 許의원은 비례대표 의원 중 가장 성공적인 인물 캐스팅으로 얘기된다.

許의원은 2000년 8월 민주당 전당대회 당시 黨 지도부 선출을 전자투표로 해내 큰 반향을 일으켰고, 2002년 3월과 4월에 걸쳐 진행된 민주당 대통령 후보 선출을 위한 국민경선 당시 정당사상 최초로 전자투표는 물론 인터넷 투표까지 도입했다.

서울大 통계학과 全鍾雨(전종우) 교수가 夫君이다.

노무현 후보와의 운명적인 의기투합

노무현 예비후보가 정동영 예비후보를 제치고 민주당 대통령 후보로 확정되고 이어 몇 달 후인 2002년 9월 민주당 내에 대통령선거대책위원회가 발족했다. 위원장은 정대철 의원이 맡았고 나는 이 위원회에서 인터넷 선거 특별본부장에 임명됐다.

이보다 앞서 그해 6월 지방보궐선거가 있었던 때의 이야기다. 어느 날 나는 노무현 후보와 함께 경기 남부의 선거구로 가서 민주당 후보를 지원하는 찬조연설을 했다. 노 후보와 나는 그곳에서 연설한 뒤 경기 북부의 선거구로 이동해 그곳에서도 연설하게 되어 있었다.

그날따라 비가 억수같이 내렸다. 내가 연설을 마치고 연단에서 내려오자 노 후보가 우산을 받쳐주며 자기 차로 함께 다음 목적지로 이동하자고 했다. 그래서 노 후보와 차를 함께 타고 가면서 빗길에 길이 막혀 2시간 남짓 깊이 있는 대화를 나누게 되었다. 나는 이런 요지의 이야기를 했다.

"현재 세계 기업 경영의 키워드는 '평평한 조직'(flat organization)이다. 다시 말해 수평적 조직이 대세이다. 과거 경영이 위계질서에 바탕을 둔 권위주의적 경영이었다면, 오늘날의 경영은 참여 경영(participatory management)이다. 권위는 필요하지만 권위주의는 필요치 않다. 미국 전자회사 휴렛팩커드에는 'HP 방식'이 있다. 오늘날 기업경영에서 성과관리의 표준은 목표관리제(Management By Objectives), 즉 MBO이다. 그런데 휴렛팩커드에서는 'MBO'라고 하지 않고 'MBWA'라고 한다. 이는 'Management By Walking Around', 즉 '슬슬 걸어 다니면서 경영한다'는 뜻이다. 휴렛팩커드

본사에 가면 최고경영자들 사무실도 칸막이 정도로만 가려져 있을 뿐 벽이 전혀 없다. 따라서 직원들이 필요에 따라 수시로 스스럼없이 어울리면서 업무를 해 나간다.

우리나라처럼 아랫사람이 기안을 올리면 바로 위 상관이 그것을 검토하고 결재 받는 데 상당한 시간이 걸리고 또 그 사람은 그 위의 상관에게 결재를 올리고 하는 식의 번잡한 수직구조가 아니다. 이런 수직구조는 효율이 떨어진다. 하지만 휴렛팩커드에서는 일하는 방식이 다르다. 슬슬 걸어서 닿을 수 있는 거리에 부하, 동료, 상사가 있다. 그러니 서로 간의 의사소통이 매우 활발하다. 따라서 자연히 의사결정도 빠르다. 우리나라 기업에서는 회장을 한 번 만나려면 무척 까다롭다. 하지만 휴렛팩커드에서는 누구든 슬슬 걸어서 회장실에 들어갈 수 있다. 회장실에는 문도 없다. MBWA 방식에서는 문제점을 발견한 직원은 누구든 실시간으로 윗사람과 문제 해결을 논의할 수 있다. 이런 것이 참으로 중요한 것이 아니겠는가.

나는 미국에서 이런 수평 조직을 많이 보았다. 지금은 위세가 많이 수그러들었지만 1980년대만 하더라도 휴렛팩커드는 미국 대학생들이 가장 가고 싶어 한 회사였다. 휴렛팩커드는 '최고의 품질'을 추구하는데 이를 위해 자기들이 거느리고 있는 협력회사들을 '상생'의 정신에 입각해 자기들 돈을 써서 키워준다. 그래야만 협력회사도 최고가 되고, 협력, 부품회사가 최고가 돼야 자신도 최고가 될 수 있기 때문이다. 우리도 하루 바삐 권위주의를 벗어던지고 수평조직으로 가야 한다."

노무현 후보도 나와 같은 생각을 갖고 있었다. 권위주의를 극도로 싫어하는 그는 자기가 대통령이 되면 국민의 소리를 직접 듣는 '참여정부'를 구성할 것이며, 서울과 지방이 상생할 수 있도록 지방분권을 통한 균형발전을 적극 추진하겠다고 했다. 그야말로 노 후보와 나는 선호하는 국가경영 방식에 있어 너무도 서로 죽이 맞는 짝꿍이라는 사실을 자동차 속 대화를 통해 확인할 수 있었다.

내 말을 다 들은 노 후보가 이렇게 말했다.

"제가 지금까지 수많은 국회의원들과 대화해 보았지만 오늘 허 의원과 나눈 지적인 대화는 처음입니다."

이 말을 받아 나는 이렇게 말했다.

"후보님과 제가 생각이 완전히 일치하는 만큼 앞으로 저는 도시락을 싸가지고 다니며 후보님을 적극 지원할 것을 약속드립니다."

뒷날 선거가 노무현 후보의 승리로 끝난 뒤 〈주간동아〉 2003년 1월 2일 자 호는 "노무현 대통령을 만든 사람들… 〈주간동아〉 선정 노무현 정권 핵심인물 100인"이라는 특집기사를 실었는데, 이 기사의 "허운나 의원 편"에 이렇게 적고 있다.

(2002년 12월) 20일 TV 생방송에 출연, 노 당선자의 부인 권양숙 여사에 대해 2, 3시간씩 얘기를 풀어나갈 정도로 순발력이 있다. 권 여사와도 친하다고. 노 당선자가 "여성 정치인 중 가장 순수하고 깨끗한 사람이다"라고 극찬할 정도로 신임이 각별하다. 이번 선거에서 인터넷 선거전을 총지휘했다.

노무현은 "절대권력은 절대 부패한다"는 것을 철저히 믿는 사람이었다. 그래서 그는 대통령에 취임하자마자 4대 권력기관이라 불리던 검찰, 국가정보원, 국세청, 감사원 개혁에 나섰다. 국가정보원에 대해서는 국내 정치에 개입하지 말 것을 주문했다. 대통령 스스로 "국내 정치 관련 보고는 일절 받지 않겠다"고 선언했다. 그는 또 대통령

노무현 대통령을

주간동아 선정 100인 … 노무현 정권 핵심인물 ·

12월19일 밤 10시30분, 민주당사를 찾은 노무현 당선자는 두 팔을 높이 쳐들었다. TV에서는 "노무현 후보의 당선이 확실시되고 있다"는 앵커의 발표가 들려왔다. 당사는 기쁨과 환희의 도가니였다. 잠시 후 감정을 추스른 노당선자는 가시밭길을 동행한 '동지'들을 향했다. 김원기 고문, 정대철 공동선대위원장, 이해찬 기획본부장, 허운나 의원, 그리고 그외 다수 당직자 등등…·

허운나 의원

49년생 서울, 경기여고 서울대 영문과 미 플로리다주립대 교육공학 박사, 한양대 교수, 영국 케임브리지대 객원교수, 16대 의원

20일 TV 생방송에 출연, 노당선자의 부인 권양숙 여사에 대해 2, 3시간씩 얘기를 풀어나갈 정도로 순발력이 있다. 권여사와도 친하다고, 노당선자가 "여성정치인 중 가장 순수하고 깨끗한 사람이다"라고 극찬할 정도로 신임이 각별하다. 이번 선거에서 인터넷 선거전을 총지휘했다.

〈주간동아〉 2003년 1월 2일, "노무현 대통령을 만든 사람들－주간동아 선정 100인".

만든 사람들

개혁 전위대 역할에 국민들 주목

노당선자는 그들과 뜨겁게 포옹했다. 노당선자의 눈에 이슬이 맺히는가 싶더니 어느새 상대방의 눈가도 젖는다.

"내가 포기하고 싶어도 그들 얼굴을 보면 그럴 수 없다." (9월) 노당선자는 계보도, 지역 기반도 없다. 돈을 만들 여유도 없었다.

그랬기에 노당선자에게 있어 그들 동지들은 형제 이상의 의미로 다가온다. 그들이 없는 '오늘의 영광'은 불가능했다.

쇄신파, 국민통합추진회의(통추) 출신, 비(非)동교동계, 개혁성향의 쇄신파 등은 노당선자의 손과 발이었다.

그들은 사실상 '노무현 시대'를 연 주역들이다. 정치권은 그들에게 '대통령을 만든 사람들'이란 화려한 수사를 붙인다.

국민들 역시 그들의 면면을 살피며 노무현 정권의 색깔을 가늠하려는 기색을 보인다.

승리의 기쁨을 뒤로한 노무현의 동지들은 이제 정치개혁과 사회변혁이라는 국민의 요구에 귀를 기울인다.

노무현 정권의 핵심인물로, 개혁의 전위대로 새로운 역할을 맡기 위해 길 떠날 채비가 한창이다. 국정 전반을 커버할 수 있는 인적 네트워크가

없는 노당선자가 그들에게 갖는 기대감은 이전보다 더 클 수 있다. 그들의 활동은 곧 노무현 정권의 승패와 직결된다.

국민들이 갖는 기대감 역시 이전보다 훨씬 클 수밖에 없다. '주간동아'는 노무현 대통령을 만든 사람들 100인을 선정했다. (게재 무순)

김시관 기자 sk21@donga.com

의 전가의 보도로 통하는 공천권을 포기하는 결단을 보여주었다.

노무현은 1988년 통일민주당 김영삼 총재의 제의로 정치에 입문해 부산 동구에서 제13대 국회의원 선거에 출마하여 당선되었다. 1990년 통일민주당·민주정의당·신민주공화당의 '3당 합당'을 '부도덕한 야합'이라 비난하며 정치적 후원자였던 김영삼과 결별하고 민주당 창당에 동참하였다. 1992년 부산 동구에서 제14대 국회의원 선거에 출마하였으나 낙선했고, 1998년 서울 종로구 국회의원 보궐선거에 출마하여 당선되었다. 2000년 당선가능성이 높은 종로 지역구를 포기한 채 '지역주의 타파'를 내세우며 부산 북·강서을 지역구에서 새천년민주당 후보로 출마하였으나 한나라당 후보에게 패배하였다. 우리나라의 지역주의 정서에서 떨어질 줄 알면서도 굳이 부산을 지역구로 삼아 부산에서 국회의원 선거에 두 번 출마해 두 번 다 낙선한

그에게 사람들이 일찌감치 붙인 별명이 '바보 노무현'이었다. 막상 대통령이 되자 이번에는 깨끗한 정치를 위해 자신의 특권을 버리는 그에게 지지자들은 다시 한 번 '바보 노무현'이라는 헌사를 바쳤다.

선대위는 출범했는데 운영자금이 없다

9월에 민주당 안에 대통령선거대책위원회가 꾸려졌다는 이야기는 앞에서 했다. 선대위가 만들어졌으면 선대위원들이 각자 역할에 돌입해야 하는데 어찌된 셈인지 선대위가 제대로 굴러가지 않았다. 이런 상황은 민주당 내 예상을 뒤엎고 대통령 후보가 된 노무현에게 지지 세력이 거의 없는 것이나 마찬가지였기 때문이다. 민주당 사람들은 전혀 예상치 못했던 사람이 대통령 후보가 되자 당황해 하는 기색이 역력했다.

당시 민주당은 한화갑 대표와 김원길 총무 체제였다. 한 대표는 나를 보기만 하면 이런 말을 했다.

"이제 선거에서 이기고 지고는 허 위원한테 달렸소. 인터넷 선거 대책본부장이니 실력을 발휘해 선거에서 멋지게 이기도록 해주시오."

그러면서 이렇게 덧붙였다.

"자, 이제 본격적으로 조직을 꾸려야 하니 돈이 들 텐데, 걱정 말고 일하시오. 돈은 내가 어떡하든 마련해 드리리다."

김원길 총무도 옆에서 거들었다.

"조직만 잘 짜 보시오. 내가 전적으로 지원하리다."

나는 이 말을 100% 믿었다. 돈이 있어야 인터넷 선거팀을 운영할 것이 아닌가.

이렇게 말해 놓고 며칠 뒤 김원길 총무가 한나라당으로 도망쳐 버렸다. 노무현 후보를 못 미더워하는 철새 정치인들이 비행을 시작하자 그 속에 묻혀 탈당한 것이다. 말로만 듣던 철새 정치인을 실제로 목도하니 환멸을 넘어 멘붕(멘탈붕괴)이 밀려왔다.

총무가 탈당하자 돈에 대해 상의할 곳이 없어진 나는 한화갑 대표에게 "돈은 어떻게 하느냐?"고 졸랐다. 그러자 한 대표는 "돈은 후보가 대야지"라며 여태까지와는 다른 소리를 했다. 나로서는 황당하기 그지없는 상황이었다.

시간은 가고 있는데 큰일이었다. 그래서 하는 수없이 노무현 후보 쪽을 바라보았더니 노 후보도 돈이 없는지 현물(?)출자를 하겠다고 나왔다.

"허 위원, 그렇다면 나를 도와 외곽에서 인터넷 관련 일을 해 온 젊은이들이 제법 있으니 그들을 허 위원이 인수해 일을 시키면 어떻겠습니까?"

이렇게 제안하는 것이었다.

그렇게 해서 공식적으로 당의 인터넷 선거단으로 10여 명이 합세해서 함께 일했는데, 그 노사모 사람들 가운데 1명이 현 정의당 대표 천호선 씨다.

드디어 선대위가 공식적으로 꾸려졌다. 정대철 위원장 외에 조순형, 김원기 의원이 추가로 들어왔고, 이상수, 임채정, 이해찬, 이재정, 김한길, 김경재, 이호웅, 허운나 등 8명이 부문별 대책본부장을 맡았고 이 가운데 이상수 의원은 총무를 겸했다. 인터넷본부장인 나는 노무현 후보의 심복들인 안희정, 이광재 씨 등도 소개받았다.

인터넷본부를 운영하려면 당장 요원들 밥값부터 해서 돈 들어갈

1

"나와 鄭대표가 설득하면 노사화합"

● 盧후보 PK해안선 행군

민주당 노무현(盧武鉉) 후보는 29일 영남을 다시 찾아 후보단일화 바람몰이에 나섰다. 다음달 1일까지 해안선을 따라 포항·울산·부산·마산·창원·진주·부산을 도는 2박3일간의 '동남풍' 행군이다.

노후보는 포항제철 방문후 포항 죽도시장, 울산 롯데백화점과 현대백화점 석남점앞 유세에서 "옛날 울산 노사분규 (정몽준 대표를) 만났을 때는 서로 많이 안통했는데, 이제는 많아 통한다. 서로 이해가 넓어진 것 같다. 이회창 후보에게 정권 맡기기 불안해 만났더니 사람들더러 라"며 정대표에 대해 연대감을 표시했다.

그는 "제가 노동자를 설득하고, 정대표가 기업하는 사람들을 설득하면 노사화합도 잘될 것"이라며 "50대 두 사람이 온갖 비리의혹과 지역주

포철서… 민주당 노무현 대통령후보가 29일 포항제철소를 방문, 고로를 둘러보고 있다.
포항 / 이상훈기자

의에 물든 이회창식 낡은 정치를 청산하기 위해 마음을 모았다"고 강조했다.

노후보는 "지역주의를 뛰어넘는

'통합 대통령', 김대중정부가 아닌 노무현정부를 만들겠다"며 지지를 호소했다.

이기수기자 kslee@kyunghyang.com

2

1   노무현 대통령 후보와 함께.
2   〈경향신문〉 2002년 11월 30일, "나와 정 대표가 설득하면 노사화합".
3   노무현 후보와 원주 박경리문학공원 방문. 첫눈이 내리다.
4   노무현 후보, 노사모와 포장마차에서.

3

4

곳이 한두 군데가 아니었다. 그런데도 당에서 내려오는 자금은 한 푼도 없었다. 선거는 시시각각 다가오는데 돈이 없어 조직을 가동하지 못하는 상황이 된 것이다. 궁지에 몰린 나는 막무가내로 8인의 선거본부장들이 한 사람당 각자 1천만 원씩 내 선거본부를 운영하자고 제안하였다. 우선 급한 불을 끄고 봐야 할 게 아닌가. 이렇게 해서 마련한 8천만 원으로 총무인 이상수 의원은 급한 대로 선거운동을 지원하기 시작했다.

먼저 인터넷 선거본부 홈페이지를 개통하고 이어 'TVRoh.com', 'RadioRoh.com', '만화Roh.com'을 개설했다. 그런 다음 'e-민주'라는 캐릭터를 개발했다. '민주'는 여자아이 이름이기도 하고 민주당 이름이기도 했다.

노사모에게 십시일반 헌금을 호소

내가 선거 홈페이지를 개설하자 '노사모' 회원들이 그곳을 집중적으로 방문하기 시작했다. 하루 평균 5만 명쯤 됐다. 나는 '방문자가 50만 명으로 늘면 노무현 후보가 당선될 수 있겠다'고 나름대로 예상했다. 내친김에 노사모를 대상으로 선거자금 모금운동을 벌이기로 하고 "5천 원이든 만 원이든 형편 닿는 대로 헌금해 달라"고 홈페이지를 통해 호소했다. 그러자 하루 평균 100만 원이 들어왔다. 나는 돈이 들어오는 족족 이상수 총무에게 갖다 주었다. 박재동 화백이 '만화Roh.com'에 노 후보 캐릭터를 다양하게 올리는 등 전방위로 홍보를 펼쳤다.

하루는 홈페이지에 이런 글이 올라왔다.

"저는 평범한 회사원입니다. 오늘 점심시간에 나는 회사 동료들에게 점심을 사면서 노무현 후보를 지지한다고 커밍아웃을 했습니다…."

이 글을 신호로 커밍아웃하는 사람들이 점점 늘어났다. 그러면서 하루 모금액도 300만 원 선으로 늘었다. 어머니 백내장 수술비를 쪼개 헌금한다는 감동적인 사연도 올라왔다.

돈도 없는 상태에서 이렇게 궁색하게 인터넷으로 선거운동을 해나가면서 나는 또 노무현 후보의 선거유세에도 동행하게 되었다. 굳이 내가 동행하게 된 것은 "무조건 허운나 의원이 노 후보 유세에 옆에 서서 밀착 동행하라"는 선거대책위원회 방침에 따른 것이었다.

당시 노 후보의 이미지는 너무 강성이었다. 그래서 내가 그런 이미지를 중화시켜 주는 역할을 맡게 된 것이다. 단지 노 후보 옆에 서 있기만 하는 것이 아니라 때로는 그의 매니저가 되어 TV카메라를 쳐다 볼 때는 어떤 표정을 지어야 하며, 연설할 때는 중간마다 한 박자씩 쉬면서 미소를 지어야 한다고 노 후보에게 주문하는 등 코치역할까지 도맡았다.

노무현으로 극적 후보 단일화

✿✿✿

"노무현 후보로는 한나라당 이회창 후보를 이길 수 없다"며 노 후보를 못 미더워하는 분위기가 여전히 민주당을 지배하는 가운데 정몽준 후보가 '국민통합21'의 대통령 후보로 나서자 민주당은 패닉 상태에 빠졌다. 철새 정치인들의 민주당 탈당이 줄을 이은 것도 이 무렵이다. 그러자 민주당 안에서는 "노무현과 정몽준이 후보 단일화를 해야 한다"는 주장이 득세하게 되었다. 정몽준은 정몽준대로 노무현은 노무현대로 단일화에 희망을 걸게 되었다.

당시 여론조사 전문가 김행이 '국민통합21'의 대변인을 맡고 있었다. 김행은 내가 교수 시절 세운 '여성정보화 21'의 멤버여서 이미 안면이 있었다. 김행은 당연히 정몽준에 유리한 여론조사 방식을 들고 나왔고, 우리는 우리대로 노무현에 유리한 방식을 고집했다. 단일화 방식을 놓고 진영 간에 갑론을박이 벌어지면서 단일화는 시간을 질질 끌고 있었다.

하루는 민주당 선대본부장들끼리 단일화 여론조사 방식을 놓고 의논하고 있었다. 사실 나도 노무현 후보의 당선 가능성을 믿지 않았다. 단지 그를 지지하기 때문에 돕고 있었을 뿐이었다. 최선을 다해 지원해서 그가 당선되면 그보다 좋은 일이 없겠지만 설사 떨어진다 하더라도 나로서는 내가 할 일을 다 하면 된다는 생각이었다. 선대본부장들끼리 갑론을박하던 끝에 "그러면 후보 자신의 의견을 들어보자"라는 제안이 나왔다. 그래서 노 후보에게 "어떤 여론조사 방식이 좋다고 생각하느냐?"라고 물었다. 그러자 나를 두 번째로 감동시키는 노 후보의 발언이 나왔다.

"아니, 우리가 지금 후보 단일화를 한다고 하면서 '이 방법은 안 된다, 저 방법은 안 된다'라고 고집을 부린다면 국민들 눈에 우리가 얼마나 꼼수를 부리는 것으로 비치겠느냐? 우리에게 유리한 방식만 고집하는 것은 말이 안 된다. '국민통합21'에서 제시한 방식을 나는 그냥 받아들이겠다."

그러자 장내에서 난리가 났다. "그쪽 방식대로 하면 우리가 진다"

며 사람들이 불같이 들고일어났다. 그래서 가장 후배인 내가 처음으로 발언에 나섰다.

"우리 이러지 맙시다. 우리 지도자가 저토록 훌륭한데 두려울 게 뭐가 있습니까? 정정당당히 싸워 설사 지면 어떻습니까? 그때는 야당하면 될 거 아닙니까? 지도자가 저토록 정도만을 걷자고 하는데 정면 돌파해야 되지 않겠습니까?"

그렇게 결국은 상대방이 주장하는 여론조사 방식을 받아들였는데 결과는 우리의 승리였다.

"노무현 유세단을 보강하라!"

ᐃᑯᐁ

후보 단일화가 성사되고 나면 진 쪽에서 이긴 쪽을 도와주기로 되어 있었다. 그런데 선거일은 자꾸 다가오고 있는데도 정몽준 의원이 노무현 후보의 유세를 적극적으로 지원할 낌새가 보이지 않았다.

선대본부에서 난리가 났다.

"정몽준과 노무현이 함께 유세에 나서야 효과가 있을 텐데 정 의원이 저렇게 팔짱을 끼고 있으니 큰일이 아닌가. 두 사람의 부인들도 어서 나서서 시장바닥을 함께 누비며 선거운동을 해야 하는데 정몽준 의원부터 보이지 않으니 낭패다."

보다 못한 김원기 고문이 마침내 내게 "허운나 의원이 나서서 정몽준 의원을 직접 설득해보라"고 특명을 내렸다. 민주당 내에서는 내가 정몽준 의원과 가까운 사람으로 통하고 있었나 보다. 내가 국회에 입성하자 개인적으로 내 서울대 후배가 되는 정몽준 의원은 내게

1   김종필 의원이 써서 보내준 '환지무단'(環指無端)이란 휘호.
2   과학기술정보통신위원회에 참석한 김종필 의원과 함께.

깍듯이 대학 선배 대접을 해주었는데, 그 모습을 본 민주당 사람들이 나를 정몽준 의원과 가깝다고 본 것이다. 어쨌든 당에서 지시 받은 대로 나는 정몽준 의원을 만나러 갔다. 나는 정 의원에게 "시간이 없으니 빨리 도와 달라. 사모님도 좀 동참해 달라"고 부탁했다. 그러자 정 의원은 안 그래도 곧 합류하려 했다며 내 요청을 선선히 수락했다. 이렇게 해서 이후 정 의원은 노무현 후보와 유세를 분담해 지방 순회에 나섰다.

갈수록 생각나는 김종필

김종필 의원과 나는 국회 정보통신상임위원회장에서 나란히 앉았다. 나는 성이 '허'이기 때문에 가나다순에 따라 민주당 의원 가운데 맨 끝자리에 앉았고 김종필 의원은 당시 DJP 연합 관계로 여당에 같이 좌석이 배정되어 유일한 정보통신 상임위원으로 내 옆에 자리가 이어져 있었다. 국무총리 서리인 그와 붙어 앉은 덕분에 내 얼굴이 신문에 자주 실렸다. 가끔 기자들이 내게 전화를 걸어 "오늘 김종필 의원과 무슨 이야기를 하셨습니까?"라고 물어오기도 했다.

내가 아는 김종필 의원은 부드럽고 로맨틱한 정치인이었다. 고전 영화에 나오는 외국 여배우들에 대해서도 주르륵 꿰고 있을 정도로 영화에도 해박했다. 그리고 정보통신과 관련해 궁금한 것이 있으면 서슴지 않고 내게 "이게 뭐요?"라고 물을 정도로 소탈하기도 했다.

한번은 언론에서 '만년 2인자'라고 부르는 김종필 의원에게 내가 "어떻게 해야 최고 의사결정자가 될 수 있습니까?"라고 물었더니 빙그레 웃으면서 종이를 꺼내 말없이 뭔가를 적어 내게 보여주는 것이었다. 거기에는 '大運'(대운)이라고 적혀 있었다. 참으로 많은 의미를 함축한 말이라고 생각했다. 그는 필체도 대단했다. 나는 지금도 그가 일필휘지로 멋지게 써서 보내준 '環指無端'(환지무단, 둥근 가락지에는 끝이 없다)이라는 휘호를 잘 간직하고 있다.

또한 중재력도 대단했다. 우리가 한나라당과 티격태격하는 바람에 회의시간이 무한정 길어지면 김종필 의원은 "내가 저녁을 사겠다"라고 제의하고 나선다. 그러면 양당 간사들이 "어른께서 저녁을 사시겠다는데 이 정도에서 회의를 마무리하자"고 합의하게 마련이었다.

한번은 김종필 의원을 모시고 식사를 하는데 대뜸 내게 '골프'를 하느냐고 물었다. 그래서 나는 '에어로빅'을 한다고 대답했다. 그러면서 "골프는 교수 주제에 할 수 있는 운동이 아니라고 생각해서 아예 꿈도 꾸지 않았어요"라고 말했다. 그런데 다음 날 김종필 의원이 내게 혼마 골프세트를 보내왔다. 내가 고맙다고 전화로 인사를 했더니 "열심히 연습해 석 달 뒤 나랑 필드에 같이 나가는 거여유"라고 특유의 느린 어조로 말했다.

어느 날은 내게 "허 의원 같은 전문가가 장관을 한번 해야 한다"면서 "내가 DJ(김대중)에게 건의해 보겠다"라고 했다. 말만 들어도 고마웠다. 요즘 삭막한 정치권을 바라보고 있자면 가끔 여야를 녹이던 훈훈한 김종필 의원이 생각난다.

하루 헌금 1억 원의 기적

노무현-정몽준 간의 후보 단일화가 이루어지기 전 또 하나의 경천동 지할 일이 벌어졌다. 김민석 의원이 '국민통합21'로 건너가 버린 것이다. 김원길 탈당에 이어 나는 또다시 충격을 받았다.

김민석이 적진으로 도주하자 홈페이지에서 노사모가 궐기했다. "김민석 너마저!"라는 글이 급속히 퍼지면서 분노한 노사모들에게서 매일 100여만 원 걷히던 정치헌금이 무려 1억 원이 걷혔다. '김민석 효과'가 생기면서 인터넷 속에서 소리 없는 반란이 일어난 것이다.

지지자가 점점 늘어가는 것을 보고 나는 "이제는 우리가 이길 수도 있겠다"고 생각하기 시작했다. 홈페이지 방문자도 10만 명을 넘어 20만 명에 육박했다. 우리는 희망에 부풀기 시작했다.

'김민석 쇼크'도 잦아들고 노무현으로 후보 단일화가 된 후 노무현-정몽준 합동 유세가 절정에 달한 때였다. 하루는 김원기 고문이 나를 부르더니 "정몽준 의원은 자기 밑에 국회의원이 한 명도 없으니 허 의원이 가서 유세를 도와주라"고 했다. 김 고문에게서 이렇게 지시를 받고 나는 젊은 김성호 의원을 대동하고 정몽준 의원의 유세를 도우러 갔다.

유세현장에 가니 유세 트럭 위에서 정몽준 의원이 열심히 유세를 하고 있었다. 정 의원 좌우에는 '국민통합21' 당원들로 보이는 사람들이 죽 도열해 있었다. 나로서는 전혀 알지 못하는 사람들이었다. 낄 자리를 못 찾아 약간 머쓱해진 나는 정 의원과 참모들이 서 있는 줄의 뒤편에 꿔다 놓은 보릿자루처럼 가만히 서서 유세를 조용히 지켜보고 있을 수밖에 없었다.

그러는 가운데 연설이 끝나갈 무렵이 되자 스피커에서 음악이 요란하게 울려 퍼지면서 정몽준 의원이 청중을 향해 고맙다며 손을 연신 흔들어댔다. 정 의원은 '국민통합 21'을 상징하는 빨강색 머플러를 목에 두르고 있었다. 나는 민주당 상징색인 노랑색 머플러를 두른 상태였다. 이리저리 몸을 흔들며 청중의 환호에 답하던 정 의원이 순간적으로 뒷줄에 서 있던 나를 보더니 팔을 뻗어 나를 자기가 있는 앞줄로 끌어당겼다. 이제 단상 전면에는 정 의원과 나 두 사람이 서 있게 되었다. 그러자 정 의원이 내가 찬 머플러를 벗기더니 자기도 머플러를 풀어 머플러 두 개를 매듭지어 연결했다. 그런 다음 정 의원과 내가 노랑과 빨강이 연결된 머플러를 한쪽씩 잡고 유세 마무리 포즈를 취했다. 말하자면 공동 유세를 한 것이다. 이 그림이 기자들 보기에 썩 좋았던지 그날 밤 SBS 뉴스화면에 돋보이게 소개되었다. 하지만 정작 나는 이 사실을 시간이 한참 지나서야 알았다.

이튿날 아침 일찍 민주당사 8층에서 전략회의를 마친 노무현 후보와 선거 참모들이 1층 기자회견실에서 기다리는 기자들에게 내려가려고 엘리베이터에 올랐을 때였다. 엘리베이터 문이 닫히자 노무현 후보가 내게 뜬금없이 이렇게 말했다.

"어제 나는 허운나 의원이 줄을 바꿔 선 줄 알았습니다."

이게 무슨 말인가. 나로서는 그 말의 의미를 알아차릴 수 없었다. 김원기 고문을 쳐다보고 눈으로 물었지만 김 고문도 무슨 뜻인지 모르는 눈치였다.

그런데 1층 기자실로 내려가니 미리 가 있던 당원들이 또 "허 의원님, 어제 정말 그림 조옷습디다"라며 놀리는 것이 아닌가. 당직자들 역시 같은 말을 하기에 내가 "도대체 뭘 가지고 그러느냐?"고 물었더니 그제야 SBS 뉴스 화면 이야기를 해 주었다.

'아차, 노무현 후보가 한 말이 바로 이것을 가리킨 것이었구나!'

순간적으로 상황 파악이 되었다.

'허 참, 그림이 좋게 나와도 탈이니, 원!'

이렇게 좋은 쪽으로 생각하고 마음의 응어리를 털어버릴 수밖에 없었다. 그러나 한편으로는 노 후보의 발언에 찜찜한 마음을 털어버릴 수 없었다.

대선 마지막 날의 돌발사태

마지막 유세가 있던 날이다. 정몽준 의원 유세 측에는 나와, 김성호가 한 조가 되어 유세를 하고, 노무현 후보는 다른 의원들과 함께 조를 이뤄 따로 유세를 한 다음, 명동에 모여 합동유세를 하기로 되어 있었다. 정몽준과 노무현이 합동유세를 한 다음에는 노무현이 종로에서 단독으로 최종 유세를 한다는 것이 선대본부의 전략이었다. 대통령 선거 투표를 하루 앞둔 날이었다.

그날 아침 선거전략회의에서 이런 세부 방침이 결정되었다.

"오늘 명동 유세에서는 단상에 노 후보와 정몽준 의원 두 사람만 올라간다. 이전 유세 때처럼 다른 의원들이 옆에 서는 일이 없도록 한다."

그날 명동 유세장은 인산인해였다. 우리 선거준비 의원들은 아침 전략회의에서 결정된 대로 다른 의원들에게 전략을 알리고 단상을 피해 단하에서 한쪽 구석에 모여 있었다. 그런데 지방유세를 마치고 올라온 정동영, 추미애 의원이 기를 쓰고 단상에 올라가겠다는 것이 아닌가. 유세위원장을 맡은 이재정 의원이 이들을 극력 제지했지만

두 사람은 막무가내였다. 말리는 사람들과 몸싸움까지 해가며 부득부득 단상으로 올라갔다. 이렇게 해서 단상에는 정몽준, 노무현을 포함해 모두 네 사람이 서게 되었다. 당초 정, 노 두 사람만 세워 극적 효과를 노리겠다던 선거전략본부의 계획이 어그러지는 순간이었다.

단상 앞 청중석의 맨 앞줄에 정몽준 지지자들이 다수 몰려 있었는데 이들은 플래카드를 들고 나와 마구 흔들었다. 거기에는 "다음에는 정몽준!"이라고 적혀 있었다. 차기 대통령은 정몽준이 되어야 한다는 뜻임은 누가 보더라도 알 수 있었다.

그런데 정몽준 지지자들의 환호에 찬물을 끼얹는 뜻밖의 발언이 튀어나오고 말았다.

단상 위에서 정몽준 지지자들이 흔들어대는 플래카드를 유심히 보던 노무현 후보가 말했다.

"'다음 대통령은 정몽준'이라는 피켓을 든 분이 있다. 하지만 속도위반하지 마라. 대찬 여자 추미애가 있다. 제가 새로운 정치를 하지 않고 어물어물하면 제 멱살 잡고 흔들 우리 여자 지도자 추미애가 있다. 정동영 고문은 어떠냐. 또 몇 사람 더 있다.…(차차기는)서로 경쟁하면서….'"

노무현 입에서 이런 말이 나오는 순간 나는 본능적으로 정몽준 의원의 표정을 응시했다. 그는 만감이 교차하는 듯한 눈을 하고 있었다. 내 가슴이 덜컥했다. 노무현과 정몽준 사이에 차기 대선에서 노무현이 정몽준을 지지하겠다는 밀약은 없었다 하더라도 내일 선거를 앞둔 상황에서 후보 단일화를 한 정몽준 지지자들을 앞에 놓고 굳이 정동영과 추미애를 들먹인다는 것은 정몽준 지지자들의 마음을 토라지게 하는 발언임이 틀림없었다. "네, 네, 그렇고말고요. 다음에는 누가 뭐래도 정몽준 대통령이지요!" 이렇게 덕담을 해도 모자랄

판이었다.

합동유세가 끝나고 정몽준 사단은 일제히 유세버스를 타고 명동의 한식당으로 몰려갔다. 나와 김성호 의원도 함께 갔다. 널따란 한식당에 수십 명이 한꺼번에 앉았다. 정몽준 의원의 좌우에 나와 김성호 의원이 앉았다. 정 의원의 부인도 부산 유세를 끝내고 이곳으로 합류할 것이라고 했다.

그런데 다른 유세 후와 분위기가 달라도 너무 달랐다. 전반적으로 착 가라앉은 분위기였다. 정몽준 진영의 참모인 가수 김흥국이 씩씩거리며 식당 안을 왔다갔다 하더니 분하다는 듯 이렇게 말했다.

"돌아가는 꼴 좀 봐라. 차라리 이회창한테 붙든지 그랬어야 하는데, 씨."

옆에서도 웅성웅성하는 분위기였다.

잠시 후 정 의원의 부인이 합류해 본격적으로 식사를 하려는데 '국민통합21'의 김행 대변인이 정 의원에게 다가와 뭐라고 소곤거리더니 정 의원을 데리고 밖으로 나갔다. 정몽준의 책사들도 우르르 정 의원을 따라 몰려나갔다.

비상 걸린 민주당 선대본부

𝔞𝔵𝔞

대선 투표일을 하루 앞둔 2002년 12월 18일 밤 정몽준 의원 측이 움직이기 시작하면서 노무현 후보를 둘러싼 투표 직전 상황은 긴박하게 돌아갔다.

식사를 하다말고 정몽준 의원과 함께 자리를 뜬 정 의원 측근에게서 전화가 왔다. 그가 이렇게 말했다.

"아무래도 분위기가 심상찮게 돌아가고 있다. 아까 명동 유세장에서 노무현 후보가 차차기 대통령감에 대해 언급한 것 때문에 정 의원 심기가 크게 틀어진 것 같다. 이대로 두면 노무현-정몽준 공조 합의까지 깰 태세다. 사태가 엄중하니 허 의원이 노 후보에게 건의해 노 후보가 정 의원에게 사과하도록 해 달라."

이 무슨 날벼락 같은 소리인가. 투표 개시가 12시간도 남지 않았는데 공조 파기라니, 그대로 두었다가는 노 후보가 치명상을 입고 낙선할 수도 있겠다 싶어서 나는 급히 종로 유세장으로 전화를 걸었다. 노 후보 보좌관이 전화를 받았다. "노 후보를 바꿔 달라"고 하자 "아직 유세 중"이라고 했다. 그래서 "무슨 유세를 지금까지 하고 있냐? 급한 일이 있으니 유세가 끝나는 대로 노 후보에게 나한테 바로 전화 넣어 달라고 해라"고 하고는 간단히 분위기를 전하고 전화를 끊었다. 그러고는 노 후보에게서 전화가 오기를 초조하게 기다리는데 시간이 한참 흘러도 전화가 오지 않았다. 그래서 내 쪽에서 다시 전화를 걸어 어떻게 된 거냐고 물으니 노 후보 보좌관이 "종로 유세가 끝났고 노 후보는 여의도 당사로 돌아갔다"고 했다. 그래서 그 보좌관에게 "그렇다면 여의도로 전화해 노 후보에게 내가 통화하자고 한다고 전해라. 지금 분위기가 매우 불길하게 돌아가고 있다"고 재차 노 후보와 연결해 줄 것을 부탁했다.

나는 급히 김원기 고문에게 전화했다. 김 고문은 당신 지역구인 익산에 계시다고 했다. 명동 유세와 종로 유세상황이 불길하게 돌아간다고 보고하자 김 고문은 "이것, 큰일 났다"며 "내가 지금 익산에 있는데 급히 당사로 올라가겠다"고 했다. 김 고문과의 통화를 마치고 나는 정대철 선대위원장에게 전화를 걸어 현 상황이 급박하다고 보고했다. 정 위원장도 "알았다. 곧바로 당사로 가겠다"고 했다. 당 중진들에게 상황보고를 마치고 나도 여의도 당사를 향해 걸음을 서둘렀다.

투표일 전야에 불거진 대형 악재

그런데 내가 당사에 도착하기도 전에 '국민통합 21'의 김행 대변인이 밤 10시 반에 급히 기자들을 불러 모아 "노무현 민주당 후보와의 후보단일화를 전격 철회한다"고 선언했다. 그녀는 다음과 같은 요지로 기자들에게 지지철회 배경을 밝혔다.

"국민 여러분에게 안타까운 말씀을 드린다. 정몽준 국민통합21 대표는 노무현 민주당 후보에 대한 지지를 철회하며 국민 여러분이 현명한 판단을 내려주기를 기대한다. 노 후보가 오늘 저녁 명동 합동유세에서 '미국과 북한이 싸우면 우리가 말린다'고 했는데 이런 표현은 매우 부적절하며 정당 간 정책공조 정신에 어긋나는 발언이라고 우리는 판단했다. 미국은 우리를 도와주는 우방이지, 미국이 북한과 싸울 이유는 없다는 것이 우리 생각이다. 단일화 정신의 원칙은 정책공조와 상호존중인데 합동유세에서의 이런 발언은 단일화의 원칙이 지켜지지 않은 사실을 확인시켜줬다."

단일화가 깨진 것이다.

당사에 선대위 간부들이 속속 모여들었다. 내가 당사에 도착해 후보실로 가보니 노 후보는 젊은 당원들에게 둘러싸여 있었다. 젊은이들 가운데 내가 알아본 사람은 임종석 한 명뿐이었지만 짐작컨대 안희정, 이광재 등 노 후보 심복들이 전원 집합해 있는 것이 분명했다. 나는 급히 젊은이들에 둘러싸여 있는 노 후보를 향해 말했다.

"후보님, 지금 빨리 정 대표에게 전화하셔서 사과하시고 이 사태를 바로잡아야 하겠습니다."

그러자 갑자기 방 안 분위기가 싸하게 바뀌더니 한 젊은이가 내게 버럭 소리를 질렀다.

"아니, 허 의원은 왜 우리 후보한테 사과하라고 하는 겁니까?"

한마디로 어이가 없었다. 비상 상황을 타개하기 위해 긴급 건의를 하는 내게 마치 반역자라도 된다는 듯이 몰아붙이고 나오는 젊은이들의 적대적 반응에 정신이 아득해져 그만 그 방에서 나오고 말았다.

옆방으로 건너와 숨을 고르는데 정대철, 김원기 의원 등이 잇따라 도착했다. 나는 당 원로들에게 방금 전 있었던 일을 보고했다. 사과하라고 했는데 젊은이들이 벌떼처럼 들고일어나 왜 사과하느냐고 했다는 내 말을 듣고는 이해찬 의원이 담배를 피워 물고 방안을 왔다갔다 하면서 느린 곡조로 이같이 혼자 읊조리는 것이었다.

"피이양 가암사도 지하기 싫으면 안 하는 것이지이이~"

나는 김원기, 정대철 두 분에게 빨리 뭔가 조처를 취하라고 채근했다. 그러자 두 분이 움직이기 시작했고 이어 노 후보가 당 중진들이 있는 옆방으로 건너왔다. 그래서 나는 노 후보에게 재차 사과하라고 재촉했다. 내 목소리에 약간 노기가 들어 있었던 것으로 기억된다.

나는 노 후보가 내 건의를 받아들이려니 했다. 그런데 그게 아니었다. 노 후보는 눈을 부릅뜨고 나를 쳐다보면서 언성을 높여 이렇게 말했다.

"아니, 내가 왜 그런 사람한테 사과까지 하면서 대통령을 해야 합니까? 그럴 바에는 나, 대통령 안 할 거예요!"

그래서 나도 맞고함을 질렀다.

"아니, 노 후보님 개인을 위해서 대통령 하시라는 겁니까? 국민을,

나라를 위해서 대통령 하시라는 것이고 그것 때문에 우리가 여기까지 왔는데 지금에 와서 대통령 안 하겠다고 나오시면 그게 말이 됩니까?"

선거전에 뛰어들어 내가 처음으로 목소리를 높인 것이 이때였다.

그러자 노 후보가 "처음부터 (정 대표가) 그런 사람인 줄 알았다. 내가 그런 사람하고 손잡고 대통령이 되어 봐야 뭐 하겠나. 대통령 안 하면 그만이다"식으로 푸념을 섞어 중얼거렸다.

안 되겠다 싶었던지 김원기, 정대철, 이해찬 의원이 노 후보를 열심히 설득하기 시작했고 마침내 노 후보도 고집을 꺾고 정 대표를 만나보기로 했다. 밤 11시쯤 한화갑 대표 일행이 국민통합21 당사로 급히 달려갔다.

조금 있으니 신문 호외가 배달되기 시작했다. 신문들은 하나같이 대문짝만 한 활자로 '정몽준, 노무현 버렸다'라고 보도하고 있었다.

노무현 후보도 움직였다. 노 후보는 새벽에 평창동 정몽준 대표 자택으로 달려갔다. 하지만 노 후보는 대문 밖에서 발길을 돌려야 했다. 박범진 전 의원 등 국민통합21 관계자들도 정몽준 설득에 나섰지만 역시 정 대표를 만나지 못했다.

대선 투표 당일인 19일 새벽 5시 반, 노무현 후보가 긴급 기자회견을 열었다.

"뜻하지 아니한 일로 국민 여러분들께 혼란을 드려서 대단히 송구스럽습니다. 솔직히 말씀드려서 저는 사태가 이와 같이 된 데 대해서 영문을 잘 모르고 있습니다."

노 후보가 이러는 사이 정몽준 대표는 "투표도 하지 않겠다, 대선 이후에 입장을 밝히겠다"고 대변인을 통해 발표하고는 자택에서 칩거를 계속했다.

전화위복이란 이런 것

꼬꼬

드디어 대선 투표일이 되었다. 당사에서 꼬박 밤을 샌 우리는 아침 일찍 기자들을 상대로 선거 브리핑을 하고 헤어져 제각기 투표하러 집으로 갔다. 그 때 내 심정은 '이제 다 글렀다'였다.

투표를 마치고 다시 당사에 집결한 선대위원들은 초조한 심정으로 투표율 추이를 관찰했다. 그런데 이게 웬 일인가. '정몽준 효과'가 발생하기 시작했다. 선거운동기간에 있었던 '김민석 효과'에 이은 제2의 반작용이었다. 휴일을 맞아 놀러나갔던 젊은이들이 "정몽준이 노무현을 버렸다"는 소식을 듣고 속속 투표장으로 오기 시작했다. 오후 1시 반이 되자 노 후보의 승리가 조심스레 예상되기 시작했다. 젊은 층의 투표율이 예상외로 높아지면서 노무현 후보가 예상을 뒤엎고 최종 승리했다. 만감이 교차하는 순간이었다. 초선의원으로서 인터넷 대통령 당선에 기여했다는 자부심이 활화산처럼 분출하면서 역사의 축을 바꾸는 데 참여했다는 긍지가 가슴에 차올랐다. 노무현 후보의 당선은 정말이지 개인적으로는 더할 나위 없는 영광이었다.

〈한국일보〉는 선거 직후인 2002년 12월 21일 자에 "노무현 시대, 활짝 핀 사이버 유권자 운동"이라는 기사를 실었다.

대통령선거 투표개시를 불과 7시간 앞둔 18일 밤 11시께. 국민통합21 정몽준(鄭夢準) 대표가 민주당 노무현(盧武鉉) 후보 지지를 철회했다는 소식이 전해진 순간 전 사이버 공간이 출렁였다. 순식간에 수만 건의 글이 언론사와 정당, 시민단체 홈페이지 게시판을 도배했다. 네티즌들의 발 빠른 대응은 19일 선거 당일 사이버 공간에서의 집중적인 투표참여

캠페인으로 이어졌다. 노사모 회원을 중심으로 한 네티즌 수천 명이 19일 오후 6시 광화문에 집결해 '길거리 개표응원'을 펼칠 수 있었던 것도 인터넷 '번개 통신' 덕분이었다.

정치문화 지형 바꿔

이번 대선을 통해 사이버 유권자 운동은 새로운 정치참여 방식으로 확고히 자리 잡았다. 400여 개 시민단체 모임인 '2002대선유권자연대'의 투표참여 캠페인이 대표적인 형태. 활발한 온라인 토론은 정책선거로 유도하는 촉매가 되기도 했다. 또 특정후보 편들기 경향을 보인 일부 보수언론에 맞서 토론방과 게시판 등을 넘나들며 사이버 반대운동을 펴나갔다.

대선유권자연대 김박태식(金朴泰植) 간사는 "영국 노동자들의 선술집 토론이 노동당의 뿌리가 됐듯 사이버 공간이 우리 한국 정치문화의 지형을 바꿨다"고 지적했다.

한국외대 김진홍(金鎭洪·신문방송학) 교수도 "이번 선거결과는 사이버 공간을 통해 자유롭게 정치적 의사를 표출한 젊은 네티즌들이 일부 보수언론의 여론몰이 시도를 꺾은 것으로 볼 수 있다"고 평가했다.

불법선거 감시에도 위력

네티즌들은 불법 선거운동 대처에서도 경찰 선관위 등 '오프라인' 단속반보다 한발 빨랐다. 차상호(車相昊) 노사모 회장은 "불법선거운동 사례가 게시판에 오르면 누구 지시도 없이 네티즌들이 '5분 대기조'처럼 현장에 출동하기 때문에 늘 선관위 단속반보다 앞서 갔다"고 말했다. 네티즌들이 19일 새벽 수도권과 충청권에서 '노-정 분열'을 알리는 대량의 불법벽보를 자체적으로 제거할 수 있었던 것도 이 때문이었다.

막판 투표율 높이기 운동까지

네티즌들의 위력은 막판 '투표율 끌어올리기'에서도 유감없이 발휘됐다. 오전 투표율이 저조하자 사이버공간에는 '게릴라 통신'이 숨 가쁘게 작동했다. '1인당 10통화씩 투표참여를 독려하는 전화를 걸고, 문자메시지도 발송하자는 자율지침'은 온라인을 타고 번져갔다.

실제로 미디어리서치 김지연(金知演) 사회조사실 팀장은 "출구조사 결과 50, 60대의 3분의 2가 오전에 투표를 한 반면 20, 30대 젊은 유권자들은 절반 이상이 오후 1시 이후 투표를 했다"며 "젊은 층의 라이프 스타일 때문이기도 하지만 네티즌들의 막판 투표독려 운동이 크게 효과를 발휘한 것으로 보인다"고 말했다.

'인터넷 대통령'은 미국보다 한국이 먼저

ⓐⓍⓐ

2006년 5월 31일 SBS가 주최하는 '서울디지털포럼 2006' 행사가 서울 쉐라톤 그랜드 워커힐 호텔에서 열렸다. 국내외 정보통신 전문가들이 한자리에 모여 디지털 시대의 흐름을 읽는 이 행사에는 구글의 에릭 슈미트 회장, 디즈니-ABC 그룹의 앤 스위니 사장이 '미디어의 현재와 미래', '할리우드 인 서울'을 주제로 각각 특별연설을 했고, 이밖에 디지털 분야 CEO, 석학, 정책결정자 등 60여 개국 2,500여 명이 초청돼 급변하는 디지털 사회의 현안을 점검하고 새로운 미래 비전을 제시했다.

이날 저녁 오세훈 시장이 환영 만찬을 주재했다. 나는 당시 대학총장 자격으로 만찬에 참여했는데 내 자리는 오 시장과 같은 헤드테이블이었다. 그런데 내 옆에 마침 그날 행사의 기조연설자인 흑인이 앉아 있었다. 그는 미국의 유명한 지식인 가수 '윌아이엠'(will. I. am)

이었다. 그는 "흑인, 여성, 게이 같은 소수자(minority)들로 구성된 '블랙 아이드 피스'(The Black Eyed Peas) 음악 그룹을 이끌고 있다"고 자신을 내게 소개했다. 함께 식사를 하면서 대화가 무르익자 그가 내게 이렇게 말하는 것이었다.

"앨빈 토플러가《권력이동》이라는 책에서 앞으로 권력이 지식인 쪽으로 이동할 것이라고 말했지만 이미 권력은 인터넷 기반의 멀티미디어 기기를 능숙하게 다루는 젊은이들에게 이동했다. 우리는 오바마를 위해 캠페인 노래를 무료로 작곡해 멀티미디어 기기를 통해 퍼뜨리고 있다. 두고 보라. 오바마가 반드시 대통령에 당선될 것이다."

그래서 나는 "인터넷 대통령은 대한민국에서 먼저 탄생했다. 정치 경력이 일천한 오바마가 과연 멀티미디어의 위력에 힘입어 대통령에 당선되는지 주의 깊게 지켜보겠다"라고 말해 주었다. 결국 이듬해 오바마는 대통령에 당선되었고 윌아이엠의 예언은 적중했다.

노무현을 움직이는 100인

〈파이낸셜뉴스〉는 2002년 12월 31일 자에 실은 "노무현을 움직이는 100인…이들의 말이라면 盧心도 '끄덕끄덕'"이라는 기사에서 이렇게 보도했다.

> 선대위 실무는 이상수(총무본부장) 이해찬(기획) 이호웅(조직) 김경재 (홍보) 이재정(유세) 임채정(정책) 김한길(미디어) 허운나(인터넷) 등 8 인방의 본부장들이 책임졌다. 특히 임채정 정책본부장은 행정수도 수도

권 이전 등 굵직한 공약을 쟁점화시키며 정책전을 승리로 이끌어 정권 인수위원장이란 중책을 맡았다. '김경재·김한길·허운나'의 홍보 3각 편대는 이번 선거전에서 한나라당을 시종 압도했다.

이에 앞서 〈머니투데이〉는 2002년 12월 27일 자에 실은 "인터넷기업協, '2002 인터넷기업인의 밤' 개최" 제하의 기사에서 '인터넷 대통령 노무현'에 관해 이렇게 보도했다.

한국인터넷기업협회는 27일 코엑스 컨퍼런스룸에서 "올해의 인터넷기업상 시상식 및 인터넷기업인의 밤" 행사를 개최했다.

이날 행사에서는 노무현 대통령 당선자가 '인터넷기업인에게 보내는 감사메시지'를 허운나 민주당 의원 편에 보내 눈길을 끌었다.

노 당선자는 "나는 인터넷 등 지식정보화 시대가 만들어준 21세기 최초의 대통령"이라며 "인터넷은 앞으로 지역주의 타파와 낡은 권위주의 정치를 척결해 열린 정치를 구현하는 데 중요한 역할을 할 것"이라고 언급했다. 또 디지털경제시대의 핵심인 인터넷 산업발전에 대한 의지를 재확인했다.

또 NHN을 비롯해 넷피아닷컴, 인포허브, 잡코리아 등 4개사에 대해 '올해의 인터넷기업상'을 전달하는 시상식이 열렸다.

이 행사에는 이상철 정통부 장관, 김형오 국회 과기정위원장, 새천년민주당 허운나 의원, 이종걸 의원을 비롯해 관련 협회 단체장과 150여 명의 인터넷기업인이 참가했다.

선거 끝나자 내게 쏠린 경계의 시선

2002년 12월 19일 밤 노무현 후보의 대통령 당선이 기정사실로 굳어지자 여의도 민주당사의 노 후보 사무실에는 사람들이 구름같이 몰려들었다. 사람들은 저마다 차기 대통령에게 축하인사를 건네고 눈도장을 찍느라 여념이 없었다. 나 같은 초선의원은 감히 노 후보 곁에 접근할 수조차 없었다.

이튿날 아침 노 당선자가 동작동 국립현충원을 참배하러 갔을 때에도 마찬가지였다. 수많은 사람들이 노 당선자 곁에 운집해 그를 옹위하는 바람에 나는 이리 치이고 저리 치여서 감히 근처에도 갈 수 없었다. 나는 완전히 '개털'이었다.

'아니, 어제 낮까지만 해도 노 후보는 안 된다며 거리를 두던 저 사람들이 이제 와서는 자기들이야말로 노 후보 당선을 위해 사력을 다했노라고 공치사를 하는 저 사태를 어찌 해석해야 하는가?'

가슴속에 절로 비애가 찾아들었다.

뒷전으로 내팽개쳐진 것은 그나마 양반이었다. 하루인지 이틀인지 지나자 인터넷에 나를 모함하는 글이 서서히 올라오기 시작했다.

점심시간이 되어 의원회관의 내 방에 들렀더니 보좌관이 "의원님, 이상한 글이 인터넷에 떴기에 삭제토록 조처하였습니다"라고 보고하는 게 아닌가?

내가 무슨 내용이냐고 물었더니 "허운나는 정몽준 사람이다"라는 내용이었다고 했다. 문제의 글에는 내가 유세장에서 정몽준 대표와 나란히 찍은 사진도 곁들여졌다고 했다. 노무현의 오랜 동지들이 나를 경쟁자로 보고 찍어내기에 들어간 것이라는 생각이 들자 헛웃음이 나왔다.

'이런 게 정치판이구나….'

순진한 초선의원이 한 단계 성숙해지는 순간이었다.

노무현의 젊은 동지들이 나를 부쩍 경계하는 데에는 이유가 있었다. 혹시라도 내가 장관 자리라도 꿰어 차기라도 하면 자기들 몫이 줄어들기 때문임은 굳이 묻지 않아도 알 수 있었다. 취임 초기 노무현 대통령이 주재하는 청와대 만찬이 있어서 민주당 의원 전원이 참석하였는데 필시 그날의 자리배치를 책임졌을 청와대 보좌진이 내 자리를 맨 말석, 출입문 옆에 배치하는 것을 보고 그들이 나를 견제하는 것을 다시금 실감했다.

'그래, 너희끼리 다 해 먹어라. 나는 너희와 파이를 나눠 먹지 않겠다. 내 파이는 내가 직접 만들어 먹겠다.'

이런 내 생각은 한양대에서 연구소를 운영할 때도 마찬가지였다. 연구소 규모가 커져 연구원이 40여 명에 달했을 때 나는 최대 억 단위의 프로젝트를 수주해 와서 그 돈으로 연구원들에게 꼬박꼬박 월급 형태의 연구비를 지급했다. 그러자 학교 여기저기에서 이를 질시하는 마타도어가 떠돌기 시작했다. '총장과 사이가 각별해 저런 프로젝트를 따온다'에서부터 시작해 별의별 음해가 난무했다. 일부 교수들은 내가 혹시라도 총장과의 인연을 바탕으로 중요 보직이라도 차지하지 않을까 싶어 전전긍긍했다. 그런 사람들은 한정된 파이인 보직을 내게 뺏길 수도 있겠다 싶어 나를 끌어내리려고 온갖 헛소문을 퍼뜨렸다. 그런 소문이 내 귀에 들어올 때마다 나는 '에이 못난이들아, 한정된 파이를 놓고 서로 먹으려 으르렁댈 것이 아니라 너희도 나처럼 블루오션을 직접 개척해 돈을 벌어보렴'이라며 콧방귀를 끼곤 했다. 사실 난 한 번도 한양대에서 기존 보직을 맡지 않았다. 내가 누린 자리는 모두 내가 스스로 만든 자리였다.

"허운나는 우리와 스펙이 다르다"며 왕따 놓아

ᢒᨭᢓ

'노무현의 사람들'이 나를 가리켜 '정몽준의 사람'이라고 억지를 부린 데는 그 나름의 이유가 있었다. 그들 눈에는 아무리 뜯어보아도 내 스펙이 노무현하고는 어울리지 않았다. 반면 정몽준 의원과는 어울리지 않는 구석을 찾기 어려웠다. 그들이 보기에 나는 경기여중, 경기여고, 서울대를 나온 엘리트에 미국에서 박사학위를 받은 '귀족'이었다. 그러니 그들이 나를 정몽준이 노무현 캠프에 심어놓은 '트로이의 목마'로 볼 수도 있었다. 물론 대선을 앞두고 노무현 후보의 당선을 위해 밤잠을 설쳐가며 인터넷 홍보에 매달린 내 행적을 떠올리면 감히 그런 생각을 할 수 없었겠지만, 일단 노무현 후보가 대통령에 당선된 마당에야 내게 '정몽준의 사람'이라는 올가미를 씌우는 것이 나를 노무현 대통령으로부터 멀어지게 하는 데 효과적임을 그들이 눈치 빠르게 깨달았던 것이다.

억울했지만 현실적인 힘을 가진 사람들에게 내가 저항해봤자 실익이 있는 것도 아니었다. 그래서 나는 노무현 후보가 당선되고 난 이후에는 쓸데없는 오해를 사기 싫어 국회에서 정몽준 후보와 되도록 거리를 두려고 노력했다.

조(兆) 단위 자산가인 정몽준 의원은 예사 의원들과는 확실히 달랐다. 정 의원은 추석이나 설이 되면 동료 의원 전원에게 전복이나 송이버섯 같은 값비싼 선물을 돌렸다. 나도 물론 그 선물을 받았다.

2002 월드컵 당시 국제축구연맹 명예부회장 정몽준(맨 왼쪽)과
거스 히딩크 축구감독(왼쪽에서 네 번째)과 함께.

예전 같았으면 이런 고가의 선물을 받고 나면 정 의원에게 전화를 걸어 감사 표시를 하거나 국회 안에서 마주칠 때 고맙다고 인사를 건넸겠지만 '정몽준의 사람' 운운하는 마타도어가 떠돌고 난 이후부터는 일부러 정 의원을 멀리했다. "오얏나무 아래에서는 갓끈을 고쳐 매지 말라"는 원칙을 실천하기 위해서였다. 정 의원이 내게 섭섭함을 느꼈더라도 어쩔 수 없는 일이었다. 내가 한양대에서 김종량 총장을 점차 멀리한 것과 일맥상통하는 일이었다.

함께 선대위에서 고생했던 김원기, 정대철 의원은 내 입장을 이해해 주었다. 하루는 김원기 고문이 내게 말했다.

"대통령이 허리가 아파 입원했다기에 병문안 간 김에 대통령에게 내가 말했소. 정몽준 대표에게 허운나 의원을 보낸 사람은 바로 나라고."

그런가 하면 정대철 의원은 내게 이렇게 말하는 것이었다.

"내가 대통령에게 허운나 의원을 장관 시켜야 하는 게 아니냐고 건의했지. 그런데 (당신이) 경기여고 나와서 싫은가 봐."

한나라당 텃밭 분당에서 국회의원 출마

노무현 대통령이 당선되고 나서, 한국 정치에는 '참여'와 '개혁'이라는 화두가 크게 부각되었다. 이에 자연스럽게 '참여'와 '개혁'에 대한 화두는 민주당에게 넘어갔다. 대선 기간 동안 표출되었던 국민들의 요구를 민주당에서 정치개혁을 통해 담아내야 하는 역사적 소명이 생긴 것이다. 가령, 상향식 공천제라든가, 지구당 폐지라든가, 국민 참여경선제라든가 하는 정치개혁 방안을 마련하라는 국민적 요구가 있었던 것이다. 이러한 개혁은 현직 국회의원들이 자신들의 기득권을 포기해야 하는 일들이었다. 이에 민주당은 기득권을 유지하려는 구주류 세력과 기존 기득권을 갈아엎고 정치개혁을 이루려는 신주류 세력으로 나뉘게 되었다.

둘은 한동안 치열하게 싸웠으나 끝내 결판을 내지 못했다. 그러자 2003년 7월 한나라당에서 탈당한 김부겸, 김영춘, 안영근, 이부영, 이우재 등 개혁파 5명에 이어 9월 새천년민주당에서 탈당한 강봉균, 김근태 등 의원 수십 명이 탈당해 신당창당 대열에 합류했다. 10월에는 그동안 신당창당에 참여하면서도 의원직 유지를 위해 민주당에 남아 있었던 전국구 이미경 의원과 역시 전국구 의원이던 내가 민주당 탈당과 함께 국회의원 사퇴를 선언하고 신당에 합류했다. 이렇게 해서 그해 11월 '열린우리당'이 공식 출범했다.

열린우리당 지도부는 2004년 4월 15일 치러지는 17대 국회의원 선거를 앞두고 나를 전통적인 한나라당 텃밭인 경기 성남 분당갑 후보로 지명했다. 시작부터 힘든 선거였다. 그 당시 내가 처한 선거상황을 가장 생생하게 보여주는 것으로 〈월간중앙〉 2004년 4월 호의 다음 기사만 한 것이 없다.

경기 성남분당갑 열린우리당 허운나 후보….“IT 강국 견인차 되겠다”

한나라당의 텃밭인 경기 성남 분당갑에서 벌어지고 있는 성(性) 대결이 관심을 끌고 있다. 맞수는 한나라당 고흥길 의원과 그에게 도전장을 낸 열린우리당 허운나 전 의원. 허운나(55) 전 의원은 민주당 비례대표로 16대 국회에 진출했지만, 지난해 열린우리당에 합류하면서 의원직을 잃었다. 그는 “정치 개혁에 대한 소신과 열정으로 금배지를 포기하는 어려움을 감수했다"며 "많은 지역 주민들이 이런 결단을 박수로 격려해 주었다"고 말했다.

'천당(天堂) 다음 간다'는 분당은 우리나라 중산층이 '군집'하고 있는 대표적인 신도시. 변화보다 안정을 바라는 성향이 뚜렷하고, 전통적으로 한나라당 강세 지역이다. 단적으로 시의원 10명 중 9명이 한나라당 소속이고, 성남시장·경기도지사도 한나라당 사람이다. 허 전 의원은 "열린우리당으로선 불모지나 다름없는 곳으로, 일부의 노골적인 냉대, 푸대접과 홀로 싸웠다"고 털어놓았다. "다수당의 힘과 횡포를 몸으로 느끼면서 맘속으로 많이 울었다"고 할 땐 목이 메는 듯했다.

그러나 탄핵안 가결 후 이 지역 민심도 변하고 있다. 허 후보는 "열린우리당의 상승세를 체감하고 있다"며 "어리둥절하지만 힘이 난다"고 말했다. 그에 따르면 탄핵소추가 있었던 3월 12일, 한 무리의 대학생들이 그의 사무실로 찾아와 입당원서를 냈다. 후원금이 쇄도하는가 하면, 냉소적으로 바라보던 주민들이 건강음료를 사들고 방문하기도 했다.

그는 이런 변화의 바람 한가운데 여성들이 있다고 주장했다. 지역 속으로 파고들기 위해 그가 한 노력은 '주민들에게 먼저 다가가는 친근한 정치인이 되는 것'. 장애 노인, 소외계층 등 자신의 손길을 필요 하는 곳이면 어디든 찾아갔다. 여성 특유의 섬세함과 따뜻함으로 이들을 감싸안았다. 그는 궁극적으로 이런 '생활정치'가 주민들이 필요로 하는 정치라고 강조했다.

특히 지역 여성들의 밑바닥 정서에 귀를 기울였다. 교육자 출신으로서, 사교육 문제로 골머리를 앓는 여성들에게 조언을 해주기도 했다. 때로는 인터넷으로 접수된 민원을 찾아가 해결했다. 초등학교 앞 도로를 점거한 차들과 주택가 바로 옆 자동차 정비소 때문에 두 곳에서 민원이 들어왔을 때였다. 사정을 알아보니 학교 앞 도로를 차지한 차들 때문에

깨끗한 정치, 감성경영으로
21C 전자민주주의를 열어갑니다

www.unna.or.kr

사이버시대를 선도하는 IT전문가
국회의원 허 운 나

제16대 새천년민주당 국회의원 허운나.

어린이 교통사고가 끊이지 않았다. 그가 해당 구청과 시장에게 전화를 걸었고, 그제야 구청 공무원들이 조사에 나섰다.

"두 곳 모두 서민들이 모여 사는 곳이라 상대적인 박탈감이 심했습니다. 부자들이 사는 동네라면 이런 시설이 들어왔겠느냐는 거죠. 주민들이 항의를 해 대는데, 마음이 아팠습니다."

그는 그 일이 있은 뒤로 두 곳 주민들이 자신의 든든한 후원자가 되었다고 자랑했다. 요즘은 선거사무실이 자신을 돕겠다는 자원봉사 주부들로 북적댄다고 털어 놓았다.

허운나 후보는 얼마 전 과학기술과 이공계 대학 발전에 기여한 공로로 전국 이공계 학부·대학원 학장 130명의 뜻을 모은 공로패를 받았다. 허 후보는 "앞으로 10년 이상 IT 산업이 세계산업의 중심이 될 것이며, 미래 한국을 이끌 최고급 과학기술 인력을 양성하는 것이야말로 선진강국의 지름길"이라고 단언했다.

허 후보는 교육과 첨단 정보통신공학을 접목시킨 '교육공학'을 우리나라에 뿌리내린 'IT 전문가'로 통한다. 서울대 영문과를 나와 미 플로리다대 대학원에서 문헌정보학 석사·교육공학 박사학위를 받은 그는 플로리다대 연구교수, 이 대학 교육공학센터 초청교수, 영국 캠브리지대 객원 교수로 일했다. 그 후 한양대 교육공학과 교수로 재직할 때 국민의 정부의 IT 정책에 참여하면서 정치에 입문했다.

2000년 총선 땐 민주당 총선기획단 사이버선거 대책본부 본부장으로 있으면서 'e민주'라는 당 캐릭터를 개발하는 등 국내 정당 사상 최초로 홈페이지를 통한 사이버선거를 치렀다는 평가를 받았다. 2002년엔 민주당 대선 인터넷선거 특별본부장을 맡아 '노무현 정부'를 출범시키는 데 공헌했다. 이런 이력 덕에 열린우리당 e-party 위원장도 맡고 있다.

허운나 전 의원은 지난 4년의 의정활동 기간에 중국과 중남미 여러 나라를 방문해 비즈니스 외교를 펼쳤다고 말했다. 그는 "우리나라 정치인도 '우물 안 개구리' 식으로 국내 정치에만 매달릴 게 아니라 세계무대에서 다른 나라 정치인들과 경쟁해 외국인 투자 유치 등 비즈니스 외교에 적극 나서야 한다"고 주장했다.

비례대표로 진출한 16대 국회에선 '국제정보통신 국회의원연맹'을 창립, 초대회장을 맡았고 우리 기업들이 세계로 진출하는 발판을 만들었다. 여야 국회의원들의 연구단체인 '사이버정보문화연구회' 회장을 맡기도 했다. 이런 활동들이 바탕이 돼 유권자연맹이 뽑은 국회상임위원회 최우수의원상을 받았고, NGO연합이 뽑은 국감 우수의원에 4년 연속 뽑혔다. 의정활동 종합 평가에선 전체 273명 의원 중 베스트 3인에 뽑혔다.

그런 그에게 16대 국회에 대한 소회를 물었다. 뜻밖에 "국회 본회의장, 의원총회장에서 벌떡 일어나 뛰쳐나오고 싶었던 적이 한두 번이 아니다"라는 답이 돌아왔다.

"국회가 정쟁의 도구가 되고, 의원들이 당론에 맹종하는 거수기가 되는 걸 보면서 모멸감을 느꼈습니다. 본회의장이나 의원총회에서 무차별적으로 상대방을 공격하는 건 국회에 들어와 처음 봤거든요. '내가 왜 여기 앉아 있나' 하는 생각만 들고, 국민의 혈세를 낭비하는 소모적인 국회, 노는 국회의 일원이라는 게 부끄러웠습니다."

그런데도 끝까지 자리를 지킨 건 "오랫동안 강단에만 있었던 샌님이라 저렇다든가 역시 여자는 안 돼" 하는 소리를 듣고 싶지 않았기 때문이라고 했다. "전문가 출신의 여성 정치인으로서 중도하차하면 후배 여성 정치인들에게 좋지 않은 선례가 된다"는 생각도 했다고 말했다.

지역구인 분당에 대해선 '분당실리콘밸리'란 장밋빛 청사진을 그려 보였다. 분당을 교육과 정보화의 도시로 육성하겠다는 것. 구체적으로

소프트웨어 고등학교, 외국어고등학교 등 특수목적고와 정보통신대학
교-카네기멜론대학교 간의 공동과정 등을 만들고, 분당 지역의 정보통
신 기업들을 지원하겠다고 설명했다. 분당의 20만 평 부지에 외국 주요
기업과 교육기관을 함께 유치해 한국기업의 기술력과 경쟁력을 높여나
가겠다는 포부도 밝혔다.

"21세기 정보화시대에 우리나라를 먹여 살릴 산업은 정보통신밖에 없
습니다. 무궁무진한 세계시장을 노리려면 글로벌 스탠더드에 걸맞은 마
인드와 세계시장에서 겨룰 만한 콘텐츠·첨단기술이 있어야 돼요. 이 모
든 게 정치가 바로 서고, 정책이 제대로 수립될 때만 가능한 일입니다.
IT 강국으로서의 미래를 위해 교육전문가·IT 전문가로서 검증받은 저
를 선택해 주십시오. 차세대 여성 정치인으로 저를 키워 주십시오."

한국정보통신대 총장으로

෨෨෨

선거는 한나라당 고흥길 후보의 승리로 끝났다. 당시 흔들리는 분당
민심을 수습하고 보수파의 결집을 위해 박근혜 의원이 두 번이나 분
당에 와서 유세하였다. 반대로 정동영 후보는 노인 폄하 발언(2004년
3월 26일 대구 그랜드호텔에서 국민일보 기자들과 가진 인터뷰에서 "(이
번 총선에서) 60~70대는 투표 안 해도 괜찮다. 그분들은 집에서 쉬셔
도 된다"고 발언하여 물의를 일으킴)으로 안 그래도 힘든 분당의 유
권자들을 민주당에게서 완전히 등 돌리게 만들었다. 개표 결과 고 후
보가 54.1%를 득표하고 내가 40.6%를 얻었다. 이어 새천년민주당의
김종우 후보가 3.3%, 무소속의 강정길, 장명화 후보가 차례로 1.2%

와 0.8%를 득표했다. 애석하게 졌지만 당에서는 "한나라당 텃밭에서 40% 넘게 득표한 것만 해도 큰 소득"이라며 나를 위로해 주었다. 그 전에는 민주당 강봉균 의원이나 이상철 장관 등 최고의 주자들도 고작 20% 득표율이었기에 나의 40%는 최선을 다한 나에게는 아무런 미련 없이 정치권을 떠날 수 있는 계기가 됐다.

선거가 끝나 노무현 대통령에게 인사를 가니 "정말 고생했다"며 "조금만 기다리면 정통부 장관에 임명해 주겠다"고 했다. 나는 "대통령님의 배려는 고맙습니다만 저는 장관보다 대학 총장에 관심이 더 많습니다"라고 했다. 한국정보통신대학교(ICU)의 당시 총장이 5개월째 공석이었다. 나는 ICU 이사회 결의를 거쳐 6월 7일 ICU 총장에 취임했다.

〈통신저널〉 2000년 10월 호 표지 모델.

1

2

3

4

1   이만섭 국회의장으로부터 최고의 국회의원 연구회 표창을 받고.
2   이명박 서울 시장과 함께.
3   청와대에서 이희호 여사와 제16대 여성국회의원 및 장관들과 함께.
4   노무현 대통령 후보와 인터넷 방송국 개통한 후.

6막

대전에서
천하영재들과 함께

맹자(孟子)는 천하의 영재를 얻어 교육하는 것이 군자의 세 번째 즐거움이라고

했다. 정보통신 분야의 고급인력을 양성할 목적으로 설립된 한국정보통신대학

교의 총장을 맡아 국내외에서 영재들을 모아 가르치면서 'IT 강국 대한민국' 위

상을 세계 속에 드높였다.

하늘의 무지개를 볼 때마다
내 가슴은 뛴다.

나 어린 시절에 그러했고
어른이 된 지금도 마찬가지.
늙어서도 그러기를 바라거니와
그렇지 못하다면 차라리 죽는 게 나으리.

아이는 어른의 아버지
바라노니 나의 하루하루가
자연의 믿음에 매어지고자.

— 윌리엄 워즈워스, 《무지개》

전문화와 세계화가 관건이다

내게 돌아온 선거비 전액 기부로 정치인 청산하고 다시 교육자로

෨෩෬

ICU 3대 총장에 취임해 업무파악을 하느라 바쁜 나날을 보내고 있는데 나를 도와 함께 국회의원 선거전을 치렀던 보좌관이 돈을 한보따리 들고 나를 찾아왔다. 선거관리위원회에서 사후에 선거비용을 보전받은 돈이라고 했다. 나는 다소 엉뚱한 결단을 내렸다. '선거는 이미 지나간 것, 어차피 많은 지지자들이 모아준 이 돈을 공익 목적으로 쓰자'고 결심한 것이다. 다음은 대전에서 발행되는 과학·산업 전문 인터넷 신문 〈대덕넷〉이 2004년 6월 23일 "허운나 총장, 선거비 1억 원 지역에 기부" 제하로 보도한 내용이다.

"1억 1천만 원의 선거비용을 돌려받았다. ICU가 지역과 함께 하겠다는 뜻으로 이 돈을 대전지역의 불우한 이웃들을 위해 기부하겠다."

1

2

1   한국정보통신대(현 KAIST) 총장 취임.
2   2005학년도 후기 학위수여식 개최.

한국정보통신대학교(ICU) 3대 총장으로 취임한 허운나 총장(55)이 23일 기자회견을 갖고 이같이 밝혔다.

허 총장은 지난 국회의원 선거에서 "1억 1천만 원을 선거비용에서 돌려받았다"면서 "이 돈을 지역구였던 분당과 대전지역의 장애인, 소년소녀가장 등 불우한 이웃들을 위해 기부하겠다"고 밝혔다. 학교발전을 지역과 함께하겠다는 의사 표시다.

그는 "ICU가 대덕밸리에 존재하면서 지역과 연계가 너무 부족했던 것 같다"면서 "앞으로 지역발전을 위한 모임에 열정적으로 참여하는 등 지역과 함께 호흡을 맞춰나갈 것"이라고 강조했다.

국가에서 보전받은 선거비용을 언론에 밝힌 것처럼 사용하겠다는 생각을 굳히고 있다. 대전시청으로 염홍철 시장에게 총장 취임 인사를 하러 갔다. 함께 차를 마시는데 염 시장이 자신이 창안해 대전에서 시행 중인 복지네트워크 '복지만두레'를 내게 열심히 소개했다. 대전시는 마침 2004년부터 동 단위에서 발생하는 각종 복지 관련 문제를 지역 설정에 맞게 신속하고 체계적으로 대처하기 위해 복지만두레를 운영해 왔다는 것이다. 복지만두레는 법과 관계없이 경제사정이 가장 어려운 1만 세대를 찾아내 집중적으로 도와주는 사업으로 재정 지원할 개인 및 단체 등과 결연을 적극 추진 중이라고 했다.

염 시장의 이야기를 듣고 나는 마침 잘됐다 싶어서 염 시장에게 5천만 원을 내놓았다. 염 시장이 깜짝 놀라 "아니, 선거 치르느라 개인 돈을 많이 쓰고 어쩌면 빚까지 졌을지 모르는데 이 돈을 이렇게 내놓으시면 되겠느냐?"고 걱정스럽게 물었다. 그래서 나는 "이제는 정치인에서 교육자로 돌아왔으니 정치를 잊어버리겠다는 결의의 표시로 이렇게 내놓는 겁니다"라고 다소 궁색하게 대답하고 말았다. 이 사실을 〈연합뉴스〉가 2004년 6월 30일 이렇게 보도했다.

한국정보통신대학교 허운나 총장은 30일 오후 대전시를 방문, 염홍철 시장에게 복지만두레 운영 성금으로 써 달라며 5천만 원을 전달했다.

허 총장은 "나눔과 참여, 상부상조 문화 확산의 복지만두레 사업이 더욱 활성화 돼 대전이 살기 좋은 도시로 발전하는 데 보탬이 됐으면 하는 뜻으로 성금을 기탁하게 됐다"고 말했다.

허 총장의 성금은 지난 17대 총선출마 기탁금 가운데 일부를 보전 받아 마련한 것으로 알려졌다.

지난 16대 새천년민주당 소속 국회의원으로 활동하면서 국제IT의원연맹 초대회장을 역임한 허 총장은 지난 7일 4년 임기의 한국정보통신대학교(ICU) 총장으로 부임했다.

대전의 불우이웃들에게 5천만 원을 떼 주고 나니 6천만 원이 남았다. 이번에는 선거를 치를 때 지역구였던 분당 주민들을 도울 차례였다. 보좌관에게 "분당 지역에 있는 복지시설들 가운데 우리가 도와줄 수 있는 곳들을 뽑아보라"고 했더니 보육원, 양로원, 장애인복지관 등 20곳가량을 선정해 왔다. 그래서 그 단체들의 대표를 불러 전달식을 갖고 5천만 원 한도 내에서 쪼개어 성금을 기탁했다.

그래도 1천만 원이 남았다. 그래서 궁리 끝에 여성 권익향상을 위해 어려운 가운데 언론활동을 이어가는 〈여성신문사〉에 나머지 1천만 원을 후원금으로 냈다. 이렇게 해서 선거 뒤풀이를 아주 거하게 했다. 더 이상 정치권과는 아무 빚이 없는 깨끗한 결별의 의미로.

출강했던 대학에 이번에는 총장으로

지금은 카이스트로 통합되어 '카이스트 문지캠퍼스'가 되어 있지만 한국정보통신대(ICU)는 정통부가 한국전자통신연구원(ETRI), KT 등 국내 IT 업체들과 공동으로 정보화촉진기금을 만들고 그 기금의 운용 등을 규정한 정보화촉진법에 의거해 대전광역시 대덕연구단지 내에 1997년 설립한 사립 대학교였다. 21세기 국가경쟁력을 좌우하는 정보통신 분야의 발전을 주도할 세계적인 경쟁력을 갖춘 최고급 지도인력의 양성, 즉 복합기술력과 경영능력을 겸비한 인재를 양성함을 설립목적으로 하였다.

본래는 대학원 과정만 존재하였으나, 2002년에 한국정보통신대학원대학교에서 학부를 세워 한국정보통신대학교로 교명을 개정하였다. 학부생은 매년 120명 정도를 받아들였다(공학부 90명, IT경영학부 30명). 대학원의 외국인 비율은 10%를 훨씬 상회하며, 학부는 과학고, 외국어고 등 특수목적고 출신 학생이 절반 넘게 차지했다. 정시모집의 경우 대학수학능력시험에서 2개 영역 이상에서 1등급을 받은 학생에게 지원 자격이 주어졌다. 전공 전 과목은 영어로 진행되며, 1년 3학기제를 도입, 3년 조기졸업이 가능했다. 내가 총장으로 취임한 2004년 당시 학부생, 대학원생을 합친 총 학생 수는 1,500명 정도였다.

초대 총장 양승택 박사는 "IT를 제대로 발전시키려면 IT 학문만으로는 안 되고 교수들이 교수법도 잘 알아야 한다"고 생각하고 당시 한양대 교수였던 내게 "우리 대학교수들에게 교수법을 좀 가르쳐 달라"고 요청했다. 그래서 나는 한양대 연구소 제자들을 이끌고 일주

일간 ICU에 머물며 교수들을 상대로 강의했다. 이런 인연이 있었던 지라 내가 막상 총장으로 부임하니 많은 교수들이 "아, 그때 우리에게 교수법을 가르쳤던 분이 총장으로 오셨네!"라며 반겼다.

기업에서 자금 끌어와 공동연구소 설립

나는 ICU가 세계적인 경쟁력을 갖추려면 무엇보다 전문화와 세계화를 집중적으로 추진해야 한다는 목표를 세웠다.

전문화를 달성하기 위해 총장이 할 일은 무엇보다 교수들이 전문적인 연구를 할 수 있도록 충분한 연구자금을 지원해 주는 것이었다. 다시 말해 석·박사 양성을 위한 물적 토대를 닦아주는 일이었다. 이를 위해 나는 먼저 '애니콜 신화'의 주인공인 삼성전자의 이기태 부회장을 찾아갔다.

무선통신 전문가인 이기태 부회장은 소니가 세계시장을 지배하던 시절부터 야심을 품고 정보통신을 연구해 온 뛰어난 경영자다. 이 부회장은 결국 뒷날 애니콜 1억 대 판매라는 신화를 수립하면서 휴대폰의 새로운 시대를 연 주인공이다. 이 부회장은 시제품으로 나온 삼성 휴대전화에 흠이 발견되자 전화기 수천 대를 소각해 버린 일로도 유명하다. 이 부회장은 ETRI, KT와 손잡고 3G휴대폰 시대를 열었다. 이 부회장은 교수 뺨칠 정도로 전문지식이 풍부한 분이었다. 내가 본 가장 해박한 CEO 중 한 분이었다. 나는 이 부회장과 협조하여 삼성에서 수십억 원의 자금을 끌어와 ICU에 공동연구소를 만들었다. 이밖에 KT에서도 프로젝트를 끌어내는 등 자금 유치 활동을 활발히 펼쳤다.

다음으로 교내에 벤처 창업 붐을 다시 지폈다. 창업보육센터를 지원하고 그곳에서 우리 교수가 주체가 된 사업 등 30건가량의 벤처사업을 격려했다.

이렇게 학교에 기업가 정신을 불러일으키는 한편 교수 평가 방식을 재고하기 시작했다. 교수 평가란 결코 간단한 것이 아니다. 공과대학이나 경영대학이나에 따라 교수 평가법이 다르다. 창업을 많이 해서 돈을 많이 벌어오는 교수를 우대할 것인가, 아니면 특허를 많이 확보하는 교수를 유능하다고 평가할 것인가? 이도 저도 아니면 학생들에게 좋은 평가를 받는 교수를 우수 교수로 볼 것인가? 딱 부러지게 어떤 방식이 최선이라고 하기가 어려웠다.

교수 평가의 전통적인 3대 잣대는 교육, 연구, 그리고 사회봉사다. 이것들은 교수의 기본적인 의무이기도 하다. 이런 의무를 조화롭게 수행하는 교수를 칭찬하고 격려해서 교수의 자질을 향상시켜 나가는 것이 최선이었다. 그래서 나는 외부 컨설팅 회사를 활용해 교수 평가 모델을 만들어보기로 했다.

컨설팅 회사는 교수와 직원들을 폭넓게 인터뷰하고 각종 지표들을 분석하여 보고서를 만들어 내게 가지고 왔다. 나는 그 보고서를 토대로 교수들의 의견을 구해 민주적인 방식으로 평가 시스템을 수립하려 했다. 그래서 교수들에게 보고서를 회람시켰더니 저마다 다른 의견을 낼 뿐 통일된 여론이 모아지지 않았다. '365° 평가 시스템', '성과 기반 평가제도' 등을 도입하려 했지만 여러 날, 여러 달 모여 토론만 할 뿐, 공학부도 경영학부도 자신들의 입장만 내세우면서 의견 통일이 안 돼 여의치 않았다.

대학 총장은 기업 CEO와 달라서 인사권과 예산권이 제한돼 있다.

따라서 해외에서 석학을 파격적인 대우로 유치하고 싶어도 돈이 없어 실행하지 못하는 경우가 비일비재하다. 해외 석학을 데려오면 기존 교수들에게 자극이 될 수 있다는 것을 빤히 알면서도 재정문제 때문에 실행할 수 없어 답답한 적이 한두 번이 아니었다.

학생 인성교육 강화 위해 백방으로 노력

෨෩෨

다음으로는 '학생들의 인성교육을 어떻게 강화할 것인가'라는 과제가 있었다.

ICU 학생들은 카이스트 학생들 못지않은 수재들이다. 학생들은 전부 장학금을 받으면서 무료로 공부하고 있었다. 그런데 공부에 바빠 기숙사와 교실을 다람쥐 쳇바퀴 돌듯 오가고 있었다. 기껏 오락이라고 한다는 것은 컴퓨터 게임이 전부였다. 낭만이라고는 찾아볼 수 없었다. 내가 대학을 다니던 시절과는 딴판이었다. 삭막한 캠퍼스를 이대로 둘 수는 없었다.

'안 되겠다. 먼저 체육시설부터 한번 만들어보자.'

이렇게 생각하고 인라인 스케이트장, 농구장, 배구장, 암벽 등반장을 설치했다.

무미건조한 축제에도 낭만을 불어넣기 위해 가수 들국화의 전인권 씨를 초청하는 등 나름대로 노력했다.

그런데도 수재들의 정서는 유연해지지 못하는 것 같았다. 내가 총장으로 재직하던 때에도 기숙사에서 학생 한 명이 투신해 자살하는 사건이 있었다. 나로서는 엄청난 충격이었다.

왜 이런 비극적인 일이 벌어지는가? 우리나라 교육이 뭔가 단단히 잘못돼 있다는 생각이 들었다. 어릴 때부터 시험기계로만 길러지다 보니 학교에서 자신이 원하는 성적에 도달하지 못하면 자살이라는 극단적인 선택까지 서슴지 않게 된 것이다. 삶의 진정한 의미와 가치를 가르치지 못해 생기는 비극이었다. 교육자로서 크게 반성해야 할 대목이기도 했다. 이런 상황을 방치할 수 없었다.

'인격적, 정서적 성숙을 유도하기 위한 특단의 프로그램이 필요하다.'

이렇게 생각한 나는 하버드 대학에서 심리학 박사학위를 받은 여성 교수를 전문 상담가로 초빙해 학생들의 고충을 어루만져 주도록 했다.

상담만으로 해결될 일은 아니었다. 무엇보다 교수가 '스승'으로서 제자들의 인격적 성숙을 이끌어줄 필요가 있었다. 그래서 나는 교수들에게 제자들의 멘토를 맡아달라고 부탁했다. 그래서 교수와 학생이 1대1 멘토-멘티 관계로 이어졌다. 사실 ICU 학생들의 정서적 결함은 초중등교육에 그 뿌리를 두고 있는 것이어서 대학에서 인위적으로 정서를 함양시키려 해 본들 한계가 있을 수밖에 없지만, 늦었다고 생각하는 순간이 가장 이른 때일 뿐만 아니라 교육자인 나로서는 그냥 두고 볼 수 없었기 때문에 할 수 있는 방법을 모두 동원하려 노력했다.

대전은 세계로 세계는 대전으로!

"한국은 신흥국들에게 스승의 나라가 될 수 있다"

ⓐⓘⓐ

ICU 세계화 추진을 위해 나는 먼저 우리나라의 IT 위상부터 점검해 보았다.

한국은 이미 IT 지도력을 발휘할 실력을 갖추고 있었다. 중동, 아프리카, 남미, 중앙아시아 등의 신흥국가들에게 우리나라는 IT 역할 모델이 될 수 있었다. 그런 나라들은 우리보다 IT 기술력은 크게 떨어지지만 천연자원은 매우 풍부했다. 나는 생각했다.

'앞으로 우리가 먹고살려면 그런 나라들의 자원이 필요하다. 수출을 해서 먹고사는 한국 입장에서는 이들 나라는 우리의 수출시장이기도 하다. 또한 우리 제자들이 졸업 후에 진출하여 일할 곳이기도 하다. 이들 나라를 한국 편으로 끌어들여야만 우리가 자원을 얻고 제품을 판매할 시장을 선점할 수 있다. 그러니 이들 나라를 어떻게 공

략할 것인가?'

당시 노무현 대통령은 이런 신흥국가들을 많이 방문했다. 나는 대통령에게 질세라 대통령이 방문하여 이미 우리나라에 대한 이미지가 어느 정도 세워진 국가들을 죄다 방문해 이들 국가의 지도급 젊은 인재들에게 장학금 제도를 적용해 ICU에 유학시키는 방법을 택했다.

이 과정에서 나는 이해찬 총리를 찾아갔다. 그리고 이렇게 말했다.

"총리님, 대통령님께서 방문하신 신흥국가의 미래 지도자들을 대거 저희 학교로 데려와 교육해 친한파, 지한파로 만들려고 합니다. 저를 보십시오. 미국에서 석·박사를 하고 나니 저절로 미국을 스승의 나라, 멘토의 국가로 여기지 않습니까? 이제 우리나라도 그런 멘토 나라가 되어야 합니다. 개발도상국에서 인재들을 골라 우리나라로 데려와 석·박사 공부를 시켜야 합니다. 그렇게 하면 그들이 한국에서 공부하고 조국으로 돌아가 제각기 본국에서 지도급 역할을 맡을 것이 아니겠습니까? 그러니 그들을 우리나라로 데려오는 것은 길게 보면 우리 국익에 도움이 되고 결과적으로 남는 장사가 됩니다. 그 인재들을 데려와야 합니다. 그러자면 이들에게 장학금을 주어야 하는데 저희 학교 재정만으로는 부족합니다. 총리실에서 관장하는 ODA(공적개발원조) 기금을 조금 떼어 주십시오. 그 돈을 토대로 외국 인재들을 유치하겠습니다."

그러자 이해찬 총리가 상당액의 기금을 ICU에 배정해 주었다. 이 자금으로 글로벌 IT 기술 전문 과정(Information&Telecommunication Technology Program, ITTP)이 탄생되었고, 지금도 (통합된 카이스트에서) 이 프로그램은 계속되고 있다. 현재 세계 50개국 학생들이 참여하고 있다.

자원부국들 상대로 IT 인재유치에 나서

⌒⌘⌒

실탄을 마련한 나는 본격적으로 인재유치에 나섰다. 내가 대상으로 삼은 국가는 사우디아라비아, 오만, 카타르, 아랍에미리트, 알제리, 칠레, 멕시코, 브라질, 아제르바이잔, 우즈베키스탄, 카자흐스탄, 터키, 리투아니아였다. 하나같이 자원부국들이었다.

이들 나라를 대상으로 내가 하려는 사업은 말하자면 '교육원조'였다. 물론 사우디아라비아나 카타르 같은 산유국들은 우리나라보다 돈이 많아 우리가 원조할 대상은 아니지만 한국의 뛰어난 IT 기술은 그들에게 꼭 필요한 부분이었다.

이 사업을 추진하는 데 내 국회의원 경력이 적지 않게 도움이 되었다. 나는 인재유치를 위해 대상국가로 날아가기에 앞서 현지의 우리 대사관에 유학생 추천을 부탁했다. 그런 다음 현지로 건너가 대사와 긴밀히 협의해 유학 대상자를 최종 선발했다. 이 과정에서 유학 대상자가 다니는 학교나 직장도 직접 방문했다.

오만 술탄카부스 대학에 화상교육을 수출하다

⌒⌘⌒

중동지역을 순방할 때였다. 중동 산유국들은 돈은 많지만 인적 자원이 풍부하지 않다. 그래서 대학들에는 주로 외국인들이 교수를 맡고 있었다. 중동 대학들과 교섭할 때면 학교 당국에서 내게 빼놓지 않고 하는 말이 "제발 우리 대학으로 한국 교수 좀 보내 달라"였다.

한번은 오만을 방문하러 무스카트 공항에 내렸는데 오만에서 제일 큰 대학인 술탄카부스 대학의 총장이 직접 공항까지 나를 마중나왔다. 그는 나를 BMW 승용차에 태우고 주어진 이틀의 짧은 여정을 최대한 살려 오만의 다양한 자연, 성(城), 세계에서 두 번째로 큰 아름다운 이슬람 사원 등을 보여주며 극진히 나를 대접했다. 술탄카부스 대학에 가서는 내게 "교수 좀 보내 달라"는 요청을 해오기는 마찬가지였다. 우리도 교수가 모자라는 판에 술탄카부스 대학에까지 보낼 교수는 없었으나 그의 열정과 진정성에 감탄해 "그렇다면 ICU와 귀교를 연결해 화상수업을 해 보자"라고 제의하고는 귀국해 'ICU-술탄카부스 원격교육 프로그램'을 만들어 한국과 오만 간 5시간 시차를 극복하고 실시간 화상수업을 진행했다. 교육열이 대단한 술탄카부스 대학 총장은 이후 ICU를 두 차례나 방문하는 등 ICU가 개발한 수업모델에 큰 애착을 보였다. 최초로 우리의 교육 프로그램을 중동에 온라인으로 수출한 사례가 된다. 오만 출장 시에는 주 오만 한국 대사의 주선으로 이 나라 정통부 장관도 만났다. 방문 이전의 오만은 나에게 중동 한 귀퉁이에 있는 나라일 뿐이었으나 열정적이고 인간미 넘치는 총장과 장관을 만남으로 해서 인상적이고 감동적인 나라로 다가왔다.

킹사우드 대학 본교는 금녀지대(禁女地帶)

෨෪෨

사우디아라비아에서는 킹사우드 대학을 방문했다. 이 대학을 방문하는 데에는 우여곡절이 있었다.

오만에서 술탄카부스 대학을 방문하고 이어 아랍에미리트와 카타르를 거쳐 사우디아라비아에 입국하려는데 갑자기 사우디 당국에서 입국을 거절하는 게 아닌가. 나중에 알고 보니 내가 여자라서 부담스러워 그랬다는 것이다. 처음에는 대학 총장이 한국에서 온다기에 당연히 남자인 줄 알고 입국 허가를 내주었는데 막판에 내가 여자임을 알고 방침을 바꾸었다고 했다. 정말 이해하기 힘든 조처였지만 어쨌든 사우디 정부에서 입국을 막는지라 하는 수 없이 사우디 방문을 포기하고 귀국했다.

귀국하고 얼마 지나지 않아 오만 방문 소식을 들은 사우디 교육장관이 ICU를 방문했다. 내가 장관에게 "지난번에 사우디 근처까지 갔다가 입국금지를 당하는 바람에 아쉽게 발걸음을 돌렸다"라고 했더니 "이번에는 내가 조처해 놓을 테니 꼭 오시라"고 정부차원에서 초청했다. 그래서 다시 사우디를 찾게 된 것이다.

킹사우드 대학은 전체 학생 수가 7만 5천 명에 달하는 어마어마한 규모였다. 이 대학 총장을 만난 자리에서 내가 "킹사우드 대학에 비하면 우리 대학은 강의실 하나 크기에 불과한데 어찌 우리가 당신네 학교처럼 큰 대학과 학술교류로 도움을 줄 수 있겠느냐?"라고 했더니 총장은 "당신네 학교는 건물은 작아도 두뇌가 우수하지 않느냐? 그 학교가 사령탑이 되어 우리 대학에 신경망을 연결해 주었으면 좋겠다"라고 진솔한 태도로 내게 협조를 요청했다.

이 대학은 본교 말고도 여러 곳에 분교를 두었는데 본교는 100% 남자들만의 공간이었다. 여학생들은 분교에서 공부한다고 했다. 총장이 내게 바라는 것은 본교가 아니라 여학생들이 다니는 분교의 교육과정 개발이었다. 나는 그 요청을 쾌히 수락했다.

문제의 분교는 본교에서 자동차로 30분 정도 떨어진 곳에 있었다.

킹사우드 대학 간부들은 나를 자기들 차에 태워 분교로 데리고 갔다. 그런데 이들이 분교 정문 앞에서 차를 세우더니 나더러 혼자 걸어 들어가라고 하는 것이다. 남자인 자기들은 출입할 수 없다는 것이다. 이렇게 황당할 수가. 하는 수없이 나 혼자 털레털레 분교 안으로 걸어 들어갔다.

분교 안은 별천지였다. 캠퍼스 밖에서는 여자들 모두 온몸을 검은색 옷으로 감싸고 얼굴에는 전통 히잡을 쓴 모습이었지만 캠퍼스 내에서는 모두 자유로운 복장으로 활달하게 캠퍼스 안을 돌아다니고 있었다. 이곳은 본교와 달리 100% 여자들의 공간이었다.

분교의 여자교수들은 전원 미국이나 유럽에서 학위를 받은 인텔리였다. 그들과 인사를 나누고 나자 한 교수가 내게 물었다.

"킹사우드 대학 본교를 가 보셨나요?"

그래서 가 봤다고 했더니 자기들 중에는 아무도 본교에 가 본 사람이 없다며 나를 부러워했다. 참으로 아이러니가 아닐 수 없었다.

철저하게 폐쇄적이며 여권이 형편없이 낮은 사우디의 현실을 실감한 순간이었다. 아마도 평상복으로 얼굴을 다 드러내고 킹사우드 대학을 활보한 여성은 나밖에 없지 않을까.

언론에서 해준 허운나 사주풀이

∽∽∽

지구촌을 상대로 'IT 한국'을 세일즈하고 다니는 내 모습이 보기 좋았는지 언론에서 'GLOBAL'(지구촌의)이라는 영어단어의 철자 하나 하나에 맞춰 일종의 내 '사주풀이'를 해 주었다. 다음은 〈헤럴드경

G reat ambition L eader O ptimistic B ill Gates A nd that has made ¡ f L ast

꿈 … 개척 … 그리고 창조 …
사막의 ★같은 '두뇌' 키운다

〈헤럴드경제〉 2006년 9월 15일, "전창협 기자의 IT 리더 탐구 … 'G·L·O·B·A·L' 키워드로 본 허운나 ICU 총장".

제)가 2006년 9월 15일 자에서 "전창협 기자의 IT 리더 탐구…'G·L·O·B·A·L' 키워드로 본 허운나 ICU 총장" 제하로 보도한 내용이다.

건조하지만 이력서는 한 사람의 인생을 압축해 보여준다. A4용지 1장을 넘기 어려운 게 보통 사람들의 이력서. 하지만 허운나(57) 한국정보통신대학교(ICU) 총장의 이력은 3장에 빼곡하다. 주요경력만 1장이 넘는다. 포상경력이 반 장 정도, 여기에 7권의 책이 더해져 있다. 이력서 행간에는 남들이 가지 않은 길을 부지런히 살아 낸 흔적이 곳곳에 남아 있다.

그의 이력을 관통하는 키워드는 '글로벌'이다. 세계는 더 이상 아무런 장벽 없이 '평평하다'. 시장은 '지구라는 혹성 하나'뿐인 세상, 세계화다. 세계화의 모태는 국경을 없앤 IT(정보기술) 혁명이다. '공상과학이 현실화되는 나라', 대한민국에서 IT 리더를 길러내고 있는 허 총장. 그는 오늘도 글로벌(GLOBAL)을 화두로, 그의 책 제목처럼 '내 품에 세계를 품기' 위해 바쁜 걸음을 재촉하고 있다.

Great ambition

허 총장에게 이름은 풍운 같은 뜻을 품는(Great ambition) 운명 같은 것이다. 1949년생, 여자 이름은 '자(子)'자가 평균이었던 당시로는 흔치 않은 이름이다. 작명자인 아버지는 '구름 운(雲)'에 '어찌 나(那)'로 운나란 이름을 만들었다. 雲은 꿈. 那는 어찌 나가 아닌 '지나 나'로 읽혔다. 인도차이나의 음을 한자로 빌린 인도지나(印度支那)를 뜻한다. 那는 큰 땅의 상징이다.

우연치 않게 들은 이름에 대한 역학풀이. 구름은 구름인데 적란운이란 것. 평소에는 부드러운 뭉게구름이지만 높이 올라 찬기류와 만나게 되면 강력한 전기를 내뿜는다. "이 구름은 자유롭게 높이 오르고, 엄청난 힘을 품고 있어 가히 평범하거나 상식적이지 않다."란 게 역학자의 말이었다. 평화와 역동을 함께 품고 있는 이름이다.

"이름 때문인지 몰라도 혼자 떠돌아다니면서 세계 곳곳을 가볼 기회를 가졌죠. 우리 문화에서 유전 받은 감정과 서구 문화에서 받아들인 감정, 그렇게 두 세계 속에 내가 존재하는 거죠. 자유인의 영혼을 지녀 세계화, 개방화를 부르짖는 '세계인'임을 자부하는지 모르죠."

외할머니도 어렸을 때 소녀 허운나의 삶에 지대한 영향을 끼쳤다. "다른 것은 다 빼앗아 갈 수 있어도 머릿속에 든 것은 아무도 못 훔쳐간다"는 할머니의 말이 소중한 가르침으로 남았다. 이름에서 세계화를 운명처럼 조우했고 할머니 말씀에서 세계화의 코드 중 하나인 '지식'이란 21세기의 핵심코드를 듣게 된 셈이다.

Leader

허 총장은 IC를 말한다. IC는 집적회로가 아닌 인도와 중국(차이나)다. 'IT의 심장'인 실리콘 밸리의 인력 60%가 인도인과 중국인. 허 총장은 "글로벌이 아니면 살 수 없는 한국이란 나라에서는 글로벌 마인드로 무장한 꿈꾸는 사람(비저너리)이 많이 나와야 한다"고 주장한다.

인재를 키우는 게 대한민국이 존경받을 수 있는 길이라는 그는 대처 전 영국수상을 가장 존경한다. 허 총장 본인도 대처에 빗대 '허처'란 별명이 있다. 대처 수상처럼 강력한 추진력과 리더십으로 세계적으로 영향을 미칠 수 있는 진정한 의미의 지도자가 되는 게 꿈이다.

Optimistic

문제의 해답은 문제 안에 있다. 문제는 해결될 수 있다며 낙관적(optimistic)이다. "가장 힘든 때는 언제였나요"란 질문에 "힘들지 않은 게 어디 있나요"란 상식적인 대답이 넘어온다. 유학 때 인종차별이나, 외국인 학생을 데리고 왔을 때 주위의 반대 같은 것은 힘든 일이지만 진정한 의미로 좌절하지 않았다고 한다. 마음 깊은 곳에서 문제를 해결할 수 있다는 확신을 늘 갖고 있다. 열심히 하면 좋은 결과가 나오고, 안 되면 때가 적절치 않았을 뿐이라고 받아들인다.

Bill Gates

"빌 게이츠는 갑부가 아니라 새로운 세계를 창조한 사람이죠. 세계 사람의 마음을 움직이는 인재가 나와야 하고 그것이 수출해 달러를 버는 것 못지않게 하루아침에 대한민국이 존경받을 수 있는 길이기도 하죠."

이를 위해 전 세계를 돌아다니면서 '한국 IT'를 전도한다. 외국의 IT 인재를 한국에서 키워 한국을 스승의 나라로 만들겠다는 것이다. ICU에는 전 세계 28개국 100명, 전체 대학원생의 17.5%가 외국에서 온 유학생이다. 2012년까지 외국인 학생 비중을 30%로 높일 생각이다. 19개 나라 공무원과 교수 등으로 구성된 석박사 과정의 '글로벌 IT기술 전문 과정'을 운용하고 있다.

And that has made all the difference

숲 속에 두 갈래 길이 있었다. 나는 사람이 적게 간 길을 택했고. 그리고 그것 때문에 모든 것이 달라졌다. 로버트 프로스트의 〈가지 않은 길〉의 시구를 좋아한다. '적게 간 길'을 걸은 만큼 허 총장은 '처음'이란 기록이 많다. 스물일곱에 플로리다 주립대에서 '최연소' 박사학위를 받았다. 한양대 교수 시절, 컴퓨터교육공학연구소 '초대'소장을 지냈다. 16대 국회의원 시절, 한국IT의원연맹과 국제IT의원연맹의 '초대'회장을 역임했다.

국회의원으로는 '처음'으로 개인 홈페이지를 선보였다. 19일에는 '인도의 노벨상'인 '프리야다시니상'을 한국인으로는 '처음'으로 받는다.

ICU 역시 처음이나 최고란 수식어가 따라 붙는 게 많다. 국내대학 중 '가장 먼저' 봄, 여름, 가을 등 1년 3학기제를 운용하고 있다. 국내대학 중 '유일'하게 모든 전공과정을 영어로 강의한다. 석·박사 과정 외국어논문

제출실적, 인당 장학금 등은 1등이다.

"뭔가 새로운 시도를 했기 때문에 일반적으로 많은 이해가 필요했을 뿐 좌절하진 않았다"는 게 남들이 가지 않은 길을 걷는 사람의 얘기다.

Last

한국 나이로 예순이 눈앞이지만 허 총장의 꿈은 진행형이다. 국회의원으로 외도는 있었지만 그는 늘 리더를 키우는 선생님이었다. 한양대에서 20여 년간 교편을 잡았고, 지금은 IT 사관학교의 '교장 선생님'이다. "닮고 싶은 선생님"으로 기억되길 바란다. ICU를 '특이한 학교'라는 이미지에서 세계 1등으로 올려놓고 싶다는 게 꿈이다.

글로벌한 인생, 세계 여러 곳을 다녔다. 은퇴하면 요르단의 사막을 다시 한 번 가보고 싶다는 것도 꿈의 목록 중 하나다. "사막은 경의적이죠. 누구든 그곳에선 신의 존재를 믿게 됩니다. 요르단의 사막 위, 슬리핑백에서 머리 위로 쏟아지는 별을 보고 싶다"는 소녀 같은 꿈을 꾸고 있다.

"IT 교육 밑천 삼아 자원확보 나서야"

෩ᴂ෧

중동, 아프리카, 중남미, 중앙아시아의 자원부국들을 상대로 ICU의 교육역량을 수출하고 이들 국가의 우수한 인재를 ICU로 데려와 석·박사 과정을 밟게 하던 시절의 이야기를 나는 "자원확보 경쟁시대엔 글로벌 IT 교육이 중요하다"라는 칼럼으로 써서 2006년 12월 6일 인터넷신문 〈엔씨엔뉴스〉에 기고했다. 다음은 그 칼럼이다.

에너지 및 자원확보를 위한 국가 간 경쟁이 날로 거세지고 있다. 베네수

엘라 등 일부 산유국이 원유 국유화 조치를 취한 데 이어 지난 2004년을 기준으로 세계 석유량의 11%를 소비하는 중국과 인도가 원유에 이어 구리·아연까지 사재기에 나설 정도다.

특히 중국 후진타오 주석은 올 4월 사우디, 모로코, 나이지리아, 케냐 등 5개국을, 원자바오 총리는 6월 이집트, 앙골라, 콩고 등 3개 산유국에 초점을 맞춰 방문하는 등 국가주석부터 상무위원까지 총동원돼 에너지 및 자원외교를 더욱 가속화하고 있다.

세계 11위라는 경제규모에 걸맞게 세계 원유수입 5위, 천연가스 수입 3위, 석유 소비량 7위를 기록하고 있는 우리나라도 에너지자원 확보를 위한 국제경쟁에서 결코 자유롭지만은 않다.

노무현 대통령은 지난 2004년 9월 카자흐스탄 방문을 시발로 올 7월까지 우즈베키스탄, 칠레, 브라질, 베트남, 인도, 이집트, 나이지리아와 같은 중앙아시아와 중남미, 동남아, 아프리카 등 4개 대륙 17개 자원부국을 방문했다. 사상 최고의 고유가 상황에서 에너지자원 확보에 국가흥망이 달려 있다고 판단했기 때문이다.

반면 변변한 에너지자원 하나 없는 우리나라에서 IT 산업의 작년 총생산액과 수출액은 각각 233조 원과 780억 달러를 기록, 국내총생산 (GDP)의 15.6%와 전체 수출액의 35%를 차지할 정도로 국가 핵심산업으로 성장했다.

특히 지난 10여 년간 IT 코리아의 자존심을 상징해 온 휴대전화는 약 250억 달러를 수출, 세계 최고의 수출국으로 자리를 잡았고 작년 말 DMB서비스에 이어 지난 6월 말부터는 세계 최초로 와이브로(WiBro) 등 휴대인터넷을 상용화하는 등 불과 10년 새 IT 산업은 비약적인 성장을 거듭하고 있다.

지금 세계 각국은 우수인재 양성과 확보를 위해 발 벗고 나서고 있다.

인도 프리야다시니상 수상 후 인도 상공부 장관과 함께.

21세기 지식기반사회에서는 IT 기술이 핵심요체인데 결국 그 힘은 사람, 그중에서도 특히 고급두뇌에서 나온다고 판단하고 있기에 국적을 불문한 인재유치 전쟁을 벌이고 있는 것이다.

뿐만 아니라 자원부국인 제3국의 적극적인 인재유치를 통해 에너지와 자원을 동시에 확보할 수 있는 일석이조의 외교적인 효과를 거둘 수 있기 때문이다.

따라서 "중국은 13억 인구대국이 아닌 인재대국으로 거듭나야 한다"라고 후진타오 주석이 직접 나설 정도로 중국은 인재유치에 극성을 떨고 있으며 인도만 하더라도 지난 4년 사이 12,000명에 달하는 외국인재를 유치했다.

자원외교도 결국은 주고받는 외교적 게임이다. 즉 받는 만큼 주는 게 있어야 하는데 자원부국이긴 하지만 IT 기술이 다소 뒤처져 있는 동남아, 중동, 중남미, 동유럽 등 대부분의 국가들은 우리의 뛰어난 IT 기술과 정책에 대한 노하우를 전수받길 원하고 있다. 우리의 강점인 IT 분야에 대한 교육이 이들 국가에게는 더 없는 최고의 선물이 되고 있는 것이다.

필자가 총장으로 재직 중인 ICU의 경우 일찍부터 글로벌 인재유치에 앞장을 서와 올 11월 말 현재 중국, 인도 등 전 세계 27개국에서 전체 대학원생의 19%인 116명이 우리나라 IT 기술과 경영에 대해 공부 중인데 국내대학 중 외국인 유학생 비율이 가장 높다.

ICU는 특히 올해부터 몽골, 우즈베키스탄, 아제르바이잔, 베트남, 인도네시아, 시리아, 이집트, 나이지리아, 브라질, 칠레 등 19개 주요 자원국가의 미래지도자로 성장가능성이 큰 젊은 공직자를 매년 20여 명씩 선발해 한국의 첨단 IT 관련 기술과 경영 및 정책, 그리고 한글과 역사, 문화를 가르치는 석·박사 과정인 '글로벌 IT 기술전문가 과정'(ITTP)을 운영 중이다.

또 내년부터는 세계 최대산유국이자 우리의 최대 원유수입국인 사우디아라비아에서 매년 20~30여 명의 젊은 인재들이 ICU에 유학을 오고 카타르대학교 및 오만 술탄카부스대학교 등 중동지역 주요대학에서는 ICU가 자체 제작한 사이버교육시스템과 프로그램을 통해 우리의 앞선 IT 기술을 배울 예정이다.

ICU는 이와 함께 최근 들어 유럽과 아시아를 잇는 신흥시장으로 급부상 중인 발트 해 연안 3국 중 하나인 리투아니아 정부의 요청으로 내년에는 국내대학 사상 처음으로 해외분교를 설립, 러시아와 동유럽 및 북유럽 국가의 IT 관련 인재양성에도 힘쓸 방침이다.

이처럼 저소득 자원부국의 우수 IT 인재를 유치, 양성하는 글로벌 IT 교육은 단기적으로 해외 고급두뇌의 국내유입이라는 점과 함께 국내 IT 기업의 해외시장 진출 시 이들을 첨병으로 활용할 수 있다는 점에서 장점이 많다. 그러나 무엇보다도 교육이란 미래에 대한 희망과 기대 그 자체인 만큼 20년을 미리 내다보고 투자하는 지혜가 필요하다.

이들이 우리나라에서 공부하는 동안 IT 기술뿐만 아니라 역사와 문화를 제대로 이해시켜 끈끈한 정을 맺어 놓을 경우 에너지자원 확보를 위한 국가 간 치열한 경쟁에서 20년 후 오피니언 리더나 정책결정권자로 성장한 이들이 가질 '스승의 나라'인 우리나라에 대한 보이지 않는 애정은 매우 각별할 것이다.

그동안 국내 IT 산업은 인프라기반 위주의 성장을 추구해왔지만 이제 장기적인 발전동력인 글로벌 IT 교육의 중요성에도 눈을 돌릴 때가 왔다.

저소득 자원부국들을 대상으로 자본력보다는 우리의 앞선 IT 기술 교육을 내세운 품격 높은 자원외교를 강화해야 하는 만큼 정부는 이제라도 적극적인 외국인재 유치정책은 물론 글로벌 IT 교육을 담당하는 국내대학에 대한 지원을 더욱 강화해야 한다.

'인도의 노벨상'이라는 프리야다시니상 수상

ରଧ୍ୟ

세계를 내 집으로 여기고 부지런히 이 나라 저 나라를 다니며 우리나라의 IT 교육 역량을 수출하고 정보격차 해소에 보태다 보니 '인도의 노벨상'이라 불리는 프리야다시니상을 받는 영광을 누리게 되었다. 다음은 그 사실을 보도한 〈한국일보〉 2006년 9월 20일 자 보도이다.

허운나 정보통신大 총장 '프리야다시니상' 수상

허운나 한국정보통신대학교(ICU) 총장이 지난 19일(현지시간) 인도 뭄바이 힐튼타워호텔에서 '제22회 프리야다시니(PRIYADARSHNI) IT 교육 부문 글로벌 어워드'를 수상했다.

지난 85년 창설된 이래 '인도의 노벨상'이라 불릴 정도로 세계적으로 권위를 인정받는 '프리야다시니상'을 한국인이 받은 것은 허 총장이 처음이다.

이번 시상식에서는 허 총장을 포함해 세계적인 IT 기업인 인포시스 창립자인 나라야나 무르디 이사장, 일본 야마하 토루 하세가 이사장 등 12명이 상을 받았다.

이날 뭄바이 힐튼타워호텔에서 열린 시상식에는 라닉 루파니 프리야다시니 아카데미 이사장, 카말 나스 인도 통상산업부 장관 등 인도 정·관·재계 인사 및 역대 수상자 등 해외 유명인사 1,000여 명이 참석한 가운데 인도 전역에 생중계됐고 세계 50여 개국에 방송될 예정이다.

'프리야다시니상'은 인도 뭄바이에 본부를 두고 있는 인도 최대의 비정부기구(NGO)인 프리야다시니 아카데미가 교육·문화·과학·의학·환경·인권·국제협력 등 12개 분야에서 인류 및 국제사회 발전에 공이 큰 인사를 선정해 수여하는 상이다.

람 타네쟈 심사위원장(현 인도 신문협회장)은 "정보화 약소국가들의 우수한 인재를 한국으로 유치, 첨단 IT 기술 및 선진 정책에 대한 노하우와 경험을 전수하는 등 글로벌 IT 교육 발전은 물론 세계 정보격차 해소를 위해 앞장서왔기 때문"이라고 선정이유를 밝혔다.

편견이 없어야 진짜 지식인

외국 학생들을 위한 석·박사 과정인 '글로벌 IT기술전문가 과정'(ITTP)을 운영하면서 진정한 지식인이란 어때야 하는가에 대해 새삼 생각하게 되었다.

ITTP 학생들 가운데는 무슬림이 많았다. 무슬림은 하루에 다섯 번 기도를 한다. 그래서 나는 ICU 내에 무슬림 전용 기도실을 마련해 주었다. 그랬더니 어느 발칙한 한국 학생 하나가 학교 홈페이지 게시판에 "왜 무슬림에게만 기도실을 마련해 주느냐. 그럴 거면 기독교인들이나 불교도들에게도 기도실을 마련해 주어야 되는 것 아니냐?"라는 식의 글을 올렸다. 한마디로 심술이 난다는 것이었다. 기독교나 불교는 사방이 널린 것이 교회이고 사찰인데 억지를 부리는 것이다. 이런 반지성적 억지 주장은 깨끗이 무시하기로 했다.

ITTP 학생들에게 장학금을 주는 것을 물고 늘어지는 직원들도 있었다. "우리 학생들에게 줄 장학금도 모자라는데 왜 저런 외국인들에게까지 장학금을 주느냐?"라고 시비를 걸었다.

이런 사례들을 겪으면서 나는 지식인의 바람직한 자세에 대해 다시금 생각하게 되었다.

석사학위나 박사학위를 가졌다고, 이른바 가방끈이 길다고 자동적으로 지식인이 되는 것은 아니다. 편견이나 고정관념으로부터 자유로워야만 지식인이다. 지식만 많으면 뭐하나. 편견에 사로잡혀 '나와 다른 것'을 받아들이지 못하는, 유연한 사고가 결여된 사람은 결코 지식인이라 할 수 없다. 문화적 다양성을 존중하지 못하고 내 것에만 집착하는 사람은 발전이 없다. 우리나라 사람은 다른 문화를 이해하고 받아들일 줄 아는 '문화적 감수성'을 더 키울 필요가 있다.

브라질 대사도 인정한 ICU 외국인 학위과정

ⓐⓧⓐ

ICU가 카이스트에 흡수되고 난 이후에도 ITTP는 계속해서 운영되고 있다. ITTP를 통해 내가 뿌린 씨앗은 시간이 지나면서 소중한 열매가 되어 다시 우리에게 되돌아오고 있다.

지금 내가 고문으로 근무하는 송도 채드윅 송도국제학교의 브라질 출신 입학처장이 어느 날 나를 찾아와 "혹시 브라질 사람 다니엘 횡크를 아느냐?"고 물었다. 처음 듣는 듯한 이름이어서 모르겠다고 했더니 "이 사람은 현재 주한 브라질대사관의 1등 서기관인데 당신이 개설한 ITTP 출신이다"라고 말하며 나에 대해 좋은 기억을 많이 말하더라고 했다. 입학처장은 한국에 있는 브라질 사람 모임에 나갔다가 이 사실을 알게 되었다고 했다.

며칠 뒤 주한 브라질대사가 나와 입학처장을 초대했다. 대사관저에서 저녁식사를 했는데 그 자리에서 대사가 이렇게 말했다.

1   세계 대학총장포럼에 참석한 총장들과 함께.
2   세계 대학총장포럼에서 주제강연 모습.
3   SBS 주최 서울디지털포럼에 참석한 세계 각국 정보통신 장관들과 함께.
4   SBS 주최 서울디지털포럼 진행.

"우리 대사관의 1등 서기관 다니엘이 당신이 만든 ITTP가 훌륭한 프로그램이라면서 '예전에는 우리가 한국 돈으로 ITTP를 이수했지만 이제는 브라질 돈으로 ITTP에 사람을 보내야 한다'라고 건의하기에 제가 본국 정부에 말해 브라질 학생들을 대거 ITTP로 보내게 했습니다. ITTP 같이 훌륭한 프로그램을 만든 당신의 공적을 치하합니다."

그 후 어느 날 다니엘이 한국에서 각계각층에서 일하고 있는 ITTP 출신과 ITTP 재학생 스물 몇 명을 죄다 이끌고 인천 송도로 내게 인사를 하러 왔다. 대단히 감격스러운 순간이었다. 그들에게 나는 '스승의 나라' 한국의 ITTP 산파였던 것이다.

세계 대학총장포럼 개최

ICU 세계화 추진의 중요한 기둥이 ITTP였다면 또 다른 기둥은 ICU가 2006년 10월 대전에서 개최한 'ICT 교육을 위한 세계 대학총장포럼'이었다. 다음은 〈대덕넷〉이 2006년 10월 12일 자에서 "전 세계 IT대학 총장들 대덕에 총출동" 제하로 보도한 내용이다.

세계 유수의 IT 대학 총장들이 대덕에 모였다. 한국정보통신대학교(ICU, 총장 허운나)가 '21세기 IT 인력양성-글로벌 기업이 원하는 IT 인재'라는 주제로 마련한 '세계 대학총장포럼(IFUP-ICT 2006)'이 12일부터 사흘간 일정으로 ICU에서 열린 것.

'세계 대학총장포럼'은 정보통신 교육에 대한 산학연구기관의 국제학술 및 정보교류를 목적으로 매년 세계 주요 IT 관련 대학을 순회하며 열리는 국제학술 포럼이다. 지난해 10월 중국 북경우전대(BUPT)에서 처음 개최된 후 이번이 두 번째다. 이날 행사는 우리나라를 포함, 영국, 프랑스, 중국, 인도 등 전 세계 26개 국 36개 대학 총장, 국내외 석학과 연구기관 대표, 기업인 등 150여 명이 모여 글로벌 IT 인재 육성을 논의했다.

200여 명의 참가자들이 모인 개막식에서 허운나 ICU 총장은 "이번 국제포럼은 세계 주요 국가의 IT 교육 정책과 대학별 ICT 교육현황 및 성공사례, 산·학협력방안, 글로벌기업이 원하는 IT 인재상에 관한 구체적인 사례발표와 토론위주로 진행된다"며 "미래지향적인 방안이 많이 제시될 것으로 기대한다"고 말했다.

특히 지난 8월 미국 시사주간지 〈뉴스위크〉가 선정한 세계 100대 글로벌 대학 중 29위를 차지한 일본 교토대 총장과 일본국립대학협회장, 일본 전자정보통신학회(IEICE) 회장을 지낸 마코토 나가오(Makoto Nagao) 일본 국립정보통신기술원(NICT) 원장, 마이크로 프로세서 칩 디자인과 설계부문에서 9권의 저서와 함께 10개의 특허를 보유하고 있는 앨런 유스태스(Alan Eustace) 미국 구글 수석 부사장 등 IT 분야의 세계적인 석학들이 기조연설자로 참석했다.

당초 기조연설을 약속했던 네그로폰테(Nicholas Negro ponte) 미국 MIT대 교수는 출발지인 영국 런던공항의 테러 경계령으로 인해 행사에 불참할 예정이었으나, 비행기를 세 번이나 갈아타는 우여곡절을 겪으면서 오후 늦게 행사장을 방문해 박수갈채를 받았다.

포럼 첫날인 12일 오전 10시 빌 게이츠(Bill Gates) 전 마이크로소프트(MS) 회장의 영상축하 메시지를 시작으로 열린 이번 세계 대학총장포럼에서는 13일까지 이틀간 3개의 세션으로 나눠 30여 개의 다양한 주제 발표 및 토론이 진행됐다.

빌 게이츠 회장은 동영상 메시지를 통해 "우리는 지난 10년 동안 기술

혁명을 통해 많은 것을 이뤄냈다. 이제는 앞으로 다가올 10년을 준비해야 한다. 서로 협력해 새로운 인력을 키워야 한다"고 말했다. 이어 그는 "미래 기술 혁신가들이 많이 필요한 상황에서 IT 인재 육성을 위해 노력하는 대학총장포럼 개최를 환영한다"고 덧붙였다.

또, 앨런 유스태스 구글 수석 부사장은 '세계 정보의 체계화'라는 주제강연에서 "구글은 세계의 모든 정보를 체계화해 접근하기 쉽고 유용한 프로젝트를 실행하고 있다"며 "대학은 고급정보의 중요한 생산자이며 소비자이고, 미래의 기술자와 경영 지도자를 교육하는 중요한 역할을 담당하고 있다"고 말했다.

주요 주제발표자로는 코타리(Kothari) 전 인도공대(IIT) 총장을 비롯, 볼크마 부루크너(Volkmar Brückner) 독일텔레콤 라이프치히 전문기술대(Deutsche Telekom Fachhochschule Leipzig) 총장, 알렉산더 고골(Alexander Gogol) 러시아 생페테스부르크 주립통신대학교(St. Petersburg State University of Telecommunication) 총장, 모하드 줄키플리(Mohd Zulkifli) 말레이시아공대(Universiti Teknologi Malaysia) 총장, 용후아 송(Yong-hua Song) 영국 브루넬대(Brunel University) 총장 등이 참가했다.

국내 주요 발표자들은 박찬모 포스텍(포항공대) 총장을 비롯, 김선배 한국정보통신수출진흥센터(ICA)원장, 유영민 한국소프트웨어진흥원(KIPA) 원장, 손연기 한국정보문화진흥원(KADO) 원장, 구본탁 대덕밸리벤처연합회 회장, 이휘성 한국IBM 사장, 표삼수 한국오라클 사장, 백종진 한글과컴퓨터 사장 등이다.

노병은 죽지 않고 다만 무대 뒤로 사라질 뿐

정치권, ICU 정체성 물고 늘어져

지금부터 ICU가 카이스트로 통합되는 과정에 관한 가슴 아픈 이야기를 해야겠다. ICU는 정부(정통부)에서 IT 최고인재가 필요하다는 판단에 따라 정보화촉진기금을 토대로 설립한 대학으로서, 애초에 과학기술부가 카이스트를 산하에 둔 것처럼 정통부 산하의 국립대학으로 하고자 하였으나 교육부가 반대하는 바람에 일단 사립대로 출발하였다. 그러나 정통부 장관이 이사장을 맡아 정부의 적극적 후원과 감독을 받고 있었다. 그런데 이미 설립 10여 년이 된 대학을 놓고 내가 ICU 총장에 취임하던 바로 그해부터 정치권에서 ICU가 불법이라며 정체성에 대해 문제를 제기했다.

그 선두에 선 사람은 한나라당의 김영선 의원이다. 김 의원은 16대 국회에서 나와 함께 과학기술정보통신위원회에 속해 있었다. 김 의원은 "열린우리당에 김대중 대통령이 데려온 추미애가 있다면 한나라당에는 이회창 총재가 영입한 김영선이 있다"는 말이 있을 정도로 한나라당이 간판 격으로 내세우는 여성 의원이었다.

김 의원은 17대 국회에서도 과학기술정보통신위원회 소속이었는데 그가 "사립대학인 ICU에 국가에서 돈을 대주어서는 안 된다. 정 돈을 주고 싶으면 ICU를 카이스트에 합쳐라"고 주장하고 나섰던 것이다. 이런 일이 있을 것이라고 예상한 정통부는 일찌감치 ICU를 국립대학으로 만들기로 하고 특별법까지 준비했는데 이 법안은 국회 문턱에 걸려 좌절되고 말았다. 〈중도일보〉는 ICU 문제를 둘러싼 정치권의 공방을 2004년 10월 22일 자에서 "ICU 특별법안 진통 예고 한나라"라는 제하의 기사로 다음과 같이 보도했다.

정보통신대학교 설립법안(ICU 특별법안)을 둘러싼 찬반 공방이 벌어지고 있는 가운데 이 법안의 국회 통과까지 상당한 진통을 예고하고 있다.

이는 지난 21일 열린 정통부 종합감사에서 국회 과학기술정보통신위원회 한나라당 소속 의원들이 ICU 특별법안 통과에 대해 반대입장을 분명히 제시하고 나섰기 때문이다.

한나라당 의원들의 주장에 따르면 ICU가 그동안 사립대학임에도 불구하고 정보화촉진기금을 지원받아 온 것은 불합리하며 더구나 특별법을 제정, 국가예산을 지원하겠다는 것도 이치에 맞지 않는다고 주장했다.

김영선 의원은 "정통부 장관은 이 법안에 대해 관계부처 협의를 거쳤다고 진술했는데 제보된 바에 따르면 교육부가 반대하는 것으로 알고 있다"며 특별법안을 원점부터 재검토할 것을 요구했으며 서상기, 심재엽, 김석준 의원도 이에 가세하고 있다.

이해봉 과기정위 위원장은 한나라당 의원들의 반대의견에 "이 문제에 대해 국감종료 이후 상임위 소위원회에서 세부적으로 논의하겠다"고 밝혔다.

이같이 한나라당 의원들이 ICU 특별법안에 대해 반대하는 이유는 정촉기금을 부당 지원했다는 이유를 제외하고도 이 학교 허운나 총장이 열린우리당 국회의원 출신인 만큼 정치적인 목적까지 얽혀 있는 것으로 알려졌다.

김영선 의원이 작심하고 ICU 흠집 내기에 나서는 것을 보고 정치권에서는 "김 의원이 허운나 총장을 질투해서 저런다"라고 쑥덕거렸다.

16대 대통령 선거에서 열린우리당의 노무현 후보가 한나라당의 이회창 후보를 꺾으리라고 예상한 사람은 거의 없었다. 이회창 후보의 총애를 받던 김영선 의원으로서는 이회창 후보가 대통령이 되면 과학기술정보통신위원회 소속인 자기가 정통부 장관이 되는 것은 매우 자연스러운 일이라고 예상했을 수 있다. 그런데 덜컥 노무현 후보가 대통령이 되는 바람에 자신의 꿈이 어긋나 버린 것이다. 그러니 비록 내가 정통부 장관은 아니지만 정통부 산하의 ICU 총장을 맡고 있으니 아니꼬울 수도 있었겠다. 하지만 이것은 어디까지나 내 짐작일 뿐 어디 가서 공개적으로 할 이야기는 아니었다. 김 의원과 나는 16대 국회시절 같은 상임위에서 나란히 활동했을 뿐만 아니라, 한때 일본 정부가 '한국의 젊은 지도자 10인'이라며 한나라당 의원 5명, 열린우리당 의원 5명을 선정해 일본으로 초청하였을 때에도 김 의원이 한나라당 여성대표, 내가 열린우리당 여성대표로 각각 뽑혀 함께 일본에 가서 내내 화기애애한 분위기에서 출장을 마쳤을 만큼 '원만한' 사이였다. 그래서 나는 김영선 의원이 그토록 집요하게 ICU를 없애는 데 앞장서리라고 상상도 못 했었다.

"ICU를 카이스트에 합칠 수 없다"

ICU를 카이스트에 합치라는 김영선 의원의 요구에 대해 나는 "카이스트와의 합병은 안 된다"라고 결사반대했다. '작고 강한 대학' ICU가 카이스트에 흡수되어서는 안 되는 이유는 내 언론 인터뷰에 잘 나타나 있다. 다음은 〈파이낸셜뉴스〉가 2005년 1월 6일 자에서 "IT 초대석… 허운나 한국정보통신대 총장 '글로벌 IT인재양성 6년째 취업 100%'"라는 제하로 보도한 내용이다.

국내 유일의 정보기술(IT) 전문 고급 교육기관인 한국정보통신대(ICU)에 유례없이 생기가 넘치고 있다. 지난 1999년 개교 이래 6년 연속 100% 취업률을 달성했고 해외 유수 대학과의 교류협력도 활발하다. 전과 달리 ICU의 인지도도 확연히 달라져 국내뿐만 아니라 해외 우수학생들이 유학을 올 정도다. 이는 지난해 6월 여성 정치인 출신인 허운나 총장이 동분서주하면서 일궈낸 결과라는 게 주위의 평가다. 허 총장은 "MS, 오라클, HP 등 세계적인 IT기업들이 ICU 졸업생들을 서로 데려갈 수 있도록 ICU를 '글로벌 IT인재양성소'로 육성하는 것이 최대 목표"라며 "10년 안에 ICU를 '세계 톱10'의 대학 반열에 올려놓겠다"고 밝혔다. 허 총장을 7일 대전 대덕연구단지내 ICU 캠퍼스에서 만나 당면 현안과 향배에 대해 들어봤다.

한국정보통신대(ICU)가 추구하는 장기 인재육성 비전은.

글로벌 시장을 이끌어가는 세계 최고의 IT인재를 육성하겠다. 〈포춘〉지 선정 500대 기업'에서 원하는 학생을 길러내겠다. ICU는 모든 수업을 영어로 진행한다. 영어를 잘해야 글로벌 시장에서 당장 통할 수 있다.

인도 등 국가의 우수인재가 실리콘밸리를 비롯한 세계 유수의 연구 분야에서 맹위를 떨치고 있는 것도 영어로 의사소통이 원활하기 때문이다. 소수정예의 인재육성도 ICU만의 차별화된 전략이다. 양보다는 질을 높이기 위한 선택과 집중인 것이다. ICU의 인지도를 높이기 위해 해외 유수 대학과의 교류협력도 활발히 진행하고 있다. 카네기멜론대와 공동 석사학위를 주기로 하는 협약을 맺었다. 선마이크로시스템즈와 인턴십 과정도 열었다. 이외에 CMU, MIT공대 등과 공동학위를 추진 중이다.

ICU는 지난 1999년 개교 이래 봄, 가을 학기를 합쳐 8회 이상 100% 취업률을 기록했다. 비결이 뭔가.

차별화된 교육시스템 때문이다. 그간 전 과목 영어강의, 학제 간 전공, 인턴십제도 등 IT기업에서 요구하는 이론과 실무를 겸비한 인재양성에 주력했다. 세계적 수준의 고급 엘리트 육성을 목적으로 설립된 학교인 만큼 취업률 100%는 당연한 결과다. ICU 졸업생들은 대체로 한국전자통신연구원(ETRI), SK텔레콤 등의 연구개발(R&D) 전문 인력으로 진출, IT 분야 신기술을 개발하고 있다. 일부는 후진양성을 위해 교수로도 활약하고 있다.

지난해 6월 총장 취임이후 ICU가 몰라보게 변했다. 그간 업무성과에 대해 자평한다면.

원래 자기가 한 일에 대해 자평한다는 것은 어색한 일이다. 다만 열정을 쏟아 부은 것에 대해서는 자부심을 갖는다. 지난 인생에서 그러했듯 ICU에서도 밤잠 설치면서 최선을 다해 뛰었다. 궁극적인 꿈은 '세계 톱 10'의 대학이다. 이를 위해 총장의 역할이 막중하다고 본다. 취임해 가장 먼저 한 일은 교수, 직원, 학생들과 이야기를 나누는 일이었다. 일단 '듣는 총장'이 되겠다는 의도에서다. 이를 위해 전 ICU인이 모여 이야기하는 자리를 만들었고 교수들과 워크숍도 갔다. 이런 과정 속에서 학교발전을 위한 많은 의견을 나눌 수 있었다. 물론 학생들과 이야기하는 자리도 갖고 있다.

ICU는 사립대이면서 정부의 지원을 받는 독특한 시스템 때문에 논란이 되고 있다. 앞으로 대학 운영은 어떤 형태로 이끌어갈 것인가. 예산운영에도 변화가 있나.

ICU는 IT 분야의 고급인력을 양성하기 위해 정부가 국가적 차원에서 1997년에 설립한 대학교다. 설립 당시 여러 여건으로 인해 사립대로 설립되었을 뿐, 실질적인 운영주체는 정부다. 또 글로벌 IT리더 양성이라는 정부의 정책과제를 수행하는 기관이라는 점에서 국가의 지원은 당연하다고 본다. 이런 견지에서 정부의 재정지원 근거를 보다 명확히 하고 일관된 사업추진을 위해 특별법 제정이 추진되고 있다. ICU의 설립주체 및 설립목적을 깊이 인식한다면 좋은 결과가 있을 것으로 본다. 또 결과와는 상관없이 국가적 차원에서 설립한 대학교인 만큼 정부지원을 통한 IT인력 양성은 현재와 같이 앞으로도 계속될 것이다.

IT인재육성의 중요 요소인 교수진의 경쟁력은 어느 정도인가.

우수한 학생을 학교로 견인하는 주요 요인 중 하나가 우수한 교수진이다. 더욱이 ICU와 같은 지방소재 신생 IT 중심 특성화 대학은 우수한 교수, 스타급 교수의 유치가 더욱 절실하다. 현재 ICU 교수진은 ETRI, KT, HP 등 국내외 IT 관련 유수 연구소 및 삼성전자 등 IT를 선도하는 산업체 연구책임자 경력 출신자를 중심으로 구성돼 있다. 또 전 미국 대통령 정보통신자문위원회 위원장을 역임했던 스탠퍼드대 라지 레디 박사, 동화상전문가그룹(MPEG) 의장인 레오나르도 게리글레오네 박사 등 해외 석학을 교수진으로 초빙한 상태다. 앞으로 더욱 해외 석학 및 우수교수 유치에 박차를 가할 예정이다.

ICU 총장 취임 직후 소정의 정치자금을 대전지역 발전을 위해 선뜻 헌

노무현 대통령 내외 한국정보통신대학(ICU) 방문 시 브리핑.

납했다는데.

17대 국회의원 선거 후 선거관리위원회로부터 보전 받은 1억 1,500만 원을 지역사회에 환원했다. 이 점을 크게 자랑할 생각은 없다. 다만 대전에 있는 ICU 총장으로 오게 된 이상 지역사회에 조금이나마 도움이 되고 싶다는 생각을 했다. 마침 대전시에서 직접 운영하는 독거노인과 소년소녀가장을 돕는 복지만두레라는 사업이 있어 5,000만 원을 기부했고 지역구로 출마했던 경기 성남시 분당구 내 사회복지시설 등에도 6,500여만 원을 기탁했다.

주위에서 허 총장을 'ICU의 걸어 다니는 홍보물'이라고 말한다.

ICU 총장으로 오기 전부터 국회 과기정위에서 활동하면서 그 누구보다 ICU에 대해서 잘 알고 있었다. 하지만 총장으로 와보니 우리 학교가 아주 훌륭한 교육 프로그램을 가지고 뛰어난 인재들을 양성하고 있는데도 불구하고 일반인에게 인지도가 매우 낮았다. 이 점이 매우 안타까워서 제 지인들은 물론 공·사적으로 만나게 되는 모든 분들에게 기회 있을 때마다 학교에 대해 알리다보니 그렇게 된 것 같다. 비단 ICU뿐만 아니라 어느 대학이든지 총장이라는 자리는 그 대학의 '얼굴'이라고 생각한다. 총장이 대학을 홍보하는 것은 당연한 일이다.

이해찬 총리에게 지원사격을 부탁

나는 "ICU를 '불법대학'이라고 한다면 이것은 국가적인 오명이다. 국회에서 합법적으로 만든 대학을 불법이라고 하면 되겠나?"라면서 카이스트와의 통합을 계속 반대했다.

이 과정에서 지원사격을 부탁하기 위해 이해찬 총리를 찾아갔다. 내 설명을 들은 이 총리는 교육부, 과학기술부, 정통부 장관을 불러 ICU 존속방안을 모색하라고 당부했다. 하지만 국회의원이 이 문제를 계속 물고 늘어지는 상황에서 행정부 차원의 노력은 소용이 없었다. 김영선 의원은 예쁘장한 외모와는 달리 국회에서 장관을 매섭게 몰아세운다. 그래서 장관들도 김 의원에게는 쩔쩔맸다. 총리가 나서서 관계 장관들을 설득해도 소용이 없던 터에 노무현 대통령이 2005년 3월 31일 ICU를 전격 방문했다. 다음은 그 사실을 보도한 〈파이낸셜뉴스〉 2005년 4월 1일 자 기사이다.

"빠르게 달려라. 그러나 후미를 챙겨라."

노무현 대통령이 지난달 31일 대전서 한 말이다. 노대통령은 허운나 전 의원이 총장으로 있는 정보통신대학(ICU)을 방문, 학생들과 만나 "군에서 배운 것 중 행군이 있는데 전체가 잘 행군하려면 선두의 속도를 늦추면 안 된다"면서 "그러나 후미를 어떻게 잘 하느냐가 행군을 크게 좌우한다"며 이같이 말했다.

노대통령은 또 "후미에 앰뷸런스를 두고 낙오하는 사람을 챙기고 쉬게 해 다시 중간에 내려 행군을 계속한다"고 했다. 노대통령은 이어 "지도자가 되는 사람들은 선두속도를 늦추지 않으면서 후미와 함께 가도록 해야 하며 가난하고 어려운 사람에게 보다 많은 기회가 제공되도록 해야 한다"고 덧붙였다. 결국 노대통령이 모두에 한 "후미를 챙기라"는 말은 소외계층에도 기회를 줘야 한다는 뜻이 되는 셈이다.

대통령이 ICU를 방문한다는 소식을 듣고 나는 '그렇지. ICU가 왜 카이스트에 통합되어서는 안 되는지 대통령께 말씀드려야겠다'라고 마음먹었다. 그런데 대통령보다 먼저 ICU에 도착한 진대제 정통부 장관이 "내가 어떻게 해서든 ICU 문제를 해결할 테니 제발 대통령께는 ICU 이야기를 하지 말아 달라"고 내게 간곡히 부탁했다. 그래서 나는 그를 믿고 그러마고 했다. 지나고 보니 그때 내가 순진했다고 해야 할지 어리석었다고 해야 할지 모르겠다.

ICU에 눈독 들인 카이스트 총장

김영선 의원이 주도하는 정치권이 ICU와 카이스트의 통합을 계속 밀어붙이는 가운데 2006년 6월 카이스트 총장에 서남표 박사가 새로 취임했다.

서 총장은 오자마자 ICU의 방대한 토지자산과 적지 않은 기금, 그리고 교수진에 눈독을 들였다. ICU는 대전 외에 서울 도곡동에도 캠퍼스를 갖고 있었다. 서 총장은 ICU 문제에 유독 발언권이 센 국회 과학기술정보통신위원회 김영선 위원은 물론이고 위원장을 비롯한 주요 한나라당 위원들과 입을 맞춘 다음 총리 직속의 국무조정실을 직접 찾아가 "ICU의 기금을 흡수해 카이스트 기금을 확대하겠다"는 식으로 통합을 적극 원한다는 입장을 밝혔다.

이해찬 총리로부터 "ICU 독립을 지켜낼 수 있도록 백방으로 노력하라"는 지시를 받아놓고 있던 국무조정실로서는 곤혹스러운 상황이 벌어진 것이다. 서남표 총장은 국가 차원에서 미국으로부터 초빙한 인사였다. 국무조정실은 그해 12월 관련자들 간의 조정을 유도하기 위해 자리를 마련했다. 다음은 그 소식을 전하는 2006년 12월 13

일 자〈디지털타임스〉보도이다.

"카이스트-ICU의 통합이냐, 아니면 현 체제 유지냐"

한국정보통신대학교(ICU)와 한국과학기술원(카이스트)과의 통합 관련, 각 부처가 의견을 조율하기 위해 본격적인 협상 테이블에 앉았다. 국무조정실은 12일 오후 카이스트와 ICU의 통합에 관한 의견을 해당 부처별로 듣기 위한 자리를 비공개로 마련했다. 이날 협의에는 김영주 국무조정실장의 주재로 서남표 카이스트 총장과 허운나 ICU 총장, 유영환 정통부 차관, 이종서 교육인적자원부 차관, 박영일 과학기술부 차관 등이 참석한 가운데 최근 불거진 카이스트-ICU 통합에 대한 의견을 교환했다.

이 자리에서 ICU는 전국의 국립대학이 법인화 추세이며 ICU만의 성공모델을 점차 만들어가고 있는 상황에서 카이스트와의 통합은 양교의 경쟁력을 떨어뜨리는 결과를 낳게 될 것이라고 통합 반대의사를 강력 피력했다. 특히 카이스트와의 통합보다는 상호보완적인 경쟁 관계 속에서 세계일류 대학으로 상호 발전해야 한다는 점을 지적한 뒤 5년 후에는 정부의 지원 없이 독자적으로 운영될 수 있는 재원을 마련해 완전 사립화의 길을 가겠다는 전략을 내놓았다.

이에 대해 카이스트 측은 ICU가 경쟁력을 갖고 있는 IT관련 학과를 통합, 운영하게 된다면 상호 시너지 효과를 발휘해 결국 카이스트의 비전인 세계 10대 대학 진입과 세계적 경쟁력을 갖출 수 있는 대학으로 성장할 수 있는 밑거름이 될 것이라는 점을 강조한 것으로 알려졌다.

이밖에 정통부와 교육인적자원부, 과학기술부 등 해당부처도 통합과 관련해 이견 차를 좁히지 못한 것으로 전해졌다.

이에 따라 ICU와 카이스트와의 통합 여부는 국무총리실의 조정과정을 거쳐 국무총리의 결정 등에 따라 판가름날 전망이다.

ICU 관계자는 "카이스트와의 통합은 있을 수 없는 일이고 통합보다 상호 경쟁을 통한 윈-윈 전략 구축이 절실한 상황"이라며 "정부 차원의 ICU에 대한 관심과 지원, 현 체제 유지의 필요성을 전달하는 자리가 됐다"고 말했다.

ICU, 결국 카이스트에 통합

이처럼 ICU-카이스트 통합이라는 큰 바위에 가속도가 붙으며 빠르게 굴러가기 시작하자 ICU 내에서도 학생과 교수의 기류가 서서히 변하기 시작했다. 처음에는 "ICU 독립을 지키자!"며 똘똘 뭉쳐 한목소리를 내던 학생들이 "카이스트 졸업장이 더 나은 것 아니냐?"며 통합에 슬슬 동조하기 시작했고 교수들도 "기왕이면 카이스트 교수가 낫다"는 식으로 태도를 바꾸기 시작했다.

ICU를 카이스트에 통합시킬지 말지를 결정하는 것은 ICU 이사회의 권한이었다. 처음부터 ICU을 만들었던 이사들로 구성된 이사회의 기류는 강력한 통합 반대였다. 다만 이사장인 노준형 정통부 장관만이 김영선 의원에게 시달리는 것에 지쳐서 찬성을 하고 있었다. 그래서 나는 국장 시절부터 잘 알고 지내던 노준형 정통부 장관실을 찾아가 이사회에서 통합안을 통과시키지 말아달라고 부탁했다. 그랬더니 노 장관은 "통합을 성사시키지 않으면 국회 과학기술정보통신위원회에서 정통부 예산을 절대 승인하지 않겠다고 협박한다"면서 자신도 괴롭다며 오히려 내게 하소연을 했다.

나는 최후 수단으로 대통령에게 호소하기로 했다. 그렇게 마음을 정하고 청와대 참모를 통해 대통령에게 'ICU 해체는 부당하다'는 요지의 건의문을 올렸다. 그때는 노무현 대통령이 레임덕에 빠진 임기 말이었다. 내 건의문을 받은 대통령은 청와대의 변양균 정책실장에게 "허운나 총장이 제시하는 방향으로 일을 추진하라"는 지시를 내렸다.

대통령의 지시를 받은 변양균 실장이 움직이기 시작했다. 이제는 뭔가 일이 제대로 되나 싶었다. 그런데 이게 무슨 일인가. 2007년 9월 천하를 떠들썩하게 만든 소위 '변양균-신정아 스캔들'이 터져 변양균 실장이 하루아침에 매장당해버린 것이다. 변 실장 후임으로 온 정책실장은 대학교수 출신으로 국가균형발전위원회 위원장으로 있던 성경륭 박사였다. 성경륭 정책실장을 만났더니 "장관들이(정통부와 교육부) 전부 결정해 놓은 사안이라 나로서는 힘을 쓸 수 없다"고 내게 실토했다.

그런 가운데 정통부 장관이 노준형에서 유영환으로 바뀌고 유 장관은 ICU-카이스트 통합을 위한 이사회를 준비하고 있었다. 노 장관과 달리 유 장관은 모든 이사들을 접촉해서 통합 반대이던 모든 이사들을 통합 찬성으로 돌려놓았다. 장관인 이사장의 의도니 정보통신 관련 일에 종사하던 이사들은 모두 힘없이 무너졌다. 유영환 장관은 협상과정에서 나더러 분교 총장을 맡는 선에서 해결하자는 듯 제안했지만 나는 끝내 받아들이지 않았다. 나는 통합 이사회에 앞서 열린 이사회에 출석해 미리 사임서를 제출하고 최후의 결전을 치르는 심정으로 마지막 투쟁을 벌였다. 모든 이사들은 감히 내 앞에서 한마디 말도 못 했다. 그리고는 처음의 소신을 지키지 못하고 ICU를 통합시키겠다고 자기들 입으로 말하는 것이 부끄러웠는지 회의를 비공개로 진행하고 녹취를 남기지 않기를 원했다. 그래서 나는 "좋다. 그

렇다면 나만의 발언을 녹취록에 남겨주시오"라고 하고 완전 차별화
된 IT 최고의 영재대학이 정쟁의 희생물로 사라지는 것의 부당성을
조목조목 열거하며 나의 소신을 말하고 깨끗하게 사표를 던졌다. 내
가 발언을 마치자 장내에 5분 이상의 침묵이 흘렀다. 모두들 그들이
합병하고자 하는 일의 부당함을 지적하는 나의 발언에 부끄럽고 낯
이 나가 말문이 닫힌 것이다.

　다음은 "정보통신대·카이스트 통합은 IT업계의 불행"이라는 제하
로 〈서울신문〉이 2007년 11월 21일 자에 보도한 내용이다.

　허운나 한국정보통신대(ICU) 총장은 20일 "정통부가 ICU와 한국과학
　기술원(카이스트)의 통합을 무리하게 추진하는 것은 무책임하고 국가와
　우리의 IT업계로서는 매우 불행한 일이 될 것"이라고 밝혔다.
　　허 총장은 이날 교내에서 기자간담회를 열고 "카이스트와의 통합문제
　는 국내 IT산업 발전이란 측면에서 대승적이고 객관적 차원에서 논의돼
　야 하는데도 정통부가 내년 예산 지원을 담보로 ICU와 설립 목적과 성격
　이 다른 카이스트의 통합을 이사회에 사실상 강요하고 있다"고 지적했다.
　　그는 "그동안 통합을 반대해온 입장과 소신을 앞으로도 굽히지 않을
　것"이라며 "내일 있을 이사회에서 두 학교 통합을 전제로 ICU 중장기발
　전방안이 이뤄지면 총장직을 자진 사임하겠다"고 말했다. 허 총장은 지
　난달 이사회 때 이미 사직서를 제출했다.
　　허 총장은 "국내 유일의 IT 특성화 대학인 ICU가 소모적인 정쟁 논리
　와 정통부의 책임 회피로 설립 10년도 안 돼 폐교될 처지에 있다"며 "정
　부는 ICU가 자립화할 때까지 운영비 및 연구프로젝트 발주 등 정책적 지
　원과 함께 현재 보유 중인 1,000억 원 규모의 발전기금과 자산을 활용, 수
　익을 극대화할 수 있는 자율적인 학교운영을 도와야 한다"고 강조했다.

정통부와 ICU 학교법인 한국정보통신학원은 21일 오전 11시 서울 롯데호텔에서 이사회(이사장 직무대행 황주명 변호사)를 열고 ICU 발전방안과 허 총장 사임처리 문제를 논의한다.

정부, 국회, 청와대를 상대로 "ICU를 살려달라"고 그토록 호소했음에도 불구하고 ICU 이사회는 카이스트와의 통합을 결의했고 이로써 ICU는 설립 10년 만에 사라지고 카이스트에 합병되었다. 김영선 의원이 날린 화살이 마침내 과녁에 도달한 것이다. 한국 IT 최고인재를 육성하자는 최고의 비전과 목표가 정쟁으로 인하여 물거품처럼 사라지는 순간이었다. 아, 그러나 어쩌랴. 인생이, 인간의 역사가 항상 바른 방향으로만 흘러가는 것이 아닌 것을…. 나는 최선을 다했지만 그렇게 굴러가는 바퀴를 막을 힘은 없었다.

1   ICU 주최 IT 정책 프로그램에 참가한 세계 여러 대학 고위 공직자들.
2   ICU 세계 IT기술교육 석·박사 프로그램 참여 장학생들과.

1

2

3

1 ICU 주최 세계 IT대학총장포럼에 참여한 네그로폰테 교수, 박찬모 총장과 함께.
2 세계 IT대학총장포럼에서 (왼쪽 두 번째부터) 아랍에미레이트 HCT 센틸 나딘,
   중국 BIPT 진통린과 기전달식.
3 세계 IT대학총장포럼에서 기조강연.
4 남호주 대학 드니스 브래들리 총장과의 MOU 체결식.
5 앨런 유스타트 구글 부사장과 함께.
6 세계 IT대학총장포럼에서 구글 부회장(왼쪽)과 진대제 장관(오른쪽)과 함께.

4

5

6

1　ICU 총장으로 리투아니아 정부와 MOU 교류.
2　발데마라스 살라우스카스 리투아니아 교통통신부 차관과 함께.
3　라흐마니 알제리 국토개발환경부 장관과 협정 체결.
4　아랍에미레이트 나하얀 고등교육부 장관 초대로 그의 궁전에 방문.
5　ICU 총장으로 오만 술탄카부스 대학 총장과 MOU 체결 후.
6　ICU 총장으로 카타르 대학 총장과 함께.

4

5

6

Act 7

7막

삶에는
쉼표가 필요해

'이제야말로 제대로 한번 쉬어보자'라고 생각을 다부지게 먹고는 왈츠와 탱고 교습을 받으며 평소 제대로 챙기지 못했던 지인들과 느긋한 시간을 보냈다. 그러면서 예술단체의 명예회장직을 맡아 예술 창작과정을 지켜보고 예술인들의 해외 전시에도 동참하였다.

아름다운 것은 진리요, 진리는 아름다움이다.
이것이 인간 세상에서 인간이 알고 있는 전부요,
알아야 할 전부다.

— 존 키츠, 《그리스 항아리에 바치는 송가》에서

좋은 분들과 좋은 시간을 보내고

예순에 도달해 얻은 휴식

참 바쁘게 살아온 세월이었다. 돌아보니 마흔 살에는 영국 케임브리지 대학에서 안식년을 보냈고 쉰 살에 다시 안식년을 얻어 미국 모토로라 대학에서 보냈다. 이제 우리나이로 예순이 되어 대학 총장에서 물러나니 또 다른 안식년을 가지게 되었다. '지금까지 너무 앞만 보고 살아왔다'는 감회와 함께 '이제는 호흡을 고를 때'라는 생각이 들었다. 나는 거울을 보며 마음속으로 내 자신에게 말했다.

"운나야, 동족상잔의 전쟁을 겪고 폐허가 되었던 가난한 나라 대한민국이 지난 반세기 만에 선진국으로 도약한 것이 세계가 알아주는 압축 성장 덕분이듯이, 너 또한 지난 세월을 꾹꾹 눌러가며 남들보다 더 밀도 있게 살아왔구나. 너는 말도 빠르고 걸음도 빠르고 행동도 빠르지 않니? 그러니 일을 더 많이 할 수 있었던 거지. 그러다 보니 대학에서 국회에서 다시 대학에서 세계 최초 소리를 듣는 일도 여럿 이루었고 우리나라 역사에서 새로운 장을 여는 일에 동참하는 영광도 있었어. 돌아보니 네가 세웠던 목표를 그런대로 초과달성하였구나. 흡족하지, 운나야? 이 정도면 되지 않겠니? 너는 정말 운 좋은 사람이야. 능력과 의지는 있어도 운이 안 따라 일이 잘 풀리는 않는 사람이 얼마나 많니? 그런데 너는 네가 하고 싶은 것을 다 이루었잖아? 모든 것이 정말 감사하지? 그간 무섭게 질주하던 바퀴에 갑자기 제동이 걸려 다소 얼떨떨하겠지만 멈춰서 생각하니 지난 시간의 무게가 평화롭고 고요하게 느껴지지 않니? 자, 이제 정말로 여유 있는 시간을 즐겨야겠지?"

서양 사람들을 접촉하면서 가장 부러웠던 것은, 그들은 일과 휴식 사이의 구분이 분명하다는 것이었다. 좋다, 나도 이제부터 확실하게 휴식하자. 지금까지 해 왔던 비슷한 일 근처에는 얼쩡거리지도 말자.

휴식한다고 해서 집안에 틀어박혀 있겠다는 것은 아니었다. 그간 못 했던 일을 하나씩 하고 싶었다. 가장 먼저 떠오른 것이 무용이었다. 초등학교 때는 고전무용을 했고, 미국에 건너가서는 아이를 낳고 직장을 얻은 후 워싱턴 D.C.에 온 후부터 새로 막 유행하던 에어로빅을 시작했다. 미국에서 배운 에어로빅은 1978년부터 수십 년간 계속해 오던 터였다.

'자, 이젠 에어로빅에서 한 단계 높여 제대로 된 댄스를 하자.'

이렇게 생각하고 댄스 선생을 구해 왈츠, 탱고 같은 춤을 배우기 시작했다.

일 중심으로 살아온 생활방식도 바꿀 필요가 있었다. '그간 너무 업무 중심으로, 나 중심으로 살아왔구나'라는 반성이 일면서 '목적이 없는 인간관계'를 새로 맺어야겠다고 작정했다. 그래서 내 주변의 지인들을 다시 챙기기 시작했다.

한양대 제자들: '허당'과 '허쉬' 모임

그동안 내가 학교를 떠난 이후에도 매년 내 생일을 중심으로 우리 집에 모인, 교육공학연구소 중심의 제자들이 있다. 연구소 시절 우리 집에서 일 년에 두세 번씩 치르던 파티에 늘 참석해 매우 친밀한 이들이다. 그들은 대학 졸업 후 사회적으로 성장하고 가정도 꾸려 자식도 낳고 함께 늙어(?)가는 처지가 된 것이다. 초창기에는 젊은 우리들의 모임이었지만, 이제는 내 제자들이 자식들도 데려오는 분위기가 되었다. 어느덧 내 나이가, 그들의 아이들을 내 손주처럼 대하게 된 나이가 됐나 보다. 내가 미국 모토로라에서 안식년을 보낼 당시, 미국유학 중에 자신의 어린 아들과 함께 나를 찾아온 엄우용이란 제자가 있었다. 이제 세월이 흘러 그는 대학교수가 되었고, 아빠 손을 꼭 쥐고 걷던 꼬마는 민족사관고등학교에 입학한 멋진 학생이 되어 있었다. 한편 대견하고 한편 놀라웠다.

　내가 쉬게 되면서 다시 뭉치게 된 제자들은 대충 이름 붙이기를 '허당'이라는 모임을 만들었다. 미루어 짐작건대 '허운나 당'이라는 뜻일 것이다. 여학생 제자들은 허당에서 여성들만 따로 떼어낸 오붓한 모임도 만들고 스스로에게 '허쉬'라는 멋지고 귀여운 이름을 붙였다. '허쉬'는 '허운나'의 '허'에 '그녀'를 뜻하는 영어 '쉬(she)'를 합성해 만든 것으로 굳이 우리말로 옮기면 '허운나를 따르는 여자 제자들' 정도가 되겠다.

허쉬 중에는 교수가 많으며 허당 전체로는 기업 CEO도 제법 있다. 교수가 된 제자들 가운데는 이런 말을 하는 사람이 많다.

"선생님께서 한양대 교육공학과를 창설하시고 나서 곧바로 학교 안에 기업 비슷한 것을 차려 열심히 외부 프로젝트를 끌어와 저희를 먹여 살리셨잖아요. 그때 선생님께 배운 기업가 정신을 지금도 잊지 않고 있는데, 막상 저희가 현업에서 그 시절 선생님께서 하시던 것처럼 하려니 그때 선생님이 어떤 분이셨는지 잘 알 것 같아요."

나는 제자들에게서 이런 말을 들을 때 가장 행복하다.

"선생님 만나서 제 인생이 바뀌었어요."

"선생님에게 학자와 기업가의 유전자를 물려받았어요."

"저희는 선생님에 의해 동기를 부여받았답니다."

"선생님은 저희의 롤모델이세요."

이는 물론 과찬이지만 내 교육관은 언제나 제자들에게 영감을 불어넣고 그들의 잠재적 능력을 촉발시키는 것이었다.

해마다 내 생일이 되면 허당 30여 명 정도가 모인다. 이와는 별도로 최근에 매년 현충일마다 허당이 총집합해 골프대회를 열기로 했다. 벌써 두 번 했다. 순국선열들께는 정말 미안한 일이지만 모두 바쁘다 보니 이날밖에 시간이 나지 않기 때문이다.

나는 제자들에게 늘 이런 이야기를 했다.

"너희에게 이득이 온다면 얼마든지 내 이름을 팔아라. 선생은 제자의 거름이 되어야 하는 법이다. 너희가 허운나의 제자라는 사실은 우리 사회에서는 보증수표로 통할 것이다. 내 추천서가 필요하면 언제든 말해라. 내 은사 모건 박사가 내게 거름이 되어 주었듯이, 나는 언제든 너희를 위해 거름이 되겠다."

일각에서는 내가 제자들과 이렇게 친하게 지내니 나를 '교주'라고 부르기도 한다. 음, 싫지 않은 이야기다.

'허사모' 모임

ⓔⓘⓐ

'허운나를 사랑하는 사람들의 모임'이다. 대한민국 최고의 여성들 모임인 허사모의 장점은 서로서로 지원한다는 데 있다. 허사모의 또 다른 이름은 '무지개'인데 출발 주요 멤버가 일곱 빛깔 개성을 가진 7명이었기 때문이다. 어느 가을날 이영희 KT 전무가 우리 멤버 모두를 초대한 용평연수원에서 울긋불긋 예쁜 케이블카를 타고 경치를 조망하며 즉석에서 지은 이름이다.

허사모 회원은 전원 여성으로 ICT(Information&Communication Technology) 분야 지도자들이 주종이다.

송정희 박사는 삼성을 거쳐, 정통부 PM(Project Manage)을 거쳐 현재 KT 부사장이다. 예쁘고, 똑똑하고, 대쪽 같은 나의 사랑하는 후배이다. 송 박사는 우리나라에 둘도 없는 뛰어난 여성인재이다. 삼성을 거쳐 벤처 창업도 했고, 진대제 장관을 도와 정통부에서 한국 정보통신기업과 국가 프로젝트를 지휘하고 PM(Program Manager) 역할을 톡톡히 했다. 오세훈 서울시장을 도와 서울시 CIO 역할을 한후 KT 이석채 회장에게 발탁돼 여성으로서 가장 높은 부사장 자리에까지 올랐다. 나와는 같은 라인의 일이라늘 이런저런 일들을 상의했는데, 고운 얼굴과는 달리 강직한 성품에 진정성이 묻어나는 그녀는 늘 허사모의 대들보 역할을 한다.

배희숙 사장은 내가 교수 시절, 어느 국제회의장에서 내가 정부 장

차관들이 참석한 패널토의 사회를 영어로 진행하는 것을 보고 한국의 자랑이라며 반색하며 인사를 나눈 것이 첫 인연이 되었다. 그러고는 내가 이사장으로 있는 '여성정보문화21' 창립멤버로 활동하며 근 15년 가까이 내 곁에서 좋은 친구, 후배로뿐만 아니라 의리 있고 개성 넘치며 리더십 강한 여성 CEO로 괄목할 만한 인간적 성장을 한 여성이다. 본인이 전문가가 아니었던 IT 분야로 뛰어들어 하이테크 기반의 이나루를 경영하고 여성벤처협회 회장을 두 번이나 역임한 여장부이다. 현세에는 허사모의 안방마님인 배희숙 사장과 뜨거운 우정을 나누지만 아마도 우리는 전생에 연인이었지 싶다.

이영희 전무는 KT 최초의 여성 임원이다. 내가 국회의원 시절 당시 이상철 KT 사장이, 왜 대기업에 여성 임원이 없느냐고 내가 따지자 맨 먼저 발탁한 여성 임원이다. 남편도 KT에 있었지만, 이 여성은 너무나 탁월하다고 칭찬을 아끼지 않았다. 그 후 이영희 상무는 내가 국회에서 정보문화선언을 할 때 전국망을 연결해 주는 등 국회 정보화에 도움을 주었고, 본인이 중국에 나가 KT 법인장을 지내는 동안 내가 중국을 방문할 때마다 한결같이 내게 도움을 주고, 힘이 되어준 여장부이다. 중국어를 능통하게 구사하고 귀국해서는 전무로 승진해 사업부를 맡아 동분서주 활약이 대단했다. 허사모의 소금 같은 역할을 한다.

임수경 전무는 내가 RFID 공동위원장을 맡고 있을 때, 참여기업 중 하나인 LG CNS의 상무였다. 그녀는 남성 중심의 기업문화에서 그들과 동등하게 일하며 늘 깨끗한 피부에 하얀 미소가 떠나지 않는 부드러운 얼굴로 나를 사로잡았다. 후에 우리나라 여성 최초로 국세청 CIO를 맡아 든든한 대들보 역할을 했고 이석채 회장에게 발탁되어 KT에서 전무가 되었다. 원만한 인간관계로 허사모에 웃음을 준다.

박남희 상무는 우리 허사모 최고의 스타일리스트이다. 50줄에 아직도 20대 같은 날씬한 몸매와, 감탄을 자아내는 패션 감각의 선구자이지만, 뛰어난 프로로 오랫동안 MS의 상무로 일하다 최근 엄청난(?) 명예퇴직금을 받고 디자이너로서 제2의 인생을 가지고 싶다며 퇴임하고 로마로 날아가 버렸다. 늘 허사모의 총무를 맡아 온갖 재롱과 수고를 아끼지 않은 허사모 마스코트이다. 언제나 솔선수범 자신을 희생(?)하며 허사모를 돌보았는데, 현재 우리는 그녀가 있는 로마에서 번개팅을 하는 게 소원이다.

　윤경희 대표는 내게 제자 같은 후배이다. 교육개발원에서 연구실장으로 특별 프로젝트를 진행할 때 참여했던 이화여대 학생이다. 나중에 남편이 나의 모교인 FSU로 가는 바람에 따라갔다가 나와의 인연이 되살아났고, 그녀 또한 교육공학 박사학위를 취득했다. 그 남편도 내가 한양대 교수로 발탁하여 안팎으로 인연이 깊다. 삼성SDS에서 오래 일한 뛰어난 프로로 유머러스하고 사람을 끄는 매력을 갖춘 듬직하고 사랑스러운 후배이다. 한편으로는 늘 챙겨주고 싶고 한편으로는 의지하고 싶은 진짜 동생 같은 후배다. 현재는 人Touch라는 새로운 회사를 창업하여 대표로 있다.

　오세현 전무는 오빠 오세훈 시장을 닮아 훤칠한 키에 뛰어난 미모, 완벽한 섹시 몸매를 갖춘 현대적 미인인데다, 실력까지 갖춘 독일 박사 팔방미인이다. 국회에서 '수요포럼' 때 오세훈 의원이 동생을 소개했다. 당시 인젠이라는 IT 보안회사에서 활약하고 후에 동부그룹 등에서 맹활약하다 이석채 KT 회장에게 발탁돼 통통 튀는 그의 새로운 아이디어 덕분에 신사업을 맡아 총지휘하는 여장부로 허사모의 귀염둥이다.

　윤심 전무는 대한민국에서 모든 커리어 우먼들이 부러워하는, 소위 잘나가는 여성으로 최근에 삼성SDS에서 전무로 승진한 능력자이다. 성실한데다 심지가 굳고 가정도 직장도 멋지게 지키는 슈퍼우먼이다. 게다가 승진 턱도 가장 멋진 레스토랑에서 내는 센스까지 갖춘 여성이다. 초기 레인보우 멤버는 아니었지만 이제는 없어서는 안 될 귀한 허사모 멤버이다.

'대전블루스' 모임

ଗୠ୵ଣ

이 모임은 대전, 특히 대전교도소와 관련 있는 사람들이 주류이다. 한승헌 변호사, 장영달 전 의원, 표완수 〈시사IN〉 사장, 박정삼 전 국정원 2차장, 조정남 전 SK 부회장, 그리고 대전 ICU 총장을 지낸 내가 정식 회원이다. 정기적으로 모임에 참여하는 게스트는 김상현 전 의원, 영화배우 장미희, 가수 전인권 등이다. 총무는 장영달 전 의원이 맡고 있다.

한승헌 전 감사원장 및 변호사는 남다른 인생경력을 가진 분으로 우리나라 민주화 과정에서 핍박받는 사람들의 편에 서서 독재정권의 참담한 어려움 속에서도 굴하지 않고 변호를 하다 스스로도 수감생활을 하기도 했다. 그가 변호를 했던 사람들의 면면 자체가 우리나라 민주화의 역사인 셈이다. 그럼에도 불구하고 그는 언제나 우리 모임에서, 그런 과거가 무색하게 감히 따라갈 수 없는 유머감각으로 끊임없이 우리에게 웃음바다를 선사한다. 그래서 우리는 그가 없는 대전블루스 모임을 상상하기 어렵다. '대전블루스'라는 모임 이름도 한 변호사가 지었다. 무엇보다 나는 그와 함께하는 것만으로도 이 시대를 살아가는 사람으로서 큰 영광이 아닐 수 없다.

장영달 전 의원 역시 (앞에서 여러 번 언급했듯이) 그의 인생 자체가 우리 모두에게 훌륭한 교훈을 주는 분이다. 그러나 그는 4선 의원이라는 엄숙한 실제와는 달리 언제나 몸을 낮추고 이 모임에서 심부름꾼을 자처해 모든 연락, 잔심부름을 도맡아 한다. 권위의식이라고는 털끝만큼도 찾아볼 수 없는 허허로운 그의 일상은 잔잔한 감동을 준다. 요즘은 양평에서 진돗개 두 마리와 행복하게 지낸다는 그는, 어쩌면 눈앞의 이익에만 매달리며 각박하게 사는 현대인들 속에서 진정한 도인인지도 모른다는 생각이 든다.

표완수 〈시사IN〉 사장은 나와는 서울대 영어영문과 동기동창이다. 대학 때 군대를 다녀온 복학생으로 우리 앞에 나타났던 그는 햇병아리 대학생이었던 동기들 앞에 남자 냄새를 풍기는 참 성숙한 이였다. 그도 독재군사정권에 맞서 해직기자로 힘든 생활을 보내며 대전교도소에서 복역해 대전블루스에 합류했는데, 요즘의 그는 희끗희끗한 머리에 중후한 멋을 풍기는 신사가 되었다. 경인방송 사장, YTN 사장을 지냈고 지금은 〈시사IN〉 사장으로 있다. 무엇보다도 세심하고 자상하게 모두를 챙기는 모습이 그의 멋이다.

전직 국회의원 모임

𑁋𑁋𑁋

몇 달에 한 번씩 모이는 정치인들 모임으로, 모두 민주당 국회의원을 지낸 분들로 좌장은 정대철 전 의원이다. 정대철 의원은 정이 많고 멋진 사람이다. 늘 주변을 격려하고 일을 주도하지만, 먼저 남을 챙기는 스타일이다. 정 의원의 배려 덕분에 과거 함께했던 민주당 의원들의 얼굴도 보고 소식도 들으며 시류에 대한 논평도 듣는다.

내가 정치권에 있으면서 가장 인간적으로 따뜻함을 나눌 수 있었던 의원은 역시 정대철 의원이다. 대한민국 역사상 빛나는 두 분을 부모로 두고(외무부 장관과 국회의원을 지낸 정일형 박사가 부친이시고, 우리나라 최초의 여성 변호사 이태영 여사가 모친이시다) 자신도 어디에도 뒤지지 않을 학벌, 인품, 정치적 연륜, 멋진 말솜씨 등을 가졌음에도 우리 정치권에서 좀더 큰일을 할 기회가 닿지 않은 듯해 안타까움이 적지 않다. 그분을 생각하면 평양면옥의 냉면과 만두, 그리고 김치찌개가 생각날 정도로 맛있는 밥을 자주 사주셨다. 그래서 그분의 푸근함 때문에 나는 정치권과는 멀리 지내지만 이 모임에는 나간다.

서울대 영문과 동기회 모임

ରାଇ

내가 입학할 당시 영문과 정원은 20명이었다. 영문과는 전통적으로 여학생이 귀했는데 내가 들어갈 무렵 경기여고에서 무려 6명이나 한꺼번에 입학하는 바람에 여학생의 비율이 상대적으로 많아졌다.

졸업 후 세월이 많이 지난 지금 동기회는 남자들이 주도하며 정기적으로 모임에 참석하는 여자는 내가 유일하다. 상시적으로 모임에 나오는 사람은 8명 정도이다. 모임을 주도하는 사람은 대전블루스 모임 멤버인 표완수 전 YTN 사장이다. 표완수 동기가 소집하면 나머지 동기들이 집합하는 식으로 동기회가 유지된다. 올해 정년을 맞은 영문과 최준석 교수, 모교인 서울대 영문과의 유일한 교수가 된 이성원 동문, 전 말레이시아 대사 이영준 동문, 외환은행 출신 한도희, 임영화, 김우철 동문, 국정원 출신 우헌기 동문 등 모두 젊은 시절의 추억을 공유한 그립고 다정한 친구들이다. 역시 동창생들은 스스럼이 없어 좋다.

'휴~두몽(夢)' 모임

경기여고 동창 중에서 학교 때부터 친하던 친구 몇몇과는 이런저런 일이 있을 때마다 만나 차도 마시고 식사도 하며 서로 경조사도 챙기고 골프도 함께하며 지내왔다. 그러나 항상 일에 쫓겨 고작 1년에 몇 번 정도밖에 만나지 못한 것이 사실이다. 최근 우리 나이가 어느덧 은퇴기에 접어들며 열심히 일하던 친구들이 하나둘 은퇴하기 시작했다. 대부분 대학교수들이라 금년, 늦어도 내년이면 모두 은퇴한다. 의사인 친구들은 개업을 하기도 하지만 아무튼 평생 열심히 일한 친구들끼리 뭉쳐서 즐겁게 놀기로 하였다.

모두 전진만 하며 휴식이라고는 모르고 살았던지라 휴식하며 멋진 인생을 꿈꾸어 보자는 의미로 모임 이름을 '휴~두몽'이라고 지었다('두몽'에는 '두 번째 목요일'이라는 뜻도 있음). 우리는 자유롭게 모인다. 어린 시절을 함께한 친구들이라 격의감도 없고 모두 프로로서 각자의 분야에서 뛰어난 친구들이라 동질감도 있었기에 만나면 대화 주제가 끊이지 않고 마음도 편하다. 나이를 먹고 나니 서로 이리저리 잴 일도 없어 진정 편안한 휴식과 함께 같이 늙어갈 동창들이다.

'미지수'(美知秀) 모임

教育공학 여자 박사들의 모임이다. 대부분은 대학교수이고 몇 명은 대기업 임원이다. 내 제자 모임 허쉬의 멤버 중 크레듀 상무 김미정 박사가 가장 어린 멤버로 이 모임에 끼어서 열심히 총무로 봉사하고 있다. 나와 함께 한양대 교육공학과를 이끌어오던 권성호 교수와 이화여대 김영수 교수는 경기여고 1년 후배이자 같은 교육공학 전공자의 길을 걸어온 오랜 동지이다. 이제 모두 은퇴를 앞두고 있는 교육공학의 산 증인이자 개척자들이다.

윤여순 전 LG인화원·LG아트센터 원장, 삼성SDS부장을 지낸 윤경희 人Touch 대표, 이인숙 세종대 교수, 강명희 이화여대 교수, 허회옥 순천대 교수, 이옥화 충북대 교수, 오인경 포스코글로벌 인재개발원장이 그 면면을 이룬다. 이들은 모두 교육공학과와 교육공학회를 이끌어오면서 함께 이 분야에 대해 고민하고 함께 일하고 함께 기뻐하던 많은 순간들을 공유한 벗이자 동료들이다. 무엇보다 하나같이 미모를 자랑하는 아름다운 여성들로, 우리 모임의 이름 美知秀가 그냥 美知秀가 아닌 것이다.

'서울대 AIP' 모임

AIP는 '서울대학교 공과대학 최고산업전략과정'을 뜻한다. CEO 대상 프로그램인데 강의하러 갔다가 원우들의 권고로 학생이 되어 27

기 졸업생이다. 국회의원 시절 공짜로 다녔던 지도자 과정이다. 김정
길 전 법무부장관이 모임의 중심이다. 청석엔지니어링 정희용 회장,
IT 회사 박규홍 사장 등이 회원이다. 가끔 만나면 반갑고 진정으로
격려하는 회원들이다.

'SPC'(서울사진클럽) 모임

⌒⌒⌒

최근에 SPC라는 사진 동호회에 들어 대학 시절 취미로 'Photo Art
Club'(사진반)에 가입해 활동하며 품었던 꿈을 다시 키워가고 있다.
SPC에서 전문 사진 교수들에게 강의를 듣다보니 무언가 사물을 보
는 눈이 달라진 기분이다. 같은 장소에서 같은 자연 혹은 사람을 보
고 카메라 셔터를 눌러도 결과물은 서로 다르다. 이는 자연적인 빛이
나 기후 외에도 보는 이의 관점, 그때그때 느끼는 감성, 구도를 잡는
미학적 능력, 대상을 향한 끈질긴 관심과 몰두 등이 작용하기 때문이
다. 같은 취미를 가지게 된 동기 동호인들은 서로 하고 있는 일은 달
라도 가끔 만나 함께 운동도 하고 식사도 하고 사진을 함께 찍고 품
평 등도 공유하면서 삶의 한 귀퉁이를 공유한다.

'코오롱 스포렉스 에어로빅' 모임

⌒⌒⌒

2001년부터 지속된 모임이다. 이 모임은 코오롱 스포렉스라는 스포

츠 시설에 모여 에어로빅과 라인댄스를 하는 모임이다. 회원들은 대부분 내 또래이거나 약간 젊은데, 우리는 함께 모여 수다를 떨고 춤을 추고 대화를 하고 밥을 먹는다. 회원들은 100% 주부들이다. 같이 늙어가는 친구들로서 사우나에 벌거벗고 앉아 허물없이 무슨 이야기든 하는 사이다. 다들 살림의 달인인데다 자녀교육의 고수들이며 세상사는 지혜가 많아 배우는 게 많다. 백수 시절에는 이분들을 거의 매일 만났고 함께 패션쇼를 보러 가기도 했다. 서로 관혼상제를 챙기는 '제2의 가족들'이라고 할 수 있다.

이 밖에도 크고 작은 모임들이 많지만 정기적 모임은 아니고 그때마다 회동이 이루어진다.

국가보훈문화예술협회 이사장 취임

ର୍ଥଷ

국가보훈문화예술협회는 국가유공자 예술인과 그 유자녀, 문화예술 동호인 상호 간의 유대와 화합을 바탕으로 민족문화예술창조에 이바지할 목적으로 1998년 10월 30일 설립된 문화체육관광부 소관의 사단법인이다. 이 협회가 하는 일은 독자적인 한국문화예술의 새로운 개발, 해외홍보 및 보급, 전시, 학술발표, 공모전 개최, 국가유공자 및 그 유자녀를 위한 복지사업, 민족예술문화상 제정 및 시상 등이다.

국회의원 시절 내 멘토였던 장영달 의원이 이 협회 회장이었고 내가 부회장이었다. 그런데 장 의원이 10여 년간 맡아오던 회장을 그만두자 협회 측에서 내게 회장을 맡아달라고 요청해 2008년 9월 회장에 취임하게 되었다. 회장은 순전한 명예직이다. 살림살이는 협회

사무총장이 전적으로 꾸려간다.

이 협회는 당초 국가보훈처의 지원을 받아 설립되었다. 협회 회원이 수천 명인데 서양화가, 동양화가, 서예가 같은 미술가들이 주류이다.

예술가들과 보낸 멋진 시간

중고등학교 시절 나는 춤도 잘 추었지만 미술도 곧잘 했다. 대학시절에는 영문학자 송욱 교수의 여동생인 송경 씨에게 서양화를 배운 적도 있다. 하지만 내 미술 실력은 모방이 한계였다. 창작은 엄두도 못 냈다. 그래서 나는 지금도 '창작을 하는 사람'을 존경한다. 그래서 "작가님들을 모시고 협회 회장을 한다는 것은 내게 행운이며 영광이다"라는 생각으로 회장직을 수락했다.

협회 회원들 덕분에 정말 좋은 경험을 했다. 함께 일본, 중국, 중동으로 가서 전시회를 열기도 하고 작품을 놓고 토론도 하는 등 아주 유익하고 재미있는 시간을 보냈다.

한번은 어느 여류작가가 내게 아주 멋진 비취 반지와 팔찌를 선물해 주어 고맙게 받기도 했다. 대단히 값진 물건이어서 황감하기 이를 데 없었다(아무 조건 없이 그냥 주고 싶어 주는 이런 일은 아마도 그녀가 창작을 업으로 하는 예술가이기 때문에 가능한 것이 아니었을까?).

협회에서는 국내 전시회도 많이 열었다. 인사동 화랑과 예술의 전당 등 크고 작은 화랑에서 숱하게 전시회를 열었다. 회원들 중에는 내게 자신의 작품을 선물하는 분도 있었는데, 예술인들에 대한 존경심으로 그들에게 봉사하기 위해 나는 나대로 역할을 부지런히 수행했다. 예술가들과 보낸 2년은 눈 깜짝할 사이에 지나갔다.

백수 시절 골프를 가장 많이 쳤다. 골프 치는 팀들도 몇몇 되는데 시간 되는 대로, 마음 맞는 대로 쳤다. "백수가 코피 터진다"라는 말도 있듯이 놀면서도 참 바빴다. 각종 모임에 나가랴, 춤 배우랴, 협회 회장직 수행하랴 정말 바빴다.

내가 신나게 놀고 다니자 주변에서는 "대학에 복귀하지 않느냐?"라고 묻는 사람이 더러 있었다. 하지만 나는 일체의 구직활동을 하지 않았다. 한양대에 복귀하지 않느냐고 사람들은 묻지만, 제자들이 이미 교수로 성장해 있는 상황에서 내가 시어머니 격으로 다시 돌아간다는 것은 염치없는 짓일 뿐 아니라 교수는 이미 해본데다 총장까지 해보았으니 이제 와서 새삼 교수직으로 되돌아가 같은 생활을 반복할 필요는 없다는 것이 내 솔직한 심정이다. 모든 것을 내려놓고, 욕심 없이 사니 젊은 혈기로 일할 때 느끼지 못했던 삶의 소소한 행복을 매일매일 느끼며 늙어가는 재미를 깨달았다.

애통한 마음을 담아 노 대통령을 떠나보내며

෨෪෬

휴 그랜트가 주연한 영국영화 〈네 번의 결혼식과 한 번의 장례식〉에 영국 계관시인 W. H. 오든의 시 〈장례식 블루스〉가 낭송된다. 전문을 옮기면 아래와 같다.

벽시계를 모두 멈추고 전화선을 끊어라.
뼈다귀를 물고 짖고 있는 개를 막아라.

피아노 소리를 죽이고 잔잔한 북소리와 함께
관을 내어오고 조문객들을 입장시켜라.

비행기들이 신음 속에 하늘을 빙빙 돌아
상공에 '그가 죽었다'라는 메시지를 쓰게 하라.
광장 비둘기들의 흰 목에 검은 나비넥타이를 채우고
교통 경찰관들에게 검은 장갑을 끼게 하라.

그는 내 북쪽이고 남쪽이고 동쪽이고 서쪽이었으며,
일하는 주중이었고 휴식하는 일요일이었다.
내 정오, 내 자정, 내 이야기, 내 노래였다.
나는 사랑이 영원하리라 생각했다. 하지만 내가 틀렸다.
이제 별들도 필요 없다, 모조리 꺼버려라.
달을 보자기로 덮고 해를 부숴버려라.
바닷물을 모두 퍼내고 숲을 밀어버려라.
이제 그 어떤 것도 소용이 없다.

위대한 계관시인의 시로도 미처 다 표현할 수 없을 정도로 엄청난
슬픔과 충격을 안겨준 일이 2009년 5월 23일 경남 김해시 진영읍 봉
하마을에서 발생했다. 노무현 전 대통령이 서거한 것이다. 퇴임 후
고향에 내려가 농사를 지으며 수많은 지지자들과 막걸리를 나누며
'바보 노무현'의 매력을 전국에 퍼뜨린 노 전 대통령이 가족과 관련
된 검찰 조사를 받던 중 그만 극단적인 선택을 하고 말았다. 아버지
가 돌아가시면 유교사회에서는 '천붕'(天崩), 즉 하늘이 무너지는 일
을 당했다고 하는데, 나는 휴일에 노 전 대통령 서거 소식을 접하고

'천붕'에 버금가는 충격을 받았다. 다음날 분당 선거 때 열심히 보좌해주던 김정민 국장이 운전하는 차를 타고 정신없이 봉하마을로 내려갔다. 말없이 국화꽃 한 송이만 영전에 바치고 아무와도 이야기를 나누지 않은 채 다시 몇 시간 걸려 서울로 돌아오면서 혼자 슬픔을 삭였다. 그 뒤 며칠을 혼미한 상태에서 보내다 짐짓 기운을 차려 책상 앞에 앉아 노 전 대통령의 장례일에 맞춰 조사(弔辭) 한 편을 간신히 집필해 2009년 5월 29일 자 〈디지털타임스〉에 기고했다. 다음은 그 기고문이다.

노 전 대통령을 떠나보내며…

지난 23일 오전 노무현 전 대통령 서거라는 충격적인 TV뉴스를 접하고부터 이 글을 쓰는 지금 이 순간까지도 심한 몸살을 앓고 있다. 60년 내 인생에서 이보다 더한 충격이 또 있었을까? 필자에게 '내가 만난 가장 순수한 정치인'이라는 별칭을 안겨줬던, 노무현 전 대통령과 함께했던 행복하고 즐거웠던 옛 추억들을 떠올리며 그분과의 관계를 회고하는 것으로 추모의 마음을 대신하고자 한다.

필자가 노 전 대통령과 개인적인 인연을 맺고 또 인간 노무현을 알게 된 결정적인 계기는 16대 국회 여당인 민주당 국회의원으로 활동하던, 당시 노 전 대통령이 후보로 참여한 2002년 민주당 대통령 경선부터 시작된다. 필자는 교수 출신 국회의원으로서 전문인 IT 분야와 정치를 접목시키는 다양한 실험적 시도를 하고 있었는데 정치에 몸담은 4년이란 짧은 세월 중 가장 극적인 실험시도는 전자투표시스템을 직접 지휘, 성공적으로 개발해 낸 일과 또 이를 기반으로 세계 정당사상 최초로 전자투표시스템을 통한 대통령 후보 경선을 치러낸 일이다.

노무현 후보를 포함한 7명의 후보가 참여, 제주도에서부터 시작된 이

경선은 전국 16개 시·도를 거치면서 극적인 드라마를 연출한 끝에 예상을 뒤엎고 노무현 후보가 당선됐는데 이 시스템 운용을 진두지휘한 필자는 경선과정에서 보여준 노 후보의 진정성과 서민적 풍모에 점차 매료돼 갔다.

경선 이후 곧 실시된 국회의원 보궐선거에서 노 후보와 필자는 유세연설자로서 재회하게 됐다. 비 오는 어느 날 유세연설을 마치고 연단에서 내려오는 필자에게 노 후보는 우산을 받쳐줬고 먼 거리에 있는 다음 유세장소로 이동하면서 한차에 동승하게 된 우리는 2~3시간 동안 많은 이야기를 나누게 됐는데 그는 차 안에서 권위적인 위계조직을 뛰어넘는 수평조직을 지향하고 권력과 부의 집중을 분산시키는 균형발전의 비전을 처음 피력했다.

뿐만 아니라 노 후보는 대통령과 스태프들이 함께 팔을 걷어붙이고 대화와 토론을 하는 민주적인 모습, 서울만이 아닌 전국이 골고루 발전하고 대기업만이 아닌 중소·벤처기업이 함께 상생하며, 소수의 부자만이 아닌 서민들이 최소한의 인권을 누리며 살 수 있는 '함께하는 세상'을 꿈꾸고 있었다.

디지털 시대에 맞는 혁신적이고 열린 사고를 가지고 있는 노 후보의 이야기를 들으며 나는 가슴이 뛰었다. 노 후보와 그가 지닌 철학은 권위적이고 보수적인 한국의 사회상을 혁신하여 21세기 글로벌 세계로 성큼 나가게 할 수 있는 비전의 지도자로 내게 성큼 다가왔다. 우리는 사고의 패러다임이 서로 통하는 것을 느끼고 바로 의기투합, 나는 달리는 차 안에서 노 후보의 적극적인 지지자가 될 것을 약속했다.

이후 필자는 민주당의 대통령 후보 인터넷선거본부장직을 맡아 본격적으로 노 후보의 선거를 지원하게 됐는데 노 후보의 홈페이지를 개설하고 후보가 직접 참여해 영상으로 먼 곳의 지지자들과 실시간 대화를 나누는 등 다양한 이벤트를 전개했다. 홈페이지 방문자 수는 상대당 후보보다 압도적이었지만 문제는 투표참여율이 저조한 젊은이들을 어떻게 하면 얼마나 많이 투표장소로 끌어내는가였다. 하지만 모든 게 기우에 불과했다.

궁색한 예산으로 운영되는 홈페이지에는 젊은 지지자들이 멋진 멀티미디어 자료를 만들어 올렸고 차츰 많은 이들이 원칙의 사나이, '바보 노무현'의 진정한 면모를 소개하면서 홈페이지는 인간 노무현을 둘러싼 감동의 사연들로 가득 찼다.

전국의 유세장을 함께 돌면서 노 대통령의 명석함과 인간적인 면모를 가까이서 지켜본 나는 이후 후보 단일화 과정과 정몽준 의원의 지지철회 등 일련의 정치적 사태들에 대해 가슴 아파하면서도 원칙을 중시하는 노 후보를 안타깝게 바라볼 수밖에 없었다.

그러나 이 사건들은 오히려 인터넷에서 젊은이들을 결집시키는 계기가 되어 노 후보는 다시 한 번 모든 이의 예상을 뒤집고 보기 좋게 대통령에 당선됐다. 인터넷이라는 동시성과 확대성의 매체를 만나 풀뿌리 민주주의가 실현된 역사적 순간이었다.

세계 각국의 언론은 노 대통령 당선자를 '세계 최초의 인터넷 대통령'이라고 부른다. 나는 새로운 시대와 인터넷을 이해하는 후보를 만나 전문성과 정치의 결합이라는 실험을 대통령 선거라는 특수한 무대에서 운좋게도 성공적으로 맛보는 역사적 경험 속에 있었다.

노 대통령은 자신이 대통령이 된 과정을 빗대어 스스로를 '벤처 대통령'이라 불렀다. 그는 벤처산업에 대한 이해도 빨랐다. 대통령 시절 미국 실리콘밸리 방문을 수행한 당시 벤처협회 장흥순 회장은 IT 벤처산업이 발전하기 위해서는 직접적 지원보다 벤처산업의 생태계의 중요성을 강조했는데 대통령의 이해력이 상당히 빠르고 깊어 불공정거래의 제거,

M&A 과정에서 미실현 이익에 세금부과 시정 등과 같은 일들을 적극적으로 처리했다고 회고했다.

대통령이 벤처 코리아 행사에 참여해 직접 두 시간씩이나 열정적인 강의를 하면서 벤처기업의 중요성과 벤처기업으로의 패러다임 변화를 강조할 정도였다. 소프트웨어의 중요성은 물론 마케팅의 어려움도 알아 청와대에 직접 국산 벤처회사의 제품을 납품하도록 하면서 스스로 이를 활용하기도 했다. 그의 균형발전의 철학이 여기에도 작용한 것이다.

노 대통령은 대한민국 미래의 신성장동력을 IT 서비스와 이를 뒷받침하는 네트워킹, 그리고 IT 관련 제품개발에서 찾고자 'IT 839정책'을 국가 IT 비전으로 내걸었다. 해외방문 시 정통부 장관을 배석시켜 적극적인 마케팅으로 세계에 'IT 강국 코리아' 이미지 구축에 성공했다. DMB 폰과 와이브로 등은 세계적으로 우리가 처음 기술개발에 앞선 사례이다.

노 대통령은 특히 아프리카나 중동, 중남미, 중앙아시아 등의 자원부국에 자원외교를 펼쳐 우리의 IT 기술과 자원교류의 물꼬를 텄다. 정부 시스템은 모두 디지털 시대에 맞는 시스템으로 만들어 행정전산화의 세계적인 모델을 이끌었다. 노 대통령은 소프트웨어의 중요성도 인식, 소프트웨어산업을 키우기 위해 노력했지만 이 분야는 아직도 갈 길이 멀다. IT를 지극히 사랑했던 노 대통령의 국가비전과 함께 정통부가 없어진 지금은 IT 분야 컨트롤 타워가 없이 비전을 잃고 방황하며 무엇인가 뚫려 있기보다는 막혀 있는 듯한 느낌이 드는 건 단지 나 혼자만의 생각일까?

이제 노무현 전 대통령께서는 우리 곁을 떠났다. 수많은 국민의 애도도 그를 우리 곁에 다시 오게 하지는 못한다. 그러나 때는 늦었지만 그의 진정한 모습을 되새길 수 있는 계기가 되어 내 마음에 작은 위안이 된다.

우리는 진정 어떤 지도자를 그리워하는가? 자신의 원칙을 지키고 주위의 오해와 비난에도 끝까지 흐트러짐이 없이 무소의 뿔처럼 혼자서

갔던 노무현 전 대통령.

인간적인 괴로움 속에서 삶의 마지막 순간을 홀로 했던 노무현 전 대통령 미안해요, 우리 함께하지 못해서 — 당신의 꿈, 당신의 고독, 당신의 고뇌 — 모두가 그립습니다. 이제는 편히 쉬십시오. 생전에 못다 하신 일 우리 국민들이 해내겠습니다.

지금은 그에 대한 평가가 다양하지만 세월이 흐르면 아마도 우리나라 역사에서 가장 탈권위적인 새로운 대통령의 전형을 보여준 원칙과 뚝심의 정치인으로 길이 남으리라 생각한다.

국가보훈문화예술협회 회장 취임식에서.

1

2

1 두바이에서 개최한 한국모던아트 전시회에 참여한 작가들과.
2 중국 위안에서 한·중여성미술작가 전시회 개최.
3 아부다비 한국모던아트 전시회 후 기자 인터뷰.
4 두바이 한국모던아트 전시회에서.

3

4

1 '허사모' 멤버들을 찍다.
2 2014년 새해 인사 온 제자들과 함께.

SPC 작품활동 위해 빛의 조화를 생각하며 찍은 사진.

Act 8

8막

송도국제도시에서
새롭게 봉사한다

미국 ABC 방송은 송도국제도시를 미래도시의 전형으로 소개하면서 세계 최대
규모의 민간투자 사업이 펼쳐지고 있는 곳이 송도라고 보도했다. 송도와 인천시
의 투자유치 활동을 지원하고 채드윅 송도국제학교의 발전에 힘을 보태면서 새
로운 봉사의 기회를 누리고 있다.

이것이 누구의 숲인지 나는 안다.

물론 그의 집은 마을에 있다.

그는 내가 여기 서서 눈이 가득 쌓이는

자기 숲을 보고 있음을 알지 못할 것이다.

…

숲은 사랑스럽고 어둡고 깊다.

그러나 내게는 지켜야 할 약속이 있고

자기 전에 가야 할 먼 길이 있다.

자기 전에 가야 할 먼 길이 있다.

— 로버트 프로스트, 《눈 오는 밤 숲 속에서》

채드윅 송도국제학교에서 젊은 지도자들을 키우며

캘리포니아에서 온 편지

"뭔가 더 새로운 일이 없을까?"

모든 것을 내려놓고 욕심 없이 사는 삶의 재미를 느끼던 화려한 백수는 이제 인생의 말년을 향해 가면서 그동안 나름 쌓아왔던 경험, 능력, 인맥을 가지고 무언가 봉사하는 삶을 살고 싶다는 생각이 강렬하게 들기 시작하였다. 그러던 어느 날, 미국에 사는 내 오랜 친구 리처드(딕) 워밍턴에게서 이메일이 왔다.

딕은 미국 캘리포니아 태생으로 스탠퍼드 대학에서 전자공학 학사를, 하버드 대학에서 경영학 석사를 받았다. 세계적인 IT 기업인 휴렛팩커드에서 33년을 근무했다. 그 가운데 1988~1992년까지 4년간 한국에서 근무했다. 처음에는 휴렛팩커드가 삼성과 합작으로 한국에 설립한 '삼성-휴렛팩커드 코리아'라는 회사의 사장을 맡았다. 하지

1

2

3

1   (오른쪽부터) 당시 HP코리아 사장이던 딕 워밍턴과 그의 양녀와 나의 딸.
2   딕 워밍턴의 부인 캐롤라인과 양자 마이크와 함께.
3   채드윅 초대 총책임자이며 오랜 친구인 딕 워밍턴과 함께.

만 나중에 휴렛팩커드가 삼성으로부터 지분을 모두 사들임에 따라 삼성-휴렛팩커드 코리아는 '휴렛팩커드 코리아'가 됐다.

딕과 그의 아내 캐롤라인은 한국에 거주하는 동안 여섯 살 난 딸 하나와 갓 태어난 아들 하나를 한국에서 입양했다. 나는 자식이 없는 딕 부부가 한국인 아이 둘을 입양해 지극정성으로 키우는 과정을 곁에서 지켜보았다. 딕-캐롤라인 부부는 한마디로 미국에서 건너온 천사들이었다.

한국 근무를 마친 딕은 홍콩으로 건너가 그곳에서 휴렛팩커드 아시아태평양본부 사장을 지냈고 미국으로 돌아가 캘리포니아에서 2000년에 퇴직한 후 캘리포니아 주 디아블로 그란데에 있는 아테니안 학교, 캘리포니아 주 로스 가토스에 있는 힐브룩 학교의 이사를 지내면서 교육에 봉사하고 있었다.

내가 한양대 교수일 때 '삼성-휴렛팩커드(HP) 코리아' 사장인 그를 만나 같은 IT 분야에서 일하면서 친분을 맺었고 이후 그는 HP 본사방문과 HP 교육센터 벤치마킹 등을 도와주었고 우리는 기업교육과 관련해 많은 의견을 나누었었다.

딕의 편지는 이러했다.

안녕, 운나. 잘 지내고 있지요?

홍콩 근무를 마치고 돌아와 퇴직하고 내 고향 실리콘밸리에 정착한 지도 10년이 넘었습니다. 은퇴 이후 나는 내 아들이 다니는 학교의 이사회에 참여하여 여러 해 동안 이사장을 지냈고 우리 지역의 또 다른 학교의 이사회에도 참여하여 오래 이사를 지냈습니다.

그런데 얼마 전 로스앤젤레스의 채드윅 학교에서 나를 접촉해 왔습니다. 채드윅 학교는 한국 인천시 송도신도시에 분교를 내는 문제를 오래

검토해 왔는데 얼마 전 마침내 분교 설립을 추진하기로 결정했다고 합니다. 채드윅 학교 이사회에서는 한국 내 분교 설립 작업을 맡을 적임자를 찾던 중 마침 내가 채드윅 학교를 졸업했으며 한국에서 4년간 근무했다는 사실을 알고 내게 전화를 걸어왔어요. 그들이 내게 "한국으로 돌아가 몇 년간 채드윅 한국 분교의 기초를 닦는 일을 맡아주지 않겠느냐?"라고 제의해 왔습니다.

그것은 나로서는 뿌리치기 어려운 제안이었습니다. 왜냐하면 나는 사립학교 운영에 기본적으로 관심이 많은데다, 한국에서 4년간 근무했고, 우리 아이들까지 한국에서 입양했을 정도로 한국에 애착이 많기 때문입니다. 이런 점들을 따져보니 내가 생각해도 그 일에는 내가 최고 적임자라는 판단이 들더군요. 게다가 아들 녀석이 얼마 전 대학 진학을 위해 우리 부부 곁을 떠나는 바람에 우리는 참 적적했거든요. 그래서 캐롤라인과 나는 내 모교인 채드윅 학교에서 내게 보내온 제안을 수락하였습니다. 내게 주어진 임시 직책은 채드윅 송도학교 개교 준비위원장입니다. 학교가 개교하면 교장을 맡게 됩니다.

캐롤라인과 나는 모교 이사회의 제안을 수락하는 즉시 운나를 떠올렸습니다. 운나가 이제부터 송도학교 개교를 준비하는 작업을 도와주기 바랍니다. 조만간 만나서 자세한 이야기를 나누십시다.

딕.

뭔가 새로운 일을 찾던 내게 느닷없이 날아든 친구의 제안은 그야말로 불감청고소원(不敢請固所願)이었다. 나는 즉각 답장을 보냈다.

안녕, 딕. 편지 잘 읽었습니다.

딕이 잘 알다시피 나는 원래 교육자입니다. 2년 전 대학 총장으로 있다 정치적인 이유로 하차한 이후 한동안 정치권과는 담을 쌓고 살아왔습니다. 하지만 딕이 학교 설립이라는 중요한 일을 맡게 되었다니 파트타임으로 지원한다고 생각하고 성의껏 돕겠습니다.

　하지만 먼저 채드윅이 어떤 학교인지 아는 것이 필요하다고 생각합니다. 학교부터 먼저 파악한 후에 딕을 도울 방법을 궁리해 보겠습니다.

운나.

이것이 2010년 2월의 일이었다. 당시 인천 송도에는 이미 국제학교 건물이 신축되어 있었다. 단지 간판이 걸리지 않았을 뿐이었다. 포스코와 함께 송도신도시 개발을 책임진 게일사에서 2만 평 부지에 공사비 1,700억 원을 들여 건설한 이 국제학교는 시설만 보아도 세계 정상급 수준으로 교실, 과학 실험실, 다목적 음악·미술실뿐 아니라 세계적 수준의 대형 극장, 도서관, 체육관, 수영장, 테니스장, 육상장과 다양한 운동장 여러 개를 갖추고 있었다.

　문제는 학교의 주인이 아직 나타나지 않았다는 것이었다. 하드웨어는 완비해 놓았는데 아직 소프트웨어가 갖추어지지 않은 상태였다. 이런 상황에서 게일사가 로스앤젤레스의 명문 학교인 채드윅에 분교 설립 의사를 타진했고 채드윅이 게일 측 제안을 수락해 마침내 학교가 설립될 수 있는 기본인프라가 이루어진 것이다.

채드윅 송도국제학교 개교를 돕기로 마음먹고

🄰🄸🄰

개교준비위원장 딕이 한국에 왔다. 나는 그와 함께 간판이 붙지 않은 국제학교 캠퍼스를 둘러보았다. 그런 다음 딕을 따라 미국으로 건너가 채드윅 학교를 견학했다.

채드윅 학교는 로스앤젤레스 시가지가 내려다보이는 아름다운 팔로스 베르데스에 있는 언덕 위 10만 평 드넓은 부지에 자리 잡고 있었다. 나는 채드윅에서 학교 관계자들을 면담하고 수업을 참관해 보았다. 채드윅에서는 교육이 교사가 아닌 학생 중심으로 돌아가고 있었다. 교육학에서 말하는 '자기주도적 학습'과 '탐구학습'이 제대로 구현되고 있었다. 물론 이러한 학습방법은 우리나라에도 일찍이 도입되었지만 교육현장에 적용되기보다는 아직도 구호에만 그치고 있는 실정이다. 우리나라 교육은 점수와 등수 위주로 굴러가기 때문에 아무리 좋은 교육방법이 도입되더라도 교육현장에서는 겉돌게 마련이다. 채드윅을 찬찬히 둘러본 나는 '한국에도 이런 학교가 설립되도록 내가 교육자로서 한국 교육에 대한 마지막 봉사라고 생각하고 힘을 보태야겠다'고 마음먹게 되었다.

우여곡절 끝에 개교에 필요한 기초를 놓다

ⓐⓧⓐ

'채드윅 송도국제학교'가 있는 '송도국제도시'에 대해 이야기하려면 '인천경제자유구역'에 대해 먼저 말해야 한다.

인천경제자유구역은 국내 최초의 경제자유구역으로 송도(松島)·영종(永宗)·청라(靑蘿) 세 지구로 나누어 2020년까지 개발사업이 진행된다. 송도국제도시 또는 송도경제자유구역은 국제업무도시로서 언제 봐도 내 가슴을 뛰게 하는 그림처럼 아름다운 인천대교를 통해 인천국제공항과 연결된다.

송도국제도시에는 서해 바다의 물결과 조개를 테마로 한 부드러운 곡선의 컨벤션 센터, 채드윅 송도국제학교, 아시아에서 최초로 잭니클라우스 이름을 단 JN골프 클럽, 대한민국 최고층인 68층의 아름다운 랜드마크 건물 동북아무역타워(NEATT), 전면이 마치 가우디의 건물처럼 곡선의 미(美)를 자랑하는 퍼스트 월드 주상복합 아파트, 뉴욕 센트럴파크를 연상시키는 아름다운 수로와 수상택시, 자전거 도로를 구비한 중앙 공원이 들어서 있다. 인류 역사상 최대의 민간 기업들에 의한 개발 프로젝트로 불린다.

채드윅 송도국제학교를 비롯해 송도 국제업무지구에 들어선 건물들은 죄다 미국 그린빌딩 위원회(USGBC)가 만든 자연친화적 빌딩·건축물에 부여하는 친환경 인증제도인 LEED 기준을 충족하고 있다. 이 지구의 건물들은 미국의 세계적인 IT 기업인 시스코가 참여하여 각종 첨단기술을 적용하여 "Smart&Connected City"(스마트하고 모든 것이 연결된 도시)의 구현을 지향한다.

처음 국제학교 건물을 둘러보았을 때 나는 이 학교가 외관도 아름답지만 교육적 기능을 충분히 발휘할 수 있도록 꼼꼼하게 설계되었음을 알았다. 나중에 들으니 하버드 대학의 전문가들이 초기 건축과정에 참여하였다고 했다. 초등학교 교실에는 반마다 화장실을 따로 설치하는 등 정말 신경을 많이 써서 지은 건물이었다.

국제업무지구 건설 사업을 총괄하는 게일 인터내셔널의 스탠 게일 회장은 국제업무지구에 입주할 외국인들의 자녀교육에 반드시 필요한 국제학교부터 먼저 지어놓고 이 학교를 맡아줄 운영자를 찾던 중 미국 채드윅 학교를 발견하고 자신이 직접 로스앤젤레스로 가서 채드윅 학교를 살펴 본 뒤 학교 유치에 나섰다고 한다.

송도IBD(International Business District)개발 총책임자 스탠 게일 회장과 함께.

채드윅 학교는 학교와 개발사 간에 합의 계약은 됐으나 한국 교육부로부터 정식 설립인가를 받아야 하는 험난한 절차를 남겨두고 있었다. 이 과정을 의논하는 과정에서 스탠 게일 회장과 나는 곧 친해졌다. 게일사는 신한은행으로부터 프로젝트 융자를 받아 국제학교를 비롯한 여러 건물을 짓고 있는데, 국제학교 운영자로 채드윅을 초청하기에 앞서 신한은행 측에 "향후 5년간 학교운영에 소요될 자금으로 4천만 달러를 더 빌려줄 수 있겠느냐?"고 제의해 신한은행 측으로부터 "그렇게 하겠다"는 약속을 받고 채드윅 학교를 정식으로 유치하게 되었다. 아무래도 국제학교가 재정적으로 자리를 잡으려면 개교 후 최소 5년 정도는 지원이 필요하다고 본 것이다. 이렇게 운영자금까지 확보한 상태에서 국제업무지구 사업 시행자인 게일사와 채드윅 학교 간의 협상이 매듭지어졌다.

　그러나 4천만 달러를 확보하는 과정은 참으로 힘겨웠다. 당시는 세계 금융위기 뒤끝이라 국내 은행들이 잔뜩 몸을 사렸다. 신한은행을 비롯한 15개 채권은행들은 컨소시엄을 이뤄 게일사에 엄청난 자금을 빌려주고 있었는데, 만에 하나 국제업무지구 분양이 순조롭지 못하면 대출금 회수가 위태로울 수도 있다며 불안해했다.

　그래서 채권은행들은 게일사에서 요청한 추가 대출 4천만 달러를 선뜻 내줄 기미가 없었다. 교육부에서는 이 운영자금이 확보되지 않는 한 설립인가를 내줄 수 없다고 냉정히 거절했다. 이 어려운 상황에서 미국사람들은 속수무책이었다. 결국은 내가 힘을 보태지 않으면 안 된다는 자각이 들었다. 내가 나서서 다양한 나의 인적 네트워크를 이용해 우여곡절을 겪은 끝에 마침내 신한은행의 고위임원이 추가 대출에 동의했고 그러자 나머지 14개 은행도 결국은 도장을 찍어주어 대출이 성사되었다.

마침내 설립인가 얻어

꿍앉꿍

한국 교육부로부터 국제학교 설립인가를 받아내는 것은 정부 관료주의와의 끝없는 줄다리기의 과정이었다. 당초 채드윅 측은 한국의 어느 유명 법무법인에게 교육부를 접촉하는 일을 맡겼다. 그런데 교육부 당국자가 변호사를 상대하는 일을 탐탁찮게 여기는 바람에 설립인가 취득 업무가 지지부진했다. 그래서 오랫동안 한국 교육계와 인연이 깊은 내가 나서야만 했다.

학교가 2010년 9월 문을 열자면 바삐 움직여야만 했다. 4월 중 설립인가를 받아야만 곧바로 학생 모집 공고를 낼 수 있고, 학생들이 지원해 오면 선발시험도 거쳐야 했다. 그러자면 시간이 많지 않았다. 그런데 교육부는 느긋하기만 했다. 경제자유구역 내에 설립되는 국제학교는 경제자유구역 설치에 관한 특별법의 적용을 받는데 그 특별법을 관장하는 곳은 지식경제부였다. 따라서 지식경제부는 국제학교 설립을 서두르는 입장이었지만 교육부로서는 바쁠 것이 없다는 식이었다.

나는 설립인가를 서둘러 내주도록 교육부 당국자들을 열심히 설득했다. 이렇게 해서 일단 교육부로부터 채드윅 송도국제학교 학생 정원으로 2,080명을 허락 받았다. 특별법에는 '한국인 학생 30%, 외국인 학생 70%'라는 학생 비율 항목이 강제조항으로 들어 있다.

어렵게 교육과정 등이 합의되고, 가장 중요한 설립 후 5년간 운영비를 확보하는 어려운 일을 풀고 한숨 놓았는데 뜻하지 않았던 장애물이 돌출했다. 교육부는 송도의 채드윅 분교가 로스앤젤레스의 채드윅 본교에 매년 로열티를 송금하는 것이 불가하다고 하였다. 내가

"국제적으로 용인되는 로열티 송금을 금지시키면 어떻게 하느냐?"라고 당국자에게 따졌지만 "교육부 방침이 그렇다"는 대답만 돌아올 뿐이었다. 이 문제를 어떻게 풀어야 하나? 한국에 있는 분교가 미국에 있는 본교에 로열티를 직접 보내면 안 된다고 하니 경로를 우회하면 되겠다는 생각이 들었다. 그래서 국제업무지구 사업 시행자인 게일사가 직접 미국의 채드윅학교로 로열티를 송금하는 것으로 해서 이 문제를 해결했다.

채드윅 송도국제학교 고문에 취임

우여곡절 끝에 6월에 학교 설립인가증을 받았다. 나는 딕의 요청에 따라 새로 설립되는 학교의 상임고문으로 정식 취임하였다. 딕은 초대 교장에 취임했다.

이제부터는 정말 신속하게 움직여야 했다. 번갯불에 콩 구워먹는 식으로 교사를 초빙하고 이어 학생을 선발하는 등 부지런히 움직인 끝에 가까스로 9월에 학교 문을 열었다.

막상 개교를 하고 보니 '한국학생 30% 대 외국학생 70% 원칙'이 문제였다. 학령기 자녀를 둔 외국인이 송도에 충분하게 많이 거주하지 않는 현 단계에서 채드윅 송도국제학교로서는 한국인 학생을 최대한 많이 뽑아 재정 균형을 맞춰야 하는데 '30% 원칙'은 우리로서는 가혹한 것이었다. 그래서 우선 특별법을 수정하는 작업에 들어갔고, 적극적인 설득 끝에 현실적으로 외국인 숫자가 당분간 많을 수 없는 사정에 공감한 정부가 한국인 배당을 최대 50%까지 늘릴 수 있도록 개정해 주었다. 다만 20%포인트 증가분은 해당 지역 교육감의 재량으로 넘겼다. 따라서 '30%'를 법에서 허용하는 최대 50%로 확대하기 위해 인천시 교육감을 상대로 끈질긴 협상을 벌여 10%포인트를 겨우 더 따냈다.

채드윅의 자기주도적 학습

채드윅 학교가 지향하는 4대 교육 목표는 학문적 탁월성, 지도자적 품성, 경험을 통한 자기 발견, 그리고 글로벌 마인드이다.

채드윅에서는 무엇보다 자기주도적 학습을 중시한다. 채드윅에는 우선 딱 한 개의 교과서가 없다. 대신 여러 가지 참고서를 비롯한 다양한 자료를 가지고 공부한다. 학생들은 전원 PC를 갖고 있다. 초등 저학년생들에게는 다루기 쉬운 아이패드를 지급한다. 학습은 탐구에 기반을 두고 진행되며 한 가지 사안을 학습하더라도 주변 학문들을 연계하는 통합과정으로 수업을 이끈다.

예컨대 탐구주제가 '민주주의'라고 한다면 사회시간에서만 다루는 것이 아니라 체육, 미술수업 등에도 연계한다.

체육시간에는 교사가 운동 종목을 제시하는 것이 아니라 학생들에게 "오늘은 무슨 운동을 하면 좋을까?"라고 질문을 던진다. 그러면 학생들이 자기들끼리 민주적인 방법으로 토론을 거쳐 그날 할 운동종목을 정한다. 이렇게 함으로써 체육시간에도 민주주의를 함께 공부하는 식이다. 미술시간, 음악시간에도 마찬가지 방식으로 수업을 진행한다. 미술시간에는 예컨대 "전체주의 국가, 독재국가에도 미술이라는 예술이 있었을까?"라는 과제를 놓고 탐구한다. 그 결과 이들 국가에는 미술이 대부분의 경우 선전용으로 쓰였다는 역사적 사실을 알아내고 당시 대표적 프로파간다(propaganda) 포스터를 찾아보거나 관련 아티스트들을 비교해 보고 그런 그림을 직접 그려보는 등의 활동이 가능하다. 이렇게 되면 미술과목은 단지 미술 한 가지만을 공부하는 시간이 아닌 것이다. 이런 프로젝트를 하면서 학생들은 각 사건이나 작품, 나라들 간의 연관 관계 등을 이해하게 된다. 바로 이것이 바로 통합교육의 장점이다.

공부의 주인은 학생

채드윅에서 학습의 주인은 철저하게 학생이다. 학생이 스스로 의문을 품고 그 의문에 대한 답을 찾아간다. 그러자면 학생이 연구를 많이 해야 한다. 스스로 연구해서 연구 결과를 발표해야 한다. 주입식 교육과는 정반대이다. 이 과정에서 자연히 비판적 사고력이 길러진다. 채드윅에서는 5학년에 도달하면 학생 전원이 각 소집단을 만들어 그동안 연구하고 수행한 프로젝트들을 학부모, 교사들을 초대하여 발표하게 되어 있다.

한 팀이 환경보전 가운데 물 아끼기 부문을 집중 연구한다고 하자. 그러면 이 팀의 학생들은 물 관련 기관을 방문하고 폐수 처리장을 둘러보고 동네 곳곳의 공동수도 등을 살피는 것은 물론 필요한 경우 공무원을 인터뷰하는 등 자기가 할 수 있는 모든 탐구활동을 한다. 그런 다음 자기들만의 결론을 내린다. 의문을 품고 그 의문에 대한 답

브라질 국립 방송과 한국 교육발전에 관한 인터뷰 모습.

을 찾아가는 과정에서 자기만의 창의적인 아이디어를 떠올리기도 한다. 이런 모든 과정을 거쳐 과제에 대한 나름의 해법을 찾아내 사람들 앞에서 발표하는데, 학습과정이 철저히 경험에 기초한다. 창의적인 아이디어와 사고가 중시되고 학생들의 독창적 제안이나 결의가 높이 평가된다.

핵심가치를 무엇보다 중시한다

채드윅이 학생들에게 강조하는 리더가 갖추어야 할 핵심가치 5가지는 정직, 존중, 책임, 배려, 공정성이다. 채드윅에서는 학생들이 잘못된 행동을 해도 직접적으로 벌하는 대신 핵심가치를 어떻게 어겼는지를 묻고 스스로 무엇을 잘못했는지에 대해 깨닫게 한다. 5대 가치 준수 의무는 학생뿐만 아니라 교사에게도 적용된다.

채드윅에서는 음악, 미술, 체육, 공연예술을 매우 중시한다. 학생들은 자율적으로 연극을 기획해 연출부터 의상에 이르는 모든 준비 과정을 스스로 진행한다. 이 과정에서 학우들과 서로 협동하는 방법을 배우며 스스로에 대한 신뢰를 키우게 된다. 이는 곧바로 자신감 향상으로 이어지며 프로젝트를 추진하는 과정에서 저절로 지도력을 기르게 된다. 학교 당국은 학생들의 이런 활동을 격려하고 칭찬하다.

봉사활동도 채드윅에서 강조하는 중요한 덕목이다. 봉사는 학생들에게 체화되어 있다. 예컨대 송도의 철새들을 관찰하다가 둥지 주변에 쓰레기가 많으면 곧바로 대규모 봉사단이 모여지고, 넓은 갯벌에 나가 청소한다. 독거노인 돕기, 가난한 동네 아이들에게 영어 가르치기, 탈북자 돕기 등 많은 봉사활동들이 학생들의 자발적 모임에서 기획되고 실천된다.

'야외활동'도 대단히 중요하다. 학생들은 봄, 가을에 한 차례씩 일주일간 학교를 떠나 전혀 새로운 곳에 가서 새로운 경험을 한다.

9학년은 고등학교 1학년이다. 2013년 가을 9학년생들은 경상남도 남해를 방문했다. 거기서 일주일간 머물면서 카약을 타고, 낚시를 하고, 다랭이 마을에서 농부들과 함께 소를 몰아 밭을 갈기도 하고 등산을 하고 불교 사찰을 방문하기도 했다. 미술에 능한 학생들은 농촌 마을에 벽화를 그려주기도 했다.

이런 야외활동을 통해 학생들은 이런 비판적 사고력까지 키우게 된다.

'왜 다랭이 마을에는 노인들밖에 없는가?'

'농부들은 열심히 일하는데 왜 그들은 가난하고 힘든가?'

2013년 봄에는 9학년이 지리산에 갔는데, 캠핑을 하면서 식사 준비부터 주변 자연보호 및 대주민 봉사활동에 이르기까지 모든 것을 학생들 스스로가 했다. 이 과정에서 학생들은 '내 힘으로 살아가기'를 배우게 된다. 그러면서 자연의 고마움을 새삼 느끼게 된다. 채드윅은 머리와 몸을 함께 쓰라고 가르친다. 이를 통해 훌륭한 시민으로 살아가는 데 필요한 기초를 닦게 하는 것이다.

"끊임없이 스스로에게 질문하라"

☙❧❧

채드윅 송도국제학교는 미국의 채드윅 학교와 많은 것을 공유한다.

교사들은 원격 회의 장치를 이용해 본교 교사들과 커리큘럼을 의논한다. 중·고등학생들은 1년에 최소 1개 이상의 프로젝트를 본교 학생들과 함께 수행한다. 본교와 분교는 교사와 학생 교류도 빈번하다.

학생들의 자기 발견을 돕기 위해 채드윅에서는 학생들로 하여금 스스로에게 질문을 하게 한다. '나는 누구인가', '나와 주변의 관계는 무엇인가', '내가 잘하는 것이 무엇인가', '내가 좋아하는 것이 무엇인가'를 끊임없이 묻게 하는 것이다. 이 과정에서 학생은 자신의 진로를 스스로 정하게 된다.

"가장 좋은 대학이 어떤 곳이냐?"라는 질문을 던지면 채드윅 학생들은 "내게 가장 잘 맞는 대학이 가장 좋은 대학"이라고 대답하도록 사고를 유도한다. 무조건 하버드나 예일 같은 일류대학만을 선호하는 것과는 다르다. 채드윅 송도국제학교는 2016년 가을 첫 대학 신입생을 배출할 예정이다.

우리나라에도 선진교육 도입해야

⋙⋘

채드윅 송도국제학교에 학생의 어머니가 방문하면 교사, 학생, 어머니 3자가 마주 앉는다. 그 자리에서 교사는 학생에게 그간의 학습 활동을 발표하게 한다. 교사가 어머니에게 학생의 활동을 설명하지 않는다. 이것을 우리는 '학생이 이끄는 발표'라고 한다. 어머니는 자녀가 학교에서 모든 학습을 자기주도적으로 해왔음을 교사가 배석한 자리에서 자녀의 입을 통해 듣는다. 이를 통해 어머니는 채드윅에서 이루어지는 교육의 윤곽을 이해하게 된다. 학생을 제쳐두고 학부모와 교사가 학생의 학교생활에 대해 논의하는 우리네 방식과는 완전히 다르다. 나는 이런 식의 교육을 우리나라에 이식하고 싶다.

나는 여론 주도층 인사들을 학교로 많이 초대한다. 채드윅의 교육을 보여주기 위해서다. 대학 총장, 교수, 교육감, 교장, 교사 같은 교육계 지도자들도 온다. 장학사들도 초대해 세미나를 열기도 한다. 경인교대생을 실습생으로 받고 있으며 금년에는 인천 전역의 중학교 영어교사 모임을 채드윅에서 실시하였다. 인천 연수구, 북구와 공동 프로젝트도 실시한다.

채드윅 송도국제학교는 수업료가 비싸다. 그것은 무엇보다 외국에서 교사들을 초빙해 왔기 때문에 그들을 위해 봉급 외에 주택 임차료를 지원해야 하는 등 학교 운영에 돈이 많이 들어가기 때문이다. 또한 본교에 내는 로열티, 미국 교재 구입 등이 비용을 더한다. 만약 교사가 전원 내국인으로 채워지는 학교에서 교육을 한다면 그다지 돈이 들지 않을 것이므로, 채드윅식의 선진적인 교육을 우리나라에서도 훨씬 저비용으로 실시할 수 있다는 것은 허황된 이야기가 아니다. 이런 식의 교육이 하루바삐 우리나라에서도 이루어지기를 기대한다.

Scene 22

송도 발전에 벽돌 한 장 보태는 마음으로

송도는 미래도시의 모범사례

꾀꾀꾀

미국 ABC방송은 송도국제도시를 미래도시의 모범사례로 주목했다. 이 방송은 2010년 7월 10일 내보낸 '굿모닝 아메리카' 프로그램에서 송도국제업무단지 개발 사업을 세계 최대의 민간 부동산 개발 프로젝트로 주목하면서 〈제5원소〉, 〈마이너리티 리포트〉 같은 영화 속에 담긴 미래도시가 구현된 곳이라고 설명했다. 가장 큰 장점으로는 '세계를 향해 지어지는 것'을 꼽았다.

그런가 하면 영국의 권위 있는 경제주간지 〈이코노미스트〉의 자회사인 이코노미스트인텔리전스유닛(EIU)이 최근 발표한 자료에 따르면 인천은 '세계 2위의 성장 가능성 있는 도시'이다. 최근 전국 91개 시·도 단체장 설문조사에서는 국내에서 가장 기업하기 좋은 도시 1위에 뽑혔다.

1

매일경제

2010년 10월 25일 월요일 A15면 기업

인천 송도 스마트시티로 만든다

체임버스 시스코회장·송영길 시장 R&D센터 건립 등 협약 체결

【새너제이(미국) 손재권 기자】
"인천 송도는 대표적 스마트시티1
(SmartCity)가 될 것입니다. 대
한민국 전체를 바꾸고 전 세계가
벤치마킹하는 좋은 본보기가 될
것으로 확신합니다."

존 체임버스 시스코시스템스 회
장은 22일(현지시간) 미국 캘리포
시스코 실리콘밸리(새너제이) 본
사에서 송영길 인천광역시장과 스
마트시티 상시 협약을 체결한 후
회견에서 인천이 스마트시티의 세
계적 모범 사례가 될 수 있을 것으
로 나타내었다.

체임버스 회장은 "시스코는 시
장의 변화를 가장 잘 감지하는 기
업이며 이제야 스마트시티 개발로

시스코시스템스와 인천광역시는 22일 통 보이드 시스코 부회장, 존 체임버스 시스코 회장, 송영길 인천광역시장, 하문나 채드윅
송도국제학교 고문(왼쪽 3번째부터) 등이 참석한 가운데 인천에 스마트시티를 구축한다는 내용의 협약을 맺었다. 존 체임버스 회
장과 송영길 시장이 협약 후 악수하고 있다.

2

1 　인천경제자유구역청(IFEZ) 야경.
2 　송영길 인천시장과 존 체임버스 시스코회장의 협약 체결 후.

송도에는 유엔산하기구를 비롯한 10여 개의 국제기구가 일찌감치 입주했고 여기에 2013년 12월 녹색기후기금(GCF) 본부와 세계은행(WB) 한국사무소가 합류했다. 인천시장은 16대에 함께 국회의원을 했던 동료 송영길 전 의원이다. 송 시장의 비전과 열정으로 GCF 본부, 세계은행 한국사무소를 비롯한 많은 새로운 국제기구가 속속 송도로 유치되었다. 여기에 세계 선거기관협의회(A-WEB)의 사무처까지 입주하게 되면 송도는 이제 대한민국을 넘어 세계의 이목을 이끌어가는 명실상부한 국제도시의 면모를 갖추게 된다.

송도에는 또 세계적 수준의 대학과 학교들이 속속 들어서고 있다. 채드윅 송도국제학교, 연세대 국제캠퍼스, 뉴욕주립대가 이미 개교한 데 이어 미국 조지메이슨대, 유타대, 벨기에 겐트대가 2014년 개교할 예정이다.

송도 바이오단지도 점차 모습을 갖춰가고 있다. 기존의 셀트리온에 이어 삼성바이오로직스, 동아제약, 아지노모도제넥신 등을 유치해 인천이 대한민국의 바이오 메카로 급부상했으며 반도체 분야의 세계 선두기업인 일본 TOK사, 미국 앰코, 싱가포르 투자기업 스태츠칩팩코리아 등을 유치해 첨단산업의 중추도시로 도약했다.

세계 최고의 반도체 패키징 및 테스트 기업인 미국의 앰코는 글로벌 R&D센터 및 K5 송도사업장을 이미 기공했다. 첫 번째 일본기업인 TOK사의 반도체, LCD용 첨단재료 연구 및 생산시설이 송도에서 준공됐다.

송도에는 국내에서 가장 높은 빌딩인 68층짜리 동북아무역타워가 있다. 2014년 7월 완공 예정인 이 랜드마크 빌딩에는 서울 강남구 삼성동의 특급호텔인 '오크우드'가 들어오기로 내정됐고 시스코, 오티스, 3M 등 다국적기업 사무실이 입주하기로 예정된 상태이다. 이

빌딩에는 또 대우인터내셔널이 직원 1천 명과 입주할 예정이다. 인근의 매머드급 R&D센터인 '송도 테크노파크 IT 센터'에는 코오롱그룹 계열사인 코오롱글로벌, 코오롱워터앤에너지가 입주를 완료해 임직원 1천 명 이상이 상주하게 됐다. 국제업무지구에 우뚝 솟은 포스코 E·C 타워는 지하 5층, 지상 39층의 쌍둥이빌딩인데 1개 동에 포스코건설과 그 관계사가 입주했다.

이렇듯 송도 국제업무지구는 ABC방송에서 비유하듯 미래 첨단도시로 성장하고 있다. 나는 송영길 인천시장을 도와 인천시의 해외투자 유치 자문관 역할을 해오고 있다.

송영길 시장은 인천시민들의 든든한 자산

송도는 '스마트하고 모든 것이 연결된 도시'(Smart and Connected City)라는 비전을 가지고 있다. 미래도시 송도를 한 단계 더 발전시키는 데 내가 작은 도움이라도 줄 수 있다면 그것으로 만족이다.

오랜 동지이자 친구인 송영길 인천시장을 지원하는 것도 의미 있는 일이다. 함께 국회의원을 할 때 송영길 의원은 내가 주재하는 '세계IT국회의원연맹' 행사에 참여했는데, 모든 일정이 영어로 진행되는 국제회의에 빠짐없이 참여하는 성실성을 보여주었다. 개막식 같은 큰 행사에만 얼굴을 내밀고 악수나 하고 사진을 찍고 떠나는 많은 다른 의원들과 달리 진지하게 외국 의원들과의 토론에도 참석하는 모습이 보기 좋았다. 내가 국제회의를 주재하는 것을 보더니 자극을 받았는지 "나도 지금부터 영어를 열심히 공부해야겠다"고 하더니 곧 미국인 영어 교사를 고용해 열심히 영어 공부를 했다. 그 결과를 직접 목격하게 된 것이 인천시와 미국 시스코가 미국 본사에서 '친환경 IT 인프라 구축 협약'을 맺는 자리에 내가 참석했을 때의 일이다. 시스코에서는 존 체임버스 회장이 직접 나왔는데, 송영길 시장이 행사를 전부 영어로 진행하는 것을 보고 송 시장의 학구열에 새삼 혀를 내둘렀던 기억이 생생하다. 그 자리에 왔던 기자들도 송 시장의 영어 실력에 감탄했다.

송 시장은 내가 아는 정치인 가운데 자기 계발에 가장 열심인 사람이다. 영어만 잘하는 것이 아니라 중국어도 잘한다. 송 시장은 연세대 경영학과 출신인데 중국어 공부를 하려고 방송통신대 중문과에 편입학해 졸업했다. 그러더니 이번에는 일본어를 공부한다며 같은 방송통신대 일문과에 또 들어갔다. 요즘에는 러시아어도 열심히 배우고 있다. 그는 한반도 통일의 그 날을 대비하며 한반도를 둘러싼 강대국들의 언어를 다 열심히 배운다고 내게 설명한다. 불어 실력도 상당하다. 그는 프랑스 정부로부터 레지옹 도뇌르 국가 최고 훈장을 받았는데 훈장을 받은 다음 연설을 불어로 했을 정도였다. 투자를 유치하러 송 시장과 함께 중동에 갔을 때 송 시장이 아랍어로 현지인들과 인사하는 것을 보았다. 모든 일에 진지하게 최선을 다해 임하는 정치인이다.

인천시민들이 송영길이라는 정치인을 시장으로 둔 것은 행운이라고 하지 않을 수 없다. 송 시장은 인천이 지리적으로 한반도의 중심에 위치한다는, 북한과 가장 가깝다는 사실에 주목한다. 그는 경제적 마인드가 남달라 남북관계도 경제적 이익에 기초하여 전략적으로 구상한다. 통일 이후를 대비해 적극적으로 북한과 대화하는 방법으로 인천에서 열리는 아시안게임에 남북선수들이 함께 참여하는 구상을 한다. 민주당 의원 시절 당론을 거슬러가며 FTA에 찬성표를 던졌을 정도로 매사를 대국적으로 생각한다.

송 시장은 스스로 촌놈이라고 말할 정도로 근본적으로 서민이며, 괭이부리마을 같은 힘들고 어려운 곳을 마음을 다하여 챙기는 따뜻한 지도자다. 송 시장은 성실한 노력파이고 사심이 없는 사람이다. 내가 인생을 살아오며 알게 모르게 나를 지배했던 존 키츠 시인의 "Beauty is truth, Truth Beauty"(아름다운 것은 진실한 것이고 진실한 것이야말로 아름답다)를 인생에서 지키는 몇 안 되는 사람 중의 하나다. 나보다 10여 년이나 나이가 어리지만 그의 순수하고 진지한 열정과 거국적 비전, 서민을 향한 따뜻한 애정 등은 지도자로서의 깊은 신뢰와 존경심을 가지게 하기에 충분하다. 그와 같은 젊은 지도자를 가까이서 심적으로나마 지원할 수 있는 것은 나에게 기쁨이다. 한편 인천시민에게는 너무나도 든든한 자산이라고 믿는다.

2010년 2월 딕의 편지를 신호로 송도에 건너와 그간 인천시, 송도, 채드윅 송도국제학교를 위해 미력이나마 봉사할 수 있었던 것을 참으로 다행스럽고 영광스럽게 생각한다. 앞으로의 삶도 어떤 식으로든 봉사하면서 살아갈 것이다.

삶은 배움과 사랑이더라

스타트업포럼 창설하고 이사장으로 봉사

'청년 백수', '젊은이들의 일자리 창출' 등은 우리 모두의 앞에 놓인 중대한 과제이다. 나도 IT 전문가로서 젊은이들의 교육에 온 생애를 바친 사람으로서 청년 일자리 창출이야말로 가장 마음 쓰이는 과제이다. 그 중요한 해결방법 중의 하나가 창업(스타트업)이다.

2012년 3월 15일 서울 삼성동 그랜드인터컨티넨탈 호텔에서 중요한 발기인 모임이 열렸다. 스타트업은 전자신문의 김복만 본부장이 신문사에 있을 때부터 끈질기게 이끌어온 회심의 프로젝트이다. 마침 나도 김대중 대통령 시절부터 오랫동안 벤처 창업 분야에 관심을 가져와 의기투합해 포럼을 시작하게 됐다. 이날 모임을 갖고 결성 작업에 들어간 '사단법인 스타트업포럼'은 '벤처정신에 불을 지피고, 이것을 끊임없이 재충전할 수 있는 생태계를 만들어주는 것이 선배

세대들의 의무'라는 자각에서 시작되었다.

스타트업포럼은 창업을 꿈꾸는 학생이 선배 기업인을 쉽게 찾아가 조언을 얻고 창업한 뒤 맞닥뜨릴 애로사항을 정부출연기관이나 대학 연구소 선배가 함께 해결해 가는 구조를 지향한다. 중소기업청과 은행에서 자본을 믿고 지원하는 체계도 갖춰나가기로 했다. 우리나라에 이런 지원체계가 없었던 것은 아니다. 늘 적극 지원하려 노력했다. 그런데 결실이 없었다. 1년간의 준비 끝에 스타트업포럼은 내가 이사장을 맡아 다음해인 2013년 7월 초 산업통상자원부 산하 사단법인으로 정식 출범했다. 다음은 포럼 출범을 알리는 〈전자신문〉 7월 4일 자 보도이다.

스타트업 기업의 희망 '스타트업포럼'이 출범했다.

초기 벤처인 스타트업 기업을 지원하고 육성할 수 있는 구심점이 만들어졌다는 점에서 향후 역할이 기대된다.

스타트업포럼(이사장 허운나)은 3일 서강대 스티브김홀에서 출범식을 갖고 공식 업무에 들어갔다. 전자신문과 산업통상자원부, 정보통신진흥원 등이 후원하는 포럼은 향후 스타트업 사업모델 발굴과 인프라 구축을 위해 다양한 활동을 전개한다.

사업 첫 해인 올해 포럼은 우수 스타트업 발굴과 사업 모델 육성, 인프라 구축을 주요 목표로 기본 계획을 확정했다. 먼저 전국 40여 개 기관과 400여 개 대학을 아우르는 산학연관 커뮤니티와 서비스 인프라를 구축키로 했다. 유관기관 스타트업 정책과 모니터링, 컨설팅 서비스를 위한 시스템도 마련한다. 스타트업 모델로 선정된 우수 아이디어와 사업 모델을 데이터베이스화해 스타트업, 멘토, 투자와 엔젤, 사후관리 서비스로 이어지는 원스톱 서비스 체계도 갖추게 된다.

특히 정부의 매칭 프로그램을 활용하거나 투자조합 형태의 엔젤 클럽을 통해 스타트업 발굴에도 적극 나선다. 멘토와 엔젤 참여 독려를 위해 '올해의 스타트업 인물상'을 제정해 고용 창출, 해외 진출, 청년 창업, 실버 창업 등 부문별로 시상하는 방안도 추진한다.

또 각계에서 활약하는 스타트업 리포터를 통해 현장 목소리를 온라인과 모바일을 통해 실시간으로 전달할 계획이다.

허운나 이사장은 인사말을 통해 "지난 2000년대 벤처붐에서 무엇이 진정한 생태계인지 등 많은 것을 배웠다"며 "벤처 철학을 공유하고 함께 행동할 수 있는 많은 사람들이 모였다"며 포럼운영에 기대감을 나타냈다. 이어 "개인이든 조직이든 경험과 능력, 재능, 투자 등을 공유하며 시너지를 낼 때 엄청난 원동력이 될 것"이라며 "포럼이 우리 젊은이들에게 새로운 비전과 희망을 주기를 바란다"고 밝혔다.

김재홍 산업통상자원부 차관은 축사에서 "생계형, 영세자영업 창업이 높은 증가세를 보이는 현재 우리나라 창업환경 전반은 생각해볼 여지가 있다"며 "창조경제 구현을 위해 혁신기술 바탕의 도전적이고 창의적인 아이디어를 가지고 창업을 해 견실한 새 일자리를 만들어가야 한다"고 강조했다. 특히 "산업부 산하로 출범한 스타트업포럼에 책임감을 갖고 최대한 지원하겠다"고 덧붙였다.

이어 이날 행사에서는 정수환 앱디스코 대표, 박희은 이음소시어스 대표, 양준철 온오프믹스 대표 등 유망 스타트업기업 대표의 사업 모델과 패자부활 성공전략 등에 대한 발표와 장석호 연세대 융합비즈니스센터장, 김재환 지명 변호사 등의 스펙초월·지식재산(IP) 등에 대한 발표도 진행됐다.

포럼 출범식에는 전하진 새누리당 의원, 진대제 스카이레이크인큐베스트 대표, 유기풍 서강대 총장, 문규학 소프트뱅크 대표, 표현명 KT 사장, 백두옥 창업진흥원장 등 관계자 200여 명이 참석했다.

　포럼에는 이석채 KT 회장, 진대제 스카이레이크인큐베스트 대표, 정갑영 연세대 총장, 송영길 인천시장, 홍석우 전 지경부 장관, 문규학 소프트뱅크벤처스 대표 등이 자문 위원으로 위촉됐으며 표현명 KT 사장, 성재생 SAMT 회장, 신창훈 차후 회장, 백만기 한국지식재산서비스협회장, 이기주 인터넷진흥원장, 장흥순 서강미래기술연구원장, 이종철 인천경제자유구역청장, 배희숙 이나루티앤티 대표 등 국내 명망 인사 30여 명은 운영위원으로 참여한다.

10대 스타트업 선정하고 지속적으로 지원

　2013년 12월 30일, 한 해를 마무리하며 송년식과 더불어 10대 스타트업 기업을 선정하고 시상식을 열었다. 총 250개 지원기업 중에서 통신학회 회장인 박진우 고려대 교수를 심사위원장으로 각계각층을 대표하는 심사위원들이 모여 성공 가능성이 높은 10개 스타트업을 선정하였고, 그중에서 '톱 5'에게는 1억 원의 투자 의향서를 전달했다. 심사위원들은 이구동성으로 참여한 스타트업들의 질이 높아 10개만 선정하는 것이 안타깝다고 하였다. 가슴 뛰는 일이다. 이 스타트업들이 2~3년 내에 모두 수백억 원 이상 매출을 올리고 IPO(기업공개)로 가든, 세계적인 회사로부터 M&A(인수합병) 제의를 받아 글로벌로 나가든 모든 가능성이 열려 있고, 또 그 가능성은 높아 보인다.

　요즘 우리나라를 비롯해 세계적인 화두가 일자리 창출과 창조적 경제 산업인데, 우리 스타트업 기업들이야말로 그 선두에서 리드하는 것이 된다. 마침 이 송년 자리에서 한류 아이돌 가수 김정훈을 포럼의 홍보대사로 임명하여 기대가 크다. 아무튼 그들 모두가 대박이 난다면 스타트업 이사장으로서 나의 작은 봉사로 이 모든 이들의 꿈들이 결실을 맺어 많은 젊은이들의 일자리가 창출되고 나라에 작은 보탬이 되리라는 기대감이 나를 즐겁게 한다.

지구촌을 하나로 연결하고 있는 사회관계망서비스(SNS) 업체 페이스북의 창업자 마크 주커버그도 하버드 대학생 시절 좋은 스타트업 지원자를 만난 덕분에 오늘의 거대기업 페이스북을 설립할 수 있었다. 스타트업포럼은 한국에서도 주커버그처럼 재능 있는 사업가들이 꿈을 펼칠 수 있도록 창업을 위한 사회적 지원기반을 조성하는데 노력할 것이다.

모든 것을 내려놓는 봉사의 삶을 꿈꾸며

30년 가까이 대학에서 몸담았던 내가 채드윅 송도국제학교에서 고문으로 일하는 모습을 보고 지인들은 "왜 대학으로 가지 않고 여기서 일하느냐?"라고 묻곤 한다. 지극히 한국적인 사고에서 나오는 질문이다. 하지만 이곳은 대한민국 교육에 대한 내 마지막 봉사의 장이다. 나는 이미 오래 전부터 한국적, 세속적 의미의 '출세'라는 개념을 내려놓고 사는 지 오래다. 삼국지 같은 영웅호걸 이야기를 읽으면 얼마나 많은 영웅들이 그 뜻을 다 이루지 못하고 쓰러져 갔는지 알 수 있다. 어떤 이들은 내가 송도에만, 학교에만 머물지 말고 "사회에 더욱 중요한 일을 맡아서 일해야 한다", "국가적으로 손해다", "아깝다"

라고 말한다. 그러면 나는 말한다. 나도 최고조의 정점에서 일하던 때가 있었다고. 그리고 이제는 다른 젊은이들이 할 수 있도록 자리를 내 줘야 한다고, 꼭 내가 다 해야 한다는 생각은 위험하다고, 그리고 나만이 할 수 있는 봉사를 지금 내가 있는 곳에서 할 수 있는 지금이 제일 행복하다고….

돌이켜 보니 결국 인생은 어느 외국인이 "Life=Learning+Love"라고 설파한 것처럼 끊임없는 배움의 연속이고, 열정을 다 바쳐 일이나 사람을 사랑하고 봉사하는 것이라고 생각한다. 나의 배움과 사랑의 여정은 아마도 내 목숨이 다할 때까지 계속 되리라. 자유인으로, 그리고 아름다운 사람으로.

1

2

3

1 채드윅 송도국제학교 운동장.
2 채드윅 송도국제학교 수영장.
3 채드윅 송도국제학교 학생들과 허운나 대외총괄교장.

1 스타트업포럼 출범식 참석.
2 스타트업포럼 발기인 모인 참석.
3 엑스엘게임즈 대표이사 송재경과의 인터뷰.
4 인천광역시 시장 송영길과의 인터뷰.
5 스카이레이크 인큐베스트 CEO 진대제와의 인터뷰.

3

4

5

내가 아는 허운나

前 국회의원

허운나 박사님은 대학교수, 국회의원, 국제기구회장, 체육단체임원 등 참으로 다양한 부분의 지도자로 활동하셨다. 그중에서도 나는 한국정보통신대학교 총장이란 직함이 좋다. 지금은 카이스트와 통합되어 운영되고 있지만 허 총장님의 총장재임 기간 한국정보통신대학교가 한국IT발전토대를 구축하는 데 세운 공헌은 절대 잊을 수 없다. 국회의원 허운나가 창립한 국제IT의원연맹에도 풍부한 자양분 공급이 된 셈이다. 학교가 대전에 위치한 까닭에 이름 붙여진 "대전블루스 모임"은 지금도 한승헌 前 감사원장, 조정남 카이스트 이사장, 언론계 인사이신 박정삼, 표완수, 가수 전인권, 영화배우이자 교수 장미희, 그리고 나 장영달까지 인생을 함께 논하는데, 허운나 총장님은 우리 모임에 맑고 밝은 대표적 지성인으로 햇살과 같은 분이다.

387

오인경
포스코경영연구소 상무

***

그분은 아름다움과 베풂이다.

20여 년 전 한양대 교육공학과를 처음 찾아갔다. 날씬한 청바지에 술이 달린 인디언풍 스웨이드 재킷을 입고 나를 맞이하시던 젊디젊은 그분을 뵙고 첫눈에 반했다.

당시 드물었던 여성 교육공학 박사들을 집에 초대하고, 진학시키고, 일거리를 주시고, 좋은 선물들을 주시고…. 국내외 여러 중책들을 맡아 실력을 유감없이 발휘하시면서도 아름다운 자태뿐 아니라, 넓은 마음 끝자락까지 베풀어주신 그분.

'자아작고'(自我作古), 옛 여성상에 구애되지 않고 새로운 롤모델이 되어주신 그분을 존경한다. 50세가 넘었어도 우리 '미지수' 후배들은 아직도 그분에게서 염치불구하고 매번 선물을 받고 또 받고 있다.

허운나 고문님, 사랑합니다.

윤여순
前 LG아트센터 대표

***

허운나 교수님! 허운나 의원님! 허운나 총장님!

어떤 호칭이 붙든 능히 해내시는 분이다. 타오르는 불같이 식지 않는 열정, 뛰어난 도전정신과 추진력, 그리고 무엇보다도 미래를 예상하는 탁월한 안목과 그것을 만들어내는 리더십 등은 탁월한 업적을 낳는 원동력이라고 본다. 그러나 내가 오랫동안 그를 지켜보며 느낀 남다른 점은 그는 그만한 일을 하시는 분들이 흔히 갖고 있는 '내 밑에 줄 세우기'를 안 하시는 분이라는 것이다. 그에게는 항상 일에 대한 '순수한' 열정만이 있을 뿐이다.

내가 그를 일을 통해 만난 존경하는 선배님만이 아닌 인생을 같이 나누고 싶은 인간적인 선배님으로 모시는 가장 큰 이유이다.

권성호
한양대학교 교수

이 책의 진정한 의미는 자유롭고 용감하게, 그리고 긍정의 힘으로 새로운 길을 열어가라는 메시지에 있을 것입니다. 끊임없이 새로운 문을 열어 길을 제시하고 후학들에게 영감을 던지는 허운나 총장님.

허운나 총장님의 끊임없는 열정과 도전은 8막 23장 뒤의 더 많은 장들을 기대하게 합니다.

이지은
한양사이버대학교 교수

고3 시절, TV에서 허운나 교수님을 본 순간, '이런 걸 운명이라고 하는 구나'라고 생각했습니다. 한눈에 반한 그분을 따라 한양대에 와서 그분의 가르침을 받았고 교육공학연구소에서 4년, 국회에서 4년간 허운나 교수님과 함께하면서 나 자신을 사랑하고, 내게 주어진 삶을 보다 열정적으로 사는 법을 배웠습니다.

제 인생의 큰 바위 얼굴이셨던 허 교수님을 따라 지금은 대학에서 학생들을 가르치고 있습니다. 교수로서 오늘의 나는 온전히 허운나 교수님 덕분입니다.

교수님, 사랑합니다.

표완수
시사IN 발행인 겸 대표이사

———

허운나 총장은 내가 이름을 부르는 몇 안 되는 성인여성 중 한 사람이다. 등하불명(燈下不明)인 건지, '동숭동 시절'이래 그를 뽀얀 살결의 고상한 백조로만 생각했지 물밑에서 그렇게 힘겹게 발놀림을 하는지는 몰랐다. 뜻밖에 가슴 짠한 곳도 있지만, 전체적으로 아름답다. 운나의 삶이.

장은정
동덕여자대학교 교수

———

내가 아는 허운나는 지금까지 내 인생의 등대가 되어 준 최고의 길잡이이다. 내 인생의 곳곳에 놓인 터닝 포인트마다 내가 나아갈 방향과 순서를 늘 제시해 주셨다. 그녀의 일부라도 닮고 싶은 마음에 나는 매순간 최선을 다하는 끈기를 가질 수 있었다.

나는 그녀에게 희로애락(喜怒哀樂)에 대처하는 방법을 배우고, 그녀를 따라가기 위해 부단히 노력하고 있다. 기쁜 일이 있으면 다른 이들과 함께 나누고 베푸는 즐거움을 알게 해주셨다. 화를 내시는 모습은 도무지 떠올릴 수 없고, 슬픈 일이 있으면 내 일처럼 함께 슬퍼하고 위로를 해주셨으며, 어느 자리에서든 잘 어울리시며 분위기를 돋우는 센스를 발휘하셨다.

대학 시절에는 제자들을 믿고 미지(未知)의 큰일을 거침없이 던져주셨고, 제자인 나는 교수님께서 제시하신 핵심 포인트를 근간으로 새로운 일을 즐기면서 알찬 성과를 낼 수 있었다. 직장생활 속에서는 여성으로서의 핸디캡을 극복하고 당당하게 결과물로 승부할 수 있는 근성을 배우고 실천할 수 있었다. 그리고 어려운 난관에 부딪치면 '교수님은 이럴 때 이렇게 하셨을 거야!'하며 용기를 가지고 헤쳐 나갈 수 있는 긍정적인 에너지 또한 주셨다.

그녀의 "8막 23장"은 아직도 진행 중에 있으며, 나머지 스토리가 벌써부터 기대된다. 나 또한 맹신하는 추종자처럼 오늘도, 그리고 내일도 그녀를 조금이라도 닮아가려고 애쓰면서 내 연극의 스토리를 하나씩 만들어 가는 중이다.

강명희
이화여자대학교 교수

교육공학 분야의 선배로 만난 허운나 교수님은 신선하면서도 도발적인 향기를 풍기는 분입니다. 늘 소녀같이 호기심 많고 새로운 사람을 만나 새로운 일을 만들어 가는 것을 즐거워하는 허운나 교수님은 새롭게 발견한 호기심을 실행에 옮기고, 나아가 남다른 도전의식으로 가시적인 성과를 창출하는 도발적이면서도 신선한 매력을 가지셨습니다. 편하고 쉬운 길보다는 남이 가지 않았던 길을 고집하며 개척의 즐거움을 누리며 삶의 활력소를 찾는 멋진 선배님을 사랑합니다.

유평준
숙명여자대학교 교수

허운나 교수님을 생각할 때마다 로버트 프로스트의 시, 〈가지 않은 길〉이 떠오른다. 《8막 23장》의 내용, 지난 수십 년간 허운나 교수님께서 알게 모르게 영향을 미쳤던 수많은 제자들의 인생 또한 〈가지 않은 길〉을 연상시킨다. 새로운 변화가 필요하거나, 미래를 위한 중요한 선택의 기로에 있을 때, 항상 '허운나 교수님이라면 어떤 선택을 하셨을까'라고 유추해 보고는 한다. 합리적이다, 진취적이다, 무에서 유를 창조한다, 미처 생각하지 못했던 새로운 생각을 할 수 있도록 영감을 불어넣는다, 즐겁다, 유연하다, 부드럽다, 사랑스럽다, 그리고 따스하다 등 교수님을 생각할 때마다 자연스럽게 떠오르는 수식어들이다. 제자들로부터 진심에서 우러나오는 존경, 그리고 따뜻한 사랑을 변함없이 받는 교수님이 이 세상에 또 계실까?

김미정
크레듀 HR리서치센터 센터장

그녀는 나의 지도교수이자 상사였다. 그런데 지금까지 거의 30년이란 세월 동안 그녀가 가르쳐 준 것은 하나도 없다(?). 오히려 그녀는 자신이 의사 결정하는 방식에서, 다른 사람들과 일하는 방식에서, 아니 그녀의 삶 속에서 가르침을 온전히 보여주었을 따름이다. 나의 대학 시절에는 그녀의 남다름에 매료되어 여성으로서의 나의 미래의 모습을 꿈꾸게 해주셨고, 대학원을 다니며 교육공학연구소에서 일할 때는 스스로 문제를 인식하여 주도적으로 해결책을 찾을 수 있도록 하는 탐구 및 문제해결 스킬을 가질 수 있도록 이끌어 주셨다. 미국 유학 시절에는 업무 차 오셨다가 떠나며 건네주신 조그마한 카드에 (물론 그녀는 기억 못할지도 모른다) 마음 울컥하며 눈가를 적시게 하셨고, 더불어 현재 나의 일터에서는 분명한 관점을 가지고 HRD를 볼 수 있도록 하는 동력을 제공해 주셨다. 그리고 이제 지천명을 바라보는 나에게 안개처럼 흐릿할 수도 있는 인생의 말년을 스스로 희망적으로 그려갈 수 있도록 해주셨다. 인생 자체가 온통 영향력인 그녀 가까이에 있는 나는 단연코 행운아다.

김영수
이화여자대학교 교수

———

Ms. 허운나, 그녀는 '르네상스 우먼'(Renaissance woman)이다. 이는 나 개인의 소견이 아니라, urbandictionary.com과 thefreedictionary.com에서 내린 Renaissance woman의 정의에서도 입증된다. 사전에서 명시한 르네상스 우먼은 '팔방미인'과 그 뜻이 닿아 있다.

그녀는 뛰어난 지성을 갖춘 다재다능한 만능인으로 교수, 국회위원, 대학총장, 국제학교 CTO로 역량을 발휘하였고, 풍부한 감수성을 지녀 미술협회회장, 준사진가로서 탤런트를 십분 발휘하고 있다. 또한 이웃과 나누는 봉사활동에도 열심이고, 베스트 드레서로 뽑힐 만한 패션감각과 멋진 몸매까지 갖추고 있다. 진정한 지덕체를 함양한 르네상스 우먼이다!

허운나 박사님, 지난 약 30년간을 교육공학이라는 이불을 함께 덮고 함께 잔 동금공침(同衾共枕)의 벗이니 앞으로도 30년간 지동도합(志同道合)의 지기로 지내십시다.

윤경희
人 Touch 대표

———

선생님, 교수님, 의원님, 총장님, 선배님!

내가 허운나 총장님을 떠올리는 호칭은 많기도 하다. 그만큼 맺어온 인연이 오래되었단 뜻이리라. 첫 인연은 한국교육개발원에서의 어리바리하던 대학원 석사생과 당당하고 빛나고 세련되고 멋진 국제협력실장님과의 만남이었던 80년대 초였으니 나에겐 30여 년을 이어온 소중하고 감사한 인연이다.

내가 보아온 허 총장님은 한결같은 열정과 젊은 정신, 거침없는 도전과 추진력으로 다양한 분야에서 많은 기여를 하신 이 시대의 보배일 뿐 아니라 문학적·예술적 감성과 자유로움, 그리고 따스한 인간미도 함께 지닌 인간적인 매력 또한 가득한 분이시다.

누군가 오해하고 모함한다고 해도 한마디 변명도 없이 당신이 가고자 하는 길만을 바라보며 묵묵히 가시던 모습, 떠날 때라 판단되면 훌훌 털어버리고, 주저 없이 앞으로 나아가시던 모습, 그러면서도 제자, 후배 혹은 도움이 필요한 이에게는 기꺼이 당신이 그 길이 되어주고자 하시던 모습 등. 되돌아보니 프로 혹은 컨설턴트로서의 자세부터 세상을 보는 시각까지 사뭇 많은 것들을 배우고 영향을 받아온, 참으로 귀한 내 삶의 스승이시자 롤모델이셨음을 고백하고 감사드린다.

선배님, 스승님! 사랑하고 존경합니다!

배희숙

이나루닷컴 대표

───

기업 경영을 하다보면 사람을 통해 시련을 겪기도 하고 사람을 통해 다시 일어서기도 하며 다시 한 번 사람이 가진 위대함을 느끼게 된다. 허운나 총장님은 인간이 얼마나 위대하고 아름다울 수 있는가를 보여주신 분이다.

온갖 시련을 겪다가도 그럼에도 불구하고 사람은 정도(正道)를 걸어야 함을 그것이 얼마나 위대하고 아름다울 수 있는가를 행동으로 보여주신 진정한 의미의 지장(智將), 덕장(德將)이자 진정한 의미의 아름다운 사람인 허운나 총장님께 가슴 깊은 사랑과 존경의 박수를 보냅니다.

임수경
KT 전무

총장님을 처음 뵌 그날의 그 모습이 아직도 뚜렷하다. 똑 부러지는 목소리로 명쾌하게 메시지를 전달하시는데, 그때 입었던 미색 투피스와 우리나라 대표 여성의 이미지가 어찌 그리 잘 어울리던지. 아직도 두고두고 기억에 남는다.

이후 사석에서 뵌 모습은 또 다른 색깔이었다. 소녀 같은 감성에, 일에 대한 열정, 후배들을 칭찬하고 다독이고 격려하는 지혜, 그리고 백화점 세일 장소에서 우연히 발견한 2만 원짜리 블라우스에 즐거워하는 넉넉함은 때론 구름 한 점 없는 파란 가을하늘색 같기도 하고, 때로는 바다 저편에서 올라오는 아침 태양의 붉은색 같기도 하고, 때로는 5월의 싱그러운 초록색 같기도 했다. 그 많은 색깔들로 항상 세상만사를 아름답게 해석하시는 모습에서 우리는 삶이 힘들고 지칠 때마다 무한한 용기와 에너지를 받는다.

허운나 총장님은 즐겨하시는 게 많다. 책을 즐겨하시고, 만남을 즐겨하시고, 운동으로 에어로빅도 즐겨하신다. 삶을 행복하게 만들고, 그 행복을 주변에 나눠주고자 노력하는 이런 훌륭한 롤모델이 가까이 있음은 엄청난 행운이 아니겠는가.

이영희
KT 전무

허운나 총장님. 십여 년 전 교수님 신분으로 계실 때 처음 뵈었던 그때 생각이 납니다. 아름답고 유능하실 뿐 아니라 어쩌면 그리도 당당하시면서 약자에 대한 배려도 많으신지. 그간 총장님은 여성 후배들에게 늘 본보기

셨습니다.

앞으로도 총장님의 빛나는 모습이 계속되기를 바라며 부족한 후배들에게 많은 조언 부탁드립니다. 총장님 사랑합니다.

박남희

MS 전무

허운나 총장님을 알게 된 것이 여성벤처협회와의 인연 때문인데, 벌써 7년째이다. 나에게 허운나 총장님은 놀라움과 함께 "이렇게 살아야지"라는 동기를 부여하는 다섯 손가락 안에 드는 사람 중 한 분이다. 첫 번째 놀라움은 연세를 도저히 믿을 수 없게 하는, 외적인 젊음을 유지하는 것인데, 꾸준한 운동 덕이 아닌가 싶다. 허 총장님이 운동하시는 것을 보면 그 유연함에 놀라며 운동할 시간이 없다고 게으름을 피웠던 나 자신을 반성하게 된다. 두 번째 놀라움은 나와 15년 이상의 나이 차이에도 불구하고 대화를 할 때 편안함을 느끼는 것인데, 상대방을 있는 그대로 받아들이고 배려하는 개방적인 마음 때문인 것 같다. 마지막으로 세 번째 놀라움은 한 번 맺은 인간관계에 대해 정말 진지하게 최선을 다하신다는 것이다. 이런 놀라운 사람을 알게 된 것은 내 인생의 행운이다.

오세현

KT 전무

국회의원 IT 공부모임 '수요포럼'에서 허운나 총장님을 처음 뵈었습니다.

총장님의 《8막 23장》이라는 책을 받아들고, 척박한 시절의 대한민국에서, 성별과 상관없이 본인의 길을 개척하기에는 힘든 시절에 참 존경스러운 행보를 거듭한 허운나 총장님을 상상하며 글을 읽었습니다.

처음 수요포럼에서 뵌 총장님은 제게 새로운 세상을 보여주셨습니다. 인생에서 닮고 싶은 선배의 모습, 그대로를 보여주셨습니다. 깔끔한 회의 진행과, 회의에서 나온 그 수많은 의견들을 일목요연하게 정리하시고, 다음에 우리 포럼의 회원들이 해야 할 일들을 정리하시던 모습은 어제 일처럼 눈에 선합니다. 수요포럼에서 우리나라의 IT 발전을 위하여, 우리 각자가 해야 할 일들에 대해 토론할 때에는 소중한 시간을 같이 할 수 있는 기회를 가진 것에 감사했습니다.

그 이후, 한국정보통신대 총장님으로서의 활동들, 수많은 외국 학생들을 유치하시고, 대한민국 미래의 경제·기술 협력을 위한 초석을 다지시던 모습 또한 어제인 듯 기억에 선합니다.

총장님의 조언은 저를 비롯한 많은 후배들에게 큰 힘이 됩니다. 총장님의《8막 23장》을 통해 이 나라의 많은 젊은이들이 더 큰 꿈을 꾸고, 인생을 아름답게 가꾸는 데 있어 무엇을 추구해야 하는지 잘 인지하지 못하는 이들에게 큰 힘이 되기를 바랍니다.

장혜정

한국직업능력개발원 연구원

허운나 교수님을 처음 뵌 그날부터 존경의 마음이 점점 커져만 가니 그 끝을 모르겠다.

윤정원

(주)유니퍼포먼스 대표

———

항상 소녀와 같은 순수한 열정과 뜨거운 열정으로 제자들에게 꿈을 꾸게 하시고 세상에 대한 뜻을 심어주신 영원히 아름다운 나의 교수님!

최미나

청주대학교 교수

———

"저기 저분은 누구셔?"

"어디? 아~ 우리 교수님!"

"정말? 너무 멋지시다! 저런 분이 교수님이라니 너는 너무 좋겠다. 부럽다!"

학창 시절, 사대 앞을 지나는 허운나 교수님을 보고 서클 동기 남학생이 내게 한 말이다. 싱글이라면 대시해 보고 싶다며….

허운나 교수님은 대학교수 시절, 당시 대학생들의 핫한 패션인 청바지에 스웨터를 넣어 입는 스타일링을 완벽히 소화하시는 스타일리시한 패션 아이콘이자, 타의 추종을 불허하는 독보적인 멋진 미녀 교수님이셨다.

남학생에게는 매력적인 카리스마로 마음을 설레게 했고, 여학생에게는 가장 닮고 싶은 인생의 표본으로서 가슴에 꿈을 품게 만드는 한양대 교육공학과의 살아 있는 이상형이셨다.

그러나 허운나 교수님의 진짜 매력은 따로 있다. 바로 허 교수님의 사고방식과 업무방식! 허 교수님은 당시 한국사회에서는 쉽게 접할 수 없는 공정하고, 이성적이고, 객관적인 사고방식과 완벽하고 성실한 업무방식을 고수하셨다. 허 교수님이 예뻐하는 제자라서, 특별한 인연이 있는 사람이라서, 심지어 가까운 혈연이여서 등의 이유로 다른 사람보다 더 특별히 대우받거나 우선적으로 고려되는 법은 없었다. 언제나 명확한 기준과 준거로 누구나 동의할 수 있는 합리적인 원칙에 따라 공정하게 평가받고, 성장할 수 있는 기회를 가질 수 있었다. 허 교수님이 정착시킨 합리적인 학과 풍토가 있었기에 교육공학인들은 자신들만의 잠재력을 발굴하고 키워가며 빛을 낼 수 있었다.

허운나 교수님은 능력이 매우 많고 탁월하신 분이다. 그분이 만든 아이디어와 결과물들은 어느 것이든 매우 독창적이고 탁월해 처음 만든 초안만으로도 다른 사람들은 굉장히 만족스러워 했다. 그러나 허 교수님은 거기서 끝내지 않으셨다. 만든 초안을 수정하고, 보완하고, 덧붙이고…. 마지막 순간 본인이 만족할 때까지 계속 업그레이드시키고, 숙달시킨다.

허운나 교수님께서 국회의원 시절 첫 대정부질문을 앞둔 때였다. 대정부질의서를 며칠에 걸쳐 고치고 또 고쳐 대정부질의 전날 최종본이 완성되었다. 그러나 그 최종본은 최종본이 아니었다. 그날의 일정을 마치고 의원회관으로 돌아오신 교수님은 최종본을 가지고 보좌진 앞에서 연습하시며 부정확하거나 어색한 부분을 밤늦게까지 손보셨다. 다음날 아침, 출근하신 교수님의 눈은 빨갛게 충혈되어 있었다. 밤늦게까지 손본 원고를 들고 거울 앞에서 연습하느라 밤을 새우신 것이다.

환갑이 넘도록 젊은 여대생의 몸매를 유지하고 계신 허 교수님, 어디를 가나 늘 많은 추종자들이 생기는 허 교수님, 어떠한 일이 주어져도 반드시 완수하고 최고로 만드시는 허 교수님. 나는 안다. 그러한 멋있고 화려하고 완벽한 허 교수님을 있게 한 것은 탁월한 능력만큼이나 성실함과 노력이 뒷받침되었다는 것을.

나는 그런 허 교수님을 조금이나마 본받고자 오늘도 허 교수님을 머릿속으로 그려 본다. '허 교수님이라면 이런 상황에서 어떻게 하셨을까…?'

정영란
서울디지털대학교 교수

"8막 23장"이라는 허 교수님 인생 연극에서 제자 배역을 맡은 우리들은, 때로는 무대 위 출연자로, 때로는 관객으로 오랜 시간 교수님의 공연을 지켜보았다. 새로운 막이 시작될 때마다 예측할 수 없는 신선한 스토리에 빠져들었고, 그 시대에 감히 상상할 수 없었던 광대한 스케일은 정말 상상 그 이상이었고, 어렵고 힘든 길을 과감하게 도전하고 기어이 이루어내는 모습에 기립박수를 보냈다. 교수님께서 그동안 이룬 모든 영광된 것들을 움켜쥐지 않고 천진난만한 웃음으로 편하게 내려놓는 모습에 마음속 깊은 존경과 진실된 인간의 모습을 느낀다.

모르긴 해도 제자들 인생 연극에서는 교수님이 가장 영향력 있는 배역을 맡으셨으리라. 스무 살 그 시절에 교수님을 만나지 않았다면, 내 연극 시나리오는 어떤 내용으로 전개되었을까? 인생의 수많은 어려움을 이겨낸 도전과 용기를 누구에게 얻을 수 있었을까? 지금의 나를 둘러싼 모든 소중한 것들을 어디서 구할 수 있었을까?

한 편의 인생 연극을 통해, 그분의 영혼과 숨결, 소중하게 여기는 가치와 진심, 마음속 깊은 곳에서 우러나는 인간에 대한 사랑이 마음으로 스며든다. 《8막 23장》은 한 편의 인생 연극이지만, 내 인생을 통해 가장 긴 여운과 감동으로 남는 수작으로 기억될 것이다. 놀라운 것은 이 작품은 한 편으로 끝나는 것이 아니라, 제자들의 인생 연극에 끝없이 영향을 주며 이어질 것이다. 그것이 진정한 의미의 수작인 것이다.

정봉영
글로벌사이버대학교 교학처장

학생들의 롤모델이었던 허운나 교수님,
"저도 교수님처럼 멋지고 능력 있는 전문가가 되고 싶어요."

지금으로부터 꼭 1년 전인 작년 3월의 일이다. 고1이 된 큰딸이 "아빠~ 나중에 난 뭐가 될까?"라며 자신의 진로를 진지하게 물은 적이 있다. 주변에서 명문대학에 합격하려면 진학하고자 하는 전공에 맞추어 봉사, 진로체험, 독서활동 등 생활기록부에 기재할 포트폴리오를 1학년 때부터 쌓아가야 한다고들 하니, 아직 자신의 적성과 진로를 찾지 못한 딸 입장에서는 무척 초조하고 고민되는 모양이었다. 딸이 성장 방향을 찾을 수 있도록 자신의 롤모델을 발견할 수 있으면 얼마나 좋을까 하는 생각에 다다르니 가장 먼저 떠오른 분이 바로 내 인생 최고의 은사이신 허운나 교수님이셨다.

학창 시절, 허운나 교수님은 모든 학생들의 롤모델이었고 강력한 동기부여자(motivator)이셨다. 학생들은 허 교수님의 능력과 열정, 외모에 매료되어 "저도 교수님처럼 멋지고 능력 있는 전문가가 되고 싶어요. 이끌어주세요"라며 교수님이 운영하시던 교육공학연구소에 몰려들었고, 교수님 개인 연구실은 조언을 구하고 추천서를 받기 위한 학생들로 늘 붐볐다. 그 때문일까? 허운나 교수님이 재직하시던 시기에 한양대 교육공학과를 졸업한 학생들 중에는 유독 교수와 전문가로 성공한 제자들이 많다. 나와 함께 국회에서 교수님을 보좌한 3명의 제자도 두 명은 교수, 한 명은 글로벌 기업의 상무로 활동하고 있다.

《8막 23장》은 허운나 교수님이 살아온 인생에 대한 담담하면서도 화려한 기록이다. 하지만 개인의 인생에 대한 기록이 아닌, 교육공학의 태동, 우리나라 정보통신기술산업의 발전사, 그 이면에 굴곡진 한국의 정치사, 그리고 여성의 리더십이 이 사회를 어떻게 변화시킬 수 있는가를 보여주는 광대한 스케일의 책이다. 나는 이 책 내용의 절반에 대한 산증인으로서 젊은이들이 이 책을 읽기를 희망한다. 허운나 교수님의 인생 이야기에서 그분 삶에 스며 있는 열정과 도전정신을 본받았으면 좋겠다. 내 딸도 1막의 주제처럼 '구름처럼 하늘 높이 나는' 꿈을 찾아 도전하고 성장하기를 희망한다.

엄우용

계명대학교 교수

항상 거침없는 말씀과 카리스마 그리고 도전적인 모습으로 교육공학을 우리나라에 소개하신 선생님은 누구도 따라갈 수 없는 선견지명을 제시하셨습니다. 그 이면의 또 다른 모습인 세심함은 선생님을 아는 모든 사람에게 감동을 주곤 하였습니다. 학·석사과정, 교육공학연구소, 그리고 유학하는 기간에 선생님께서 보여주셨던 제자를 향한 사랑과 세심한 배려는 감동 그 자체라고 할 수 있습니다. 미국유학을 가고자 했을 때 친필로 편지를 써서 지도교수에게 전해드리라고 한 일, 유학 중에 출장 오셔서 만났을 때 가족과 함께 어렵게 공부하는 모습을 안타까워하시며 용돈을 손에 쥐어주셨던 일, 그리고 시카고에 방문교수로 오셔서 머무는 동안에 인사차 가족들과 뵈러 갔을 때 제자와 그 가족이 의미 있는 시간을 보낼 수 있도록 사전에 사소한 일정까지 직접 고민하시고 준비해주신 일들을 생각할 때마다 선생님께 감탄할 따름이었습니다.

《8막 23장》은 단순히 선생님의 자전적인 이야기일 뿐 아니라 이 시대의 고민하는 젊은이들에게 열정과 도전 정신, 그리고 세심한 배려의 정신을 가지고 살아가야 하는 이유를 제시할 수 있을 것입니다.

강창규
브레인아이디그룹 대표 겸 한양대 교육공학과 동문회장

———

'끼'와 '열정'이 얼마나 많은 일을 가능하게 하고 세상에 영향력을 발휘할 수 있게 하는지 보여주는 《8막 23장》이다. 교수님은 제자들에게 학문적 지식뿐 아니라 함께 프로젝트를 수행하며 통찰과 지혜를 깨우치게 하셨고 영감과 비전을 자극하여 새로운 도전에 나설 수 있는 용기를 주시고 제자가 하고자 하는 어떠한 일에도 든든한 후원자이기를 꺼리지 않으셨다. 요즘 각박해져만 가는 사제 간의 관계를 안타깝게 보면서 우리 제자들이 무한한 행복을 느끼는 이유이다. 한양대 교육공학과는 모이면 언제나 가곡 〈선구자〉를 합창한다. 쉬운 길을 가기보다는 남들이 가지 않은 길을 앞서 나가는 스승의 삶을 보고 느끼며 제자들도 열정적으로 인생의 길을 찾아 다양한 분야에서 새로운 영향력을 발휘하고 있다.

고대원, 이건국, 노형철, 김성한, 김영호
한국정보통신대 제자 일동

———

허운나 총장님께서는 열정과 도전으로 한국의 글로벌과 정보통신교육 발전을 위해 헌신하신 분입니다. 항상 넘치고 밝은 에너지로 국내 교육공학과 설립부터 의원 홈페이지 개설, 전자투표제 도입, 세계대학총장포럼 개최 및 ITTP를 통한 교육원조까지 '최초'라는 이름으로 한국 교육과 사회를 흔들고, 움직이고, 개척하셨습니다. 그러한 총장님의 열정과 태도를 본받아 벤처인으로, 그리고 학자로서 사회 발전에 벽돌 하나 보탤 수 있는 멋진 제자들이 되겠습니다. 저희들의 삶의 나침반이 되어주셔서 감사합니다.

이희정
㈜ 엘릭스 대표

———

나에게 있어 그녀는 '자극' 그 자체다. 그녀의 제자라는 이유만으로 실력에 대한 믿음을 얻어 어깨를 우쭐할 수 있었다. 언제나 닮고 싶은 자신감 넘치는 멋진 모습, 게다가 아낌없이 제자들을 챙기고 자랑스러워하는 모습은, 더 열심히 살아가도록 나를 끊임없이 '자극'한다. 나는 내가 그녀의 제자임이 너무나 감사하고 자랑스럽다.

송정희
한국여성공학기술인협회 회장

———

최근 들어 하루가 멀다 하게 광속으로 바뀌는 사회에 그는 뛰어난 통찰력과 식견을 바탕으로 이 나라의 정보화 사업에 초석을 깔고 한국의 정보통신기술발전을 위해 다양한 역할을 수행하셨다.

특히 국회에서의 활동을 통해 산업과 국민을 위한 정책적 균형과 국제무대에서의 정보통신기술을 통한 국제 외교에 온 정열을 쏟아 우리나라의 국격을 향상시켰다.

뿐만 아니라 그는 자신의 모든 지식을 사람들에게 사심 없이 나누어 주고 자칫 소인들이 사심을 부릴 때에는 큰 틀을 깨우치게 하는 등 평생 교육자의 길을 걸어오셨다.

더불어 누구에게나 공평한 공생의 길, 다른 뜻을 품은 사람도 보듬는 이 시대의 진정한 스마트 소프트 리더의 모습을 보여주신 허운나 선배님! 분

404

초를 다투어 쓰는 일정 속에서도 어떻게 살아남을까 하는 고심을 하는 오늘날, 저서의 교훈을 화두로 삼아 깊이 새기고 기억하겠습니다.

이정

현대드림투어 대표이사

미래에서 타임머신을 타고 오신 나의 선생님!

허운나 교수님은 나의 은사이시고 우리 부부의 어머니이시고 우리 아이들에게는 정말 멋진 할머니이시다.

대학 시절 에피소드 하나를 소개하고자 한다. 대학 4학년 때 갑자기 교수님께서 연구실로 나와 아내를 호출하시더니(당시에는 결혼 전이었다), 아내에게 대뜸 "너! 정이랑 결혼해라, 앞날은 내가 보장할게! 정이는 앞으로 크게 될 거야! 후회하지 말고 결혼해!"라고 말씀하시는 것이었다. 참으로 당황스럽고 웃기기도 했지만 결국 우리는 몇 년 후 결혼하였고, 이제는 대학에서 IT를 전공하며 허 교수님을 멋있는 할머니 그리고 멘토로 생각하며 사는 대학생을 둔 부모가 되었다.

허 교수님은 우리에게 전공필수과목으로 미학을 공부하도록 하셨다. 우리는 교육공학과 미학의 학문적 연관성을 고민하였으나, 그때 배운 미학이 오늘날 교육공학자의 따스한 가슴과 예술적 감수성을 가지는 데 많은 도움이 되었다. 이처럼 허 교수님은 우리 제자들에게 예술·철학적 지식까지 주려고 하신 분이다. 그래서인지 내 동기 중에는 일본에서 예술공학을 전공해 현재 대학에서 방송연예과 교수를 하는 친구도 있다.

허 교수님이 가르치신 교육공학이라는 학문은 미래를 예상하고 그 세계로 들어갈 수 있는 시크릿 키를 제공하는 것이다. 교수님은 강의시간에 학생들로 하여금 미래의 학교와 기업의 교육훈련장에 직접 가본 것처럼 현실적으로 가르쳐 주셨다. 교수님의 설명을 듣노라면 마치 SF영화를 보는 듯했다. 한양대 교육공학과 졸업생들이 오늘날 사회적으로 인정받는 것도, 그분의 미래를 읽는 힘이 큰 버팀목이 되었기 때문이라고 생각한다. 돌이켜보건대 허 교수님은 한국의 앨빈 토플러이자 피터 드러커와 같은 분이라고 생각한다. 아니, 한국의 미래를 읽는 힘, 운나 허이시다.

에필로그

━━━━━━━━━━━━━━━━━━━━━━

살다 보면 연극처럼 남이 내 이야기를 해 주는 때가 있다. 암(癌), 임사체험, 그리고 완전한 치유에 이른 한 여성의 자전적 이야기를 담은 책 《그리고 모든 것이 변했다》(아니타 무르자니 지음, 황근하 옮김, 샨티)를 읽다가 화들짝 놀랐다. 그 책에 이런 구절이 들어 있었다.

> 내가 걸어온 삶의 길을 봐! 왜 난 늘 내게 그리도 가혹했을까? 왜 늘 스스로를 그토록 혼내기만 했을까?… 자신에게 그토록 가혹할 필요가 없다는 것을 나는 어쩌면 그리도 몰랐을까?

돌이켜보아 후회는 없지만 지난 삶을 찬찬히 정리해 볼 때 스스로 일정한 높이에 선을 그어 놓고 그 선을 지키려 억척스럽게 살아온 것 같아 자신에게 다소 '너무했다'는 느낌을 지우기 어렵다. 엄한 외할머니 슬하에서 '조신하고 공부 잘하는' 유년시절과 소녀시절을 보냈고, 대학생이 되어서는 세상의 지식과 교양을 전부 내 것으로 만들겠

다는 양으로 종횡무진 학창생활을 했다. 미국에 유학 가서는 세계 각
국 인재들에 섞여 함께 석·박사 과정을 밟으면서 등 뒤의 조국을 의
식하고 이를 악물고 공부에 매달렸다. 지도교수에게 훌륭한 제자가
되려고, 동료 학생들을 넘어서려고 밤잠을 설쳐가며 연구했다. 모교
인 FSU의 교수가 되어서는 내게 맡겨진 연구 프로젝트를 완벽하게
수행하려고 제자들을 독려하며 연구 방법론을 개발하느라 고심을
거듭했다. 약육강식의 원칙이 지배하는 살벌한 워싱턴 D.C.의 컨설
팅 업계에서 컨설턴트로 실전경험을 쌓으면서 '백인들보다 낫다'는
평가를 얻기까지 전력을 다해 고군분투했다.

　귀국해서는 생소한 교육공학을 국내에 정착시키려 바쁘게 움직였
고 제자들에게 자리를 잡아주려고 힘닿는 데까지 뛰었다. 미력이나
마 국가에 봉사하고자 정부의 여러 자문위원을 맡아 내가 가진 지식
을 국가 발전을 위해 아낌없이 쏟았고, 그 과정에서 정치권에 몸담게
되어 국회의원으로서 내 나름대로 여의도에 새바람을 불어넣으려
노력했다. '바보 노무현'이 대통령이 되는 일에 성심성의껏 힘을 보
탰고, 국회를 떠나서는 정보통신 영재들을 기르고 IT 한국의 위상을
세계에 각인시키느라 동분서주했다. 이순(耳順)의 문턱을 넘은 후에
는 인천 송도에 닻을 내리고 젊은 지도자들을 키우면서 우리나라 교
육의 바람직한 미래 모습을 설계하며 교육자로서 봉사하는 마음으
로 정열을 불태우고 있다.

미국에서 사회 변혁론을 배울 때 내게는 'change agent'(변화의 매
개자, 주도자) 역할이 특히 인상적으로 다가왔고, 돌아보건대 나 자신
도 늘 그랬던 것 같다.

사람들끼리 부딪히며 살다보면 안 좋은 소리도 듣게 되고, 오해도 생기고, 서로 얼굴 붉히는 일도 있게 마련이다. 젊은 시절 누군가가 내게 "○○○가 네 흉을 보더라"고 고자질해오는 적이 더러 있었다. 그럴 때면 나는 그 사람에게 "다시는 내게 그런 이야기를 전하지 말라"고 따끔하게 말해주곤 했다. 그런 이야기를 들으면 자연히 마음이 쓰이게 마련이고, 그 사람을 찾아가 오해를 푸는 쪽으로 움직이게 되는데, 그런 일이 벌어지면 참으로 시간낭비도 많을 뿐만 아니라 신경이 쓰여 정작 중요한 일을 못하게 된다. 그래서 나는 일찍이 마음의 결정을 내렸다. 나를 이해 못하는 사람들에게 일일이 대꾸하기보다는 차라리 그 시간에 중요한 일을 열심히 추구하고 내가 옳다고 생각하는 일에 정진하노라면 언젠가는 사람들이 진심을 알아줄 날이 있으리라고…. 세상사람 모두에게 사랑과 인정을 받는 것은 불가능함을 일찌감치 터득한 터라 많은 것을 내려놓고, 어쩌면 조금은 바보처럼 변명 따위는 하지 않고 묵묵히 내 일만 하며 그렇게 살아왔다.

그러다보니 젊은 시절에는 많은 시간 시기, 질투, 오해 속에서 살아왔다고 해도 과언이 아니다. 한때는 내 별명 중에 하나가 '내비둬'였다. 왜냐하면 다른 교수들이 내게 와서 '○○○'가 어떻고 '○○○'가 문제라고 지적할 때면 내게서 나오는 반응은 "그냥 다 내버려둬요"였기 때문이다. 나는 사람들의 사소한 잘못을 일일이 드러내 따지는 것을 좋아하지 않으며 가능한 한 대부분의 경우 이를 대범히 넘겨버린다. 그런 일종의 '무관심', '내려놓기' 성격 덕분에 오해도 많이 샀지만 좋은 점도 있었다. 인간관계에서 크게 문제에 얽히지 않고 살아올 수 있어 다행이라고 생각한다. 어찌 보면 나이를 먹고 거의 모든 것을 내려놓고 사는 지금이 나는 더할 나위 없이 좋다.

이는 물론 무척 고독한 길이기도 하다. 어쩌면 그것이 바로 shaker, mover, pioneer의 특성인지도 모른다. 대부분의 사람들은 무리 지어 함께 다니지만 나는 젊은 시절 그때그때 추구하는 '사명감'에 꽂혀 앞으로 앞으로만 나아가며 남들이 미처 이해하지 못하는 길을 걸었다. 행사에서든 또 다른 어떤 일에서든 뭔가를 앞장서 도모하는 내 모습이 남들 눈에는 늘 화려해 보였겠지만 나로서는 실상 모든 전략과 실천을 혼자서 밀고 나가는 외로운 작업일 경우가 대부분이었다. 그래서 그 길은 늘 고독하였다. 이 고독의 실체를 좀더 정확하게 꿰뚫어 볼 길이 없을까 생각하고 있던 차에 뜻밖에《손자병법》(孫子兵法)에서 귀한 지혜를 발견했다.

손자는《손자병법》제6편 허실(虛實)편에서 모름지기 일을 도모하는 형세를 물같이 하라고 하였다. 물이 높은 곳에서 낮은 곳으로 흐르듯 몸을 낮추어 상대의 견실함을 피하되 허점을 파악하고, 물이 지형에 따라 흐름이 정해지고 일정한 형태를 고집하지 않듯 상황에 따라 대처방법에 변화를 줌으로써 승리를 이끌어야 능히 귀신의 경지에 이른 승리라고 하였다

> 兵形象水, 水之形避高而趨下, 兵之形避實而擊虛, 水因地而制流, 兵應敵而制勝.
> 兵無常勢, 水無常形, 能因敵變化而取勝者, 謂之神.

리더가 중대사에 대처함에 있어 물의 유연성과 겸손함을 따르는 것이 얼마나 중요한지를 강조한 대목이다. 또한 일단 일에 성공했다고 해서 그 성공이 늘 반복되는 것은 아니니 그때그때 새로운 국면에

맞춰 무궁무진하게 새로운 변화를 주어야 한다고 했다.

其戰勝不復, 而應形於無窮.

　이는 리더에게 창의성이 얼마나 중요한가를 일깨우며, 또 한편으로 그처럼 늘 새롭게 시도해야 하는 리더의 고독감을 동시에 암시하고 있다. 여기서 내가 살아온 지난날을 이 대목에 겹쳐 볼 때, 능히 귀신의 경지에 이르는 승리는 없었다 할지라도 늘 새로운 것에 도전하고 헤쳐 나가는 과정에서 눈과 귀와 마음을 최대한 여는 유연성과 열린 사고(open mind)를 가지려 노력했다. 그런가 하면 어떤 경우든 새로운 것을 배우겠다는 겸허한 자세를 잃지 않았다고 자부한다.

그러나 창의성이 뛰어나지 못한 나는 끊임없는 새로운 도전의 과정에서 항상 '고독'을 친구처럼 함께했고, 어차피 인생은 '고독한' 것임을 아주 일찍 깨달았다. '이만하면 뭔가를 변혁시키고 사회를 한 걸음 전진시켰겠지'라고 나로서는 나름대로 스스로를 평가할지라도 남들은 이것을 잘 알지 못한다는 데 생각이 미치면, '어쩌면 혼자 걸어온 길이구나' 하는 자괴감을 떨칠 수 없을 때가 있다. 손자가 진정 내게 위안이 되는 것은, 결국 진정한 승리의 형태는 도모한 일들이 성취된 후 대부분의 사람들이 어떤 형태로 그 일이 성사됐는지 정녕 알지 못한다고 갈파한 점이다.

形兵之極, 至於無形, 無形則深間不能窺, 智者不能謀.
因形而錯勝於衆, 衆不能知, 人皆知我所以勝之形, 而莫知吾所以制勝之形.

지도자가 어떤 길을 통해 큰일을 도모했는지 일반 대중은 세월이 아주 많이 흐른 후에야 알게 되는 것이 이치인 것이다. 일찍이 2500년 전에 손자가 갈파한 지도자의 고독감, 그것을 나도 느낀다고 스스로를 위로해 본다. 이래서 그토록 많은 사람들이 고전을 공부하는 것이리라.

그동안 살아오면서 셀 수 없이 많은 분들에게서 분에 넘치는 사랑과 도움을 받았다. 그렇지만 한 번도 그것을 되갚을 길이 없었다. 안타깝지만 앞으로 그럴 기회가 올 것 같지도 않다. 내 크나큰 약점은, 사람들 얼굴과 이름을 잘 기억하지 못하는 것이다. 내게 무한한 지지를 보내주신 많은 분들을 정작 만나고도 알아보지 못해 실망을 안긴 적이 한두 번이 아니다. 한양대와 한국정보통신대의 내 제자들, 분당 지역구 지지자들, IT 분야의 많은 기업인들과 관계자들, 정계·학계·산업계에서 알게 모르게 나를 도와주신 모든 분들을 떠올리며 그 한 분 한 분께 이 자리를 빌려 진정 머리 숙여 감사드린다. 내가 그분들에게 진 빚을 생각하면 아득하기만 하지만 마음이 없어 빚을 못 갚는 것이 아닌 만큼, 후배들을 향한 내리사랑으로 빚 갚음을 대신하리라 다짐하며 애써 위안을 삼는다.

쇼 비즈니스의 철칙을 압축한 표현은 '쇼는 열려야만 한다'(The show must go on)이다. 무슨 일이 있더라도 한 번 계획된 쇼는 기다리는 관중을 위해 반드시 무대에 올려야만 한다는 말이다. 쇼든 연극이든 공연되어야만 의미가 있다. 내 인생 8막 23장은 여기서 다가 아니다. '연극이 끝나고 난 뒤'는 차원이 달라지니 현재의 나와는 무관할 테지만, 현 시점에서 연극은 아직도 진행형이다. 앞으로 연극이 어떻게 진행될지는 나도 궁금하다. 아직도 남이 가지 않은 새로운 길이 도처에서 나를 기다리고 있다고 생각한다. 새로운 봉사의 길, 예기치 않은 모험이 가득한 길. 그리고 이제는 나이를 먹었으니, 젊었을 때보다는 훨씬 여유 있고 덜 외로운 길. 나는 지금도 설레는 마음으로 그 미지의 길을 기다린다.